中国孟子研究院国学研究文库

选择理性、责任伦理和实践

孟学与中国和东亚传统

王中江　李巍　编

齐鲁书社

图书在版编目（CIP）数据

选择理性、责任伦理和实践 ： 孟学与中国和东亚传统 / 王中江，李巍编. --济南 ： 齐鲁书社，2019.8
ISBN 978-7-5333-4144-2

Ⅰ.①选… Ⅱ.①王… ②李… Ⅲ.①儒家一文集②《孟子》一研究一文集 Ⅳ.①B222.55-53

中国版本图书馆CIP数据核字(2019)第153530号

选择理性、责任伦理和实践——孟学与中国和东亚传统

XUANZE LIXING ZEREN LUNLI HE SHIJIAN

王中江 李巍 编

主管单位	山东出版传媒股份有限公司
出版发行	齊魯書社
社　　址	济南市英雄山路189号
邮　　编	250002
网　　址	www.qlss.com.cn
电子邮箱	qilupress@126.com
营销中心	（0531）82098521　82098519
印　　刷	山东临沂新华印刷物流集团有限责任公司
开　　本	880mm×1230mm　1/32
印　　张	9
字　　数	209千
版　　次	2019年8月第1版
印　　次	2019年8月第1次印刷
印　　数	1—2500
标准书号	ISBN 978-7-5333-4144-2
定　　价	58.00元

前言

人在共同体中如何做出好的选择，如何担负起自己的责任，如何成己成人，这是儒家一直探索的课题和追求的人的目标和价值。在这一方面，孟子做出了永久的贡献，他的思想和学说对中国历史和东亚都产生了长远的影响。为了系统地探讨孟子的选择论、责任伦理、实践观念及其对中国历史和东亚的影响，中国孟子研究院同北京大学高等人文研究院于2017年10月21日至22日在北京大学高等人文研究院主办了主题为“选择理性、责任伦理和实践：孟学与中国和东亚传统”的学术研讨会。王中江教授主持了会议的开幕式和闭幕式；北京大学高等人文研究院杜维明院长、中国孟子研究院赵永和书记分别致辞，并对会议进行了总结。感谢北京大学高等人文研究院和中国孟子研究院共同举办了这次会议，感谢会务人员为会议的圆满召开付出的辛苦。

孟子的自由意志论和选择论、孟子的责任伦理、孟子的实践智慧、孟子的责任伦理和实践智慧在中国历史上的展开、孟子的责任伦理和实践智慧在东亚特别是在日本的影响等，是这次会议探讨的主要问题。这本文集就是这次会议论文的一个结集。相关的研究论文，主要从心灵之道和人性模型、历史上不同时期孟学的诠释这两条线索，来揭示孟子思想中的责任伦理和实践旨趣。

在第一条线索中，王中江以《孟子》中的“可欲”“能”“为”三个概念为焦点，勾勒出一个通常被忽视的面向，就是孟子不仅论述了人的道德能力是为善的可能，更关切从可能到现实的伦理选择和决断，这是对孟子的伦理观念做整体把握的新角度。匡钊认为孟子对“四端之心”的论述是在儒家“为己之学”的视域中探究德性理据，不能被轻易纳入规范伦理的解释框架中；任蜜林探讨了孟子道德哲学中神秘主义倾向的类型，认为这种倾向对儒家心学传统的形成有重要影响；王正着眼于“十字打开”的实践维度，指出道德从心性到行动的转化是孟子“践形”功夫的核心；李巍是从“不忍”与“不忍人”的分别入手，揭示孟子论同情心的两个面向及其转化；叶树勋辨析了孟子所谓“良知”之“良”的涵义层次，并指出“固在的首善”是其根本。

在第二条线索中，孙宝山进一步探讨了王阳明、黄宗羲如何引入“本心”“天理”重构孟子“良知”学的理论表述。王格认为张载对心、性概念的平衡，并由此开辟宋明理学天道性命贯通的责任伦理观念，主要是通过对《孟子》的诠释实现的；张捷探讨了日本思想家山鹿素行对孟子人性论的解释，指出其与程朱理学的思路不同，强调内在道德情感与外在行动规范的结合；李昕则关注梁漱溟对孟子的诠释，指出梁以性活说理解性善论，使儒家责任伦理摆脱了旧时代的教条约束，拓展了礼俗生活的内容与边界。李畅然揭示了“四书”排序的变化与《孟子》升经运动的关联；王小婷则专门探讨了清人赵佑《四书温故录》在《孟子》文献考证上的贡献。

凡此种种，既涉及孟学责任伦理的基本观念，也包括其实践面向尤其是工夫论维度的构造特征；既有从责任伦理及其实践出发对孟子本人思想的新探究，也有在此方向上对孟学的历史展开与域外传播的新刻画。我们相信这些努力会把孟子学的研究推进到一个新的高度。

编者

2018 年 5 月

目录

孟子的选择论和心性模式

孟学诠释史：中国和东亚

孟子的选择论和心性模式

孟子的伦理选择论和模式*

——“可欲”、“能”和“为”

北京大学哲学系　王中江

谈论人的相似本性是什么和人先天具有什么能力，同谈论它实际上表现出了什么品格、履行了什么美德，一般来说是有区别的。孟子是伦理学中高度相信人先天具有伦理禀赋和道德能力（即一般所言孟子的“性善论”）的象征性人物。① 不可否认，人的先天道德能力为人的道德生活提供了一定的伦理基础和可能，但也仅此而已。因为孟子没有承诺一个人在现实中自然而然就一

* 本文属于孟子研究院“孟子的学说和心灵之道及公共生活：历史、语境和当代开展”课题的阶段性成果。

① 即使人性中有自私或不好的方面（参阅道金斯《自私的基因》，卢允中等译，吉林人民出版社 1998 年版），那它也绝不是人性的全部。人性中还包括利他、合群等道德能力。达尔文早在《人类的由来》中就肯定了这一方面（参阅《人类的由来》上册，潘光旦、胡寿文译，商务印书馆 2009 年版，第 113 ~ 224 页）。新近的讨论，参阅克里斯托弗·博姆《道德的起源——美德、利他、羞耻的演化》（贾拥民、傅瑞蓉译，浙江大学出版社 2015 年版）。有关孟子的心性论等的讨论，参阅杨泽波《孟子性善论研究》（中国社会科学出版社 1995 年版），江文思、安乐哲编《孟子心性之学》（社会科学文献出版社 2005 年版）等。

定或必然是有善行的人，是有美德的人。我们知道，孟子在不同的地方提醒和告诫人们，人（先天的善端的相似性）同禽兽之间的差别，只有微小的不同（“几希”）；我们还知道，孟子对人们弃置本心（“放其心” “失其本心”）的可能和现实也十分清楚。

因此，对孟子来说也一样，人实际上成为什么样的人，实际上是否运用他的道德能力并表现出道德行为，最终取决于他究竟愿意和希望成为一个什么样的人，取决于他实际上做出了什么样的选择。可能性为现实性提供了条件，但它不等于现实性；哪怕有良好的动机，那也不是实际行动的代名词；人只有在现实中做出伦理选择、形成伦理意志并产生伦理行为，才算实现了他的道德能力。为什么具有先天道德能力的人，不能自然而然就是有道德的人？部分原因是人的先天禀赋中还有别的性情和能力，这些东西不同于他的道德能力。面对错综复杂的社会生活现实，面对不同的可能和选项，特别是在面对彼此相互冲突的价值的时候，人们如何考虑、如何选择并最终如何行动，其结果当然大不一样。这是人的复杂性所在，也是人的道德选择和行动遇到的困难之处。孟子很清楚这一点。正是因为如此，他用大量篇幅从不同方面、用不同方式提出的论辩，都是想方设法教导人们在不同的可能性和选择中，关键要做出的是伦理选择和决断，是努力去实现自己的道德能力，是坚持不懈地去成就自己的美德。这才是人真正“可欲”的东西，是人完全能够（“能”）做得到的事情，也是人应该去力行和践履（“为”）的事务。由此，孟子构建起来的伦理选择论和模式，与他的其他思想（包括“性善论”）同样重要，从这个角度去探讨孟子的伦理学显然也是需要的。

一、什么是“可欲的”?

只要认识到孟子的“性善论”仅仅是说人先天具有一定的道德禀赋和在现实中他有成善的可能，而不是指在现实中他自然就会有现成的善行；只要认识到孟子的“天”和“命”的观念（有关这方面后面将涉及）也不是指人如何做出选择和行动是被决定的，那么人要过一种什么样的生活，要成为一个什么样的人，他完全是自由的。事实上，孟子从不怀疑人的意志是自由的，这也包括人的道德意志。孟子的许多言行证明，他信奉人的独立、自尊、自主和自由精神。正是由于人的意志是高度自主和自由的，同时也由于人有着不同的“自我”并面临着各种不同的实际情景，他就可能会做出不同的选择。但这不等于说人只要做出了选择，他的选择实际上就一定是好的选择。因此，人自由选择并能够做出好的选择，首先要认清楚什么是真正的好，什么是值得选择和从事的事务，一句话，即什么是可欲的和可取的。

孟子对这一问题的回答，有不同的方式。其中一个方式是抽象性的。在这一方式中，孟子没有指明具体是什么好的东西，是什么好的价值，它又好在哪里。以下是孟子在这方面有代表性的几个说法：

> 人有不为也，而后可以有为。(《孟子·离娄下》)
>
> 无为其所不为，无欲其所不欲，如此而已矣。(《孟子·尽心上》)
>
> 于不可已而已者，无所不已；于所厚者薄，无所不薄也。(《孟子·尽心上》)

这三个说法的共同之处在于，它们都是谈论人的选择的，但又是在抽象的意义上说的。从孟子使用的“不为”“有为”“无为”“不欲”“不可已”“厚者薄”等词汇来看，他只是在最一般的意义上说出了人们应该如何做出选择，但他并没有告诉人们要选择的具体“事物”和“价值”是什么。

在第一个说法中，人的“不为”是“有为”的条件，人只有不去做某些事情，放弃某些事情，他才能去做另外的一些事情，他才能在这些事情上有所作为。这就等于说，有一些事情不值得人们去选择和做，有的事情才值得人们去选择和做。不管是出于什么理由和原因，人们如果去选择不值得选择的事情和去做不值得做的事，那么他们就无法再选择值得去选择和值得去做的事。这与通常说的人要有所不为才能有所为、有所失才能有所得的理性选择论原则上有一致的地方。

孟子的第二个说法，是对第一个说法“人有不为”的立场的强化。“人有不为”是规劝人们放弃某些事情，虽然这些事情也不是完全不可以做，但为了做更想做、更值得做的事而且要将它们做好，就只能割舍这一部分事情。就像孟子的一个类比，在鱼和熊掌不能兼得的情况下，明智的做法是选择熊掌而放弃鱼。这种“不为”和“有为”的选择是基于事物等级上的差别（而不是基于事物的对立）而进行的权重和权衡，它选择的都是好的东西，但好的程度有高低、大小之别。第二个说法扩大了“不为”的范围，其扩大的不做的事情性质上也发生了变化。“无为其所不为，无欲其所不欲”这句话不难理解，它的意思是，一个人勿做他自己不想做的事，勿求他不想求取的东西。[1] “人有不为”的“不为”有“想为”的涵义，而“无为其所不为，无欲其所不欲”的“不为”和“不欲”则明显不同，都有不想、不情愿（行为和结果）的涵义。

要说人们不情愿去做什么事，不希望得到什么东西，他不要去做、不要去求不就可以了吗？但实际上没有这么简单。孟子为什么要这样规劝？因为他知道人们实际上难免去做他们不想做的事，难免去要他们不想要的东西。这是违心的，看起来也是矛盾的。但要知道，如果说这是违心，那并非外在强迫的结果，而是虽然他不情愿实际上他又做了的结果。朱子把它解释为人的私心的抬头，我们也可以用无奈等来解释。孟子的“无为其所不为，无欲其所不欲”，既有“不想为”“不欲欲”的意思，也有“不应为”“不应欲”的意思。这是下面我们很快就要谈到的。孟子以伦理和道德为根本价值，规劝人们不要去做不想做的事，不要去取不想取的结果，不仅基于人们自己“不情愿”，也基于对人来说这是“不应该”的。反过来说，人要做他想做的事，求他想求的东西，这才是应该的和正当的。在孟子那里，应该的和正当的东西主要是伦理和道德上的。

孟子的第三个说法，是用不应该停止、不应该菲薄（“薄”）这一“否定式”来表达一个“应该”的“肯定式”（要“不已”和“厚”），而且是必需的（“不可已”）。在人面临的选择中，有的事情看似可做也可以不做，但比较起来，两者之中仍有做何者是更好一

---

① 即使文中的“其”作“己”，赵岐对于这句话的解释（“无使人为己所不欲为者，无使人欲己所不欲者”）也不恰当（参阅焦循《孟子正义》下册，中华书局1987年版，第901～902页）。朱熹注引李氏（应是李侗）之说比较恰当。参阅《四书章句集注》，中华书局1983年版，第353页。

些的选择的不同。孟子给出了这方面的一个例子："可以取，可以无取，取伤廉；可以与，可以无与，与伤惠；可以死，可以无死，死伤勇。"（《孟子·离娄下》）但有的事情是人应该去做也必须做的。对于这样的事情，人不仅要做，而且还要坚持做。同样，对于那些应该而且必须重视和厚待的事情，人们就必须重视和厚待。否则，人们还能做什么，人们还能厚待什么，就一目了然了。孟子的第三个说法，把人必须做而不做、必须厚待而不厚待的推论说到了极致——他没有什么要做的，也没有什么要厚待的。当然，实际上不是这样。孟子这样推论只是要强调，人们只有选择最重要的事物和价值，才是最好的选择。

现在我们可以总结一下。孟子以上三个说法分别表达了不同的选择。第一个是说人为了做B，他就需要放弃A，虽然A也有值得做的意义。第二个说法是要人们对他凡属"不情愿"的事情和东西要一概排除。如果用A来表示这类事情和东西，那么对于A，任何人都要排除它而且应该排除它。第三个说法是要人去做他应该也必须去做的事。如果用B来表示这类事情，那就是说一个人应该也必须做B。第二个说法和第三说法，正好一反一正。前者是说人不应该做什么，后者是说人应该做什么。第三个说法大大加重了第一个说法中的"B"。

人应该做而且必须做的事情到底是什么事情呢？孟子的伦理选择论给出的第二种回答比第一种回答要具体一些，那就是他引入了"善"的价值观念。这是孟子回答齐国人浩生不害的问题而提出的。浩生不害问孟子，乐正子是一个什么样的人。孟子回答说，乐正子是一位善人和可信的人。浩生可能觉得孟子对乐正子的评价过高，他就进一步问孟子所说的"善"和"信"是指什么。孟子回答说

“可欲之谓善，有诸己之谓信”。我们要关注的是孟子的“可欲”和“善”的观念。孟子这里说的“善”同他在有的地方说的“善”有类似性，它是指“好”的事物和东西。撇开孟子“性善”的“善”不说，这里我们举几个孟子在其他地方用的“善”的例子。一个例子在《孟子·梁惠王下》中：

苟为善，后世子孙必有王者矣。君子创业垂统，为可继也。若夫成功，则天也。君如彼何哉！强为善而已矣。

一个例子在《孟子·离娄上》中：

诚身有道，不明乎善，不诚其身矣。

一个例子在《孟子·告子下》中。这一例子正好也同乐正子的“善”有关：

鲁欲使乐正子为政。孟子曰：“吾闻之，喜而不寐。”公孙丑曰：“乐正子强乎？”曰：“否。”“有知虑乎？”曰：“否。”“多闻识乎？”曰：“否。”“然则奚为喜而不寐？”曰：“其为人也好善。”“好善足乎？”曰：“好善优于天下，而况鲁国乎？夫苟好善，则四海之内皆将轻千里而来告之以善；夫苟不好善，则人将曰，‘訑訑，予既已知之矣’。訑訑之声音颜色距人于千里之外。”

这三个例子中的“善”，都是指好的事物和价值，都是指人们值得和应该去从事和应该去追求的东西，只有这些东西才是“可欲的”。“可以”希求、欲求的东西才是“善”，反过来说，就是只有“善”才值得人们希求和欲求。与之对立，人们不应该去做和求的，则是“不善”。“可欲”的是“善”的东西，在孟子那里也是真正“可贵”的东西。《孟子·告子上》指出，人们有一个共同的心理事实，那就是希望高贵：“欲贵者，人之同心也。人人有贵于己者，弗思耳矣。”但人要达到“高贵”，他就必须拥有真正高贵的东西。

二、为何是伦理选择？

从抽象的“不为”“不欲”和“有为”“不可已”，到比较具体的“可欲之善”“可贵”，这是孟子伦理选择论的一个模式。按照这种选择论和模式，我们还看不出它要选择的更具体的东西究竟是什么，虽然实际上它同孟子的伦理和道德选择是统一的，但它没有直接表达出来。如同上面引用《孟子·告子上》说的那样，人人都有共同的“欲贵之心”，人人自身都有“可贵的东西”，但人心中这种“欲贵”“贵于已”的东西具体是什么，孟子没有明确指出。孟子的选择论根本上是伦理选择论，孟子的选择模式主要也是伦理选择模式。现在我们就从他的“抽象的”还不是“更具体”的选择论和模式进入到孟子的更具体的伦理选择论和模式中。孟子追求的有为、可欲之善和可贵，具体来说就是“仁义”等伦理价值。为了使人们对此做出选择，孟子通过具体的伦理、道德观念与非伦理、非道德乃至反伦理、反道德的观念的对比、比较，来论证只有伦理和道德价值才是人应该和值得去选择的价值，它同上述更多是抽象性的论说既有区别，也有互补性。

对孟子来说，可欲、可贵的东西根本上不是物质上的，而是伦理和道德上的，更具体说是“仁义”的价值。在下面这段话中，孟子正是将真正“可贵”的东西同“仁义”价值结合在一起：

> 人之所贵者，非良贵也。赵孟之所贵，赵孟能贱之。《诗》云：“既醉以酒，既饱以德。”言饱乎仁义也，所以不愿人之膏粱之味也；今闻广誉施于身，所以不愿人之文绣也。（《孟子·告子上》）

从《孟子·告子上》说的“仁义忠信，乐善不倦”来看，作为伦理道德的“善”是“仁义忠信”；而“仁义忠信”就是“善”的伦理道德价值。

“可欲”的“善”就是“可贵”的，“可贵”的就是仁义的，也是可为的。上述我们谈到孟子的“可以有为”，现在我们可以说，孟子说的“可以有为”具体所指是“善的”“贵的”，更具体所指是“仁义”。《孟子·尽心下》曰：“人皆有所不忍，达之于其所忍，仁也；人皆有所不为，达之于其所为，义也。”这里的“所不为”类似于“人有不为也”中的“不为”，“所为”类似于“而后可以有为”中的“有为”，它们就是“仁”和“义”。

好、善或价值都可以在广泛的意义上使用，就如同亚里士多德所说的“良好生活”意义上的“善”那样，它有“外物诸善”、“躯体诸善”和“灵魂（性灵）诸善”三个方面的所指。① 但亚里士多德对“善”也有狭义的伦理道德上的用法。如他说：

---

① 参阅亚里士多德《政治学》，吴寿彭译，商务印书馆1965年版，第339～340页。

凡能成善而邀福的城邦必然是在道德上最为优良的城邦。人如不作善行（义行）终于不能获得善果（达成善业）；人如无善德而欠明哲，终于不能行善（行义）；城邦亦然。一个城邦必须有相同于人们所由称为义士、为达者、为哲人的诸品德，惟有勇毅、正义和明哲诸善性，才能达成善业［而导致幸福］。①

孟子所说的人的“可欲的善”，类似于亚里士多德的狭义的用法，它是指伦理和道德意义上的“善”。只是，对亚里士多德来说，善的美德主要是勇敢、节制、公正、中道等。对孟子来说，善的美德主要是仁、义、礼、智、忠、孝等。

在孟子那里，伦理的、道德的价值往往同非伦理、非道德的价值相区别（虽然一般情况下是同反伦理、反道德的东西相对照，如善与恶等）。孟子的伦理选择论和模式又是在它们的对比中展开的。在《孟子》中，我们能够看到这方面的不少话语，其中有的是在场景和对话中产生的。对此，我们一定印象深刻。下面我们将它们分成两组分别来考察一下。

第一组是孟子在“天爵”与“人爵”、人的身心的“大体”与“小体”及“贵”与“贱”（或“大”与“小”）之间做出的区分和选择。“天爵”与“人爵”的区分见于《孟子·告子上》：

古之人修其天爵，而人爵从之。今之人修其天爵，以要人爵；既得人爵，而弃其天爵，则惑之甚者也，终亦必亡而已矣。

---

① 亚里士多德《政治学》，第342页。

“天爵”，孟子又称“天之尊爵”，两者的意思一样，均指伦理道德价值——仁义等。如孟子在《孟子·公孙丑上》中说：“夫仁，天之尊爵也，人之安宅也。莫之御而不仁，是不智也。”相对于“天爵”的“人爵”，是指人的社会地位、权势、财产等方面。孟子用古人与今人对照之方式（儒家更喜欢这样对照），认为过去的人们修身养性，一心一意追求的是伦理道德价值，他们由此也受到了人们的称赞并获得了相应的社会地位和物质利益。但时下人们的做法相反。对他们来说，社会地位和利益是首要的和根本的，伦理和道德不过是实现这些利益的工具和手段。人们一旦获得了利益，就会放弃伦理道德价值的学习和培养。孟子说，没有比这种人更“迷惑”的人了。他断定这种人在社会上最终站不住脚。

孟子区分身体为“大体”与“小体”、“贵”与“贱”、“大”与“小”的方式，也见于《孟子·告子上》：

> 体有贵贱，有小大。无以小害大，无以贱害贵。养其小者为小人，养其大者为大人。
>
> 从其大体为大人，从其小体为小人。

按照这里的区分，人的整体性的生命主要包括两大方面：一方面是“身”，另一方面是“心”。身指人的形体和耳、目等感官；心指人的精神、自我认知和道德反思能力。在人的生命中，两者不是对等、平等性的存在。“身”和“形”卑贱、轻微、不重要；“心”是尊贵的、重要的。这是儒家意识中的“身心”二元论。其实这种二元论很难成立。身、形体、感官总是同心分不开的。身、形和耳目等的反应，都离不开意识和心灵的作用。两者的不同，归根到底是“心”

的不同，正如希腊哲学家区分“灵魂”有不同的方面那样。

孟子做这种区分，不是一般地否定人对于身体、形体和感官方面的需求和满足。人们应该爱护自己的身体，也应该满足人生的基本需要：

> 人之于身也，兼所爱。兼所爱，则兼所养也。无尺寸之肤不爱焉，则无尺寸之肤不养也。(《孟子·告子上》)

问题在于，有的人只选择人的感官欲望的满足，而忽视了伦理道德价值。他们不懂得人同时或首先要养护的是他的心灵和美德。对人来说，这才是根本性的价值。人的善与不善，是有美德的大人，还是没有美德的小人，区别就在于是不是培养了自己的美德。孟子说：

> 所以考其善不善者，岂有他哉？于己取之而已矣。体有贵贱，有小大。无以小害大，无以贱害贵。养其小者为小人，养其大者为大人。(《孟子·告子上》)

为了说明人在现实中区分贵贱和轻重的重要性，孟子使用了类比，这是他喜欢的一种论证方式。他用的一个类比，是将人是否选择伦理道德价值类比为林场师是否选择良木（见《孟子·告子上》）。很显然，林场师清楚地知道为了保护良好的树木和木材（“梧槚”），他就要伐掉荆棘（“樲棘”）。他绝不会愚蠢地“舍其梧槚，养其樲棘”；同样，一个人爱护和养护他的身体，他也绝不会不知轻重、因小失大（“养其一指而失其肩背，而不知也，则为狼疾人也”)。对于人们不懂得轻重、贵贱而做出不好的选择，孟子使用的另一个类比，是将人重视自己的“手指头”同重视他的心灵进行对比。孟子说，一个人重视自己的“一个指头不若人”，却轻视自己的“心灵不若人”，这是“不知类”：

> 今有无名之指屈而不信，非疾痛害事也。如有能信之者，则不远秦楚之路，为指之不若人也。指不若人，则知恶之；心不若人，则不知恶，此之谓不知类也。(《孟子·告子上》)

人的心灵显然比人的一个手指头重要，既然人们都懂得养护他的手指，他就更应该养护他的心灵。这一类比也很有说服力。只要认为事物有不同的等级和价值（实际上一般很难否认它），在它们之间我们就有选择取舍的问题。① 人的身体作为完整的生命体当然是重要的，但在不得不做出取舍的无奈选择时，人们都知道何轻何重、何取何舍。享乐主义者只求感觉的享受，忽视甚至否定美德的价值。孟子称这种人为“饮食之人”。那些肯定美德价值的人，就会藐视他们：“饮食之人，则人贱之矣，为其养小以失大也。饮食之人无有失也，则口腹岂适为尺寸之肤哉?”(《孟子·告子上》)

第二组是孟子在“义”“礼”与“利”“生”“食色”之间做出的区分和决断。在孟子的诸多论辩中，他的“义利之辩”最著名，也最为人熟知。虽然说在孟子的仁、义、礼、智四种价值中，“义”

---

① 孟子将人们对身心的重视同对一拱的桐梓树的重视进行类比。对于一拱的桐梓树，人们如果想要养它成材，都知道要养护它；但对远远重于它的身心竟然不知去爱护，令人不可思议：“拱把之桐梓，人苟欲生之，皆知所以养之者。至于身，而不知所以养之者，岂爱身不若桐梓哉？弗思甚也。”(《孟子·告子上》)

只是其中之一，“礼”也是，但仁义、礼义、义礼的使用在《孟子》一书中具有交叉性，有时候它们可以互换。孟子的“利”所指也很广，相对于他所说的伦理道德价值，“利”主要是指人的各种物质利益、经济利益。相对于“义”的“生”、“食”（饮食和食物）、“色”（两性、婚姻、生育）等都是人的基本生存需求。

如何在义与利之间做出好的选择，孟子也使用了类比。《孟子·告子上》把义与利的轻重类比为鱼与熊掌的轻重。对许多人来说，鱼和熊掌都是可欲的，但同时人们也知道熊掌稀缺，而鱼则比较多。因此，如果两者不能兼得，人们就应选择稀少的熊掌而不是选择常见的鱼。同样，在孟子看来，道义与生存也都是可欲的；人们也知道，道义比生存更重要。因此，在两者不能兼得的情况下，人们就应该勇敢地“舍生而取义”，就像孔子提倡的“杀身以成仁”那样。这一选择的可行性，关键在于人们是否认为道义比生存更重要。不管如何，这是孟子的信仰，他希望人们也有这种信仰。孟子相信，人有比生更重要的欲求，也有比死更可恶的东西。在这两种情况下，他就会不避祸患，选择更值得追求的东西。在实际生活中，生死与道义不能兼得，只是在特殊情况下才会发生，它不是伦理世界中的常态。

如何在礼义与食色之间做出选择，这原是一位不知名的任国人对孟子的弟子屋庐子提出的问题。他问屋庐子礼义与食物和婚姻何者更重要。当时的社会价值标准是否认为礼义比食物和婚姻更重要不好说，人们一般也不会提出这样的问题。屋庐子作为孟子的学生，他应该认同孟子的价值观，相信礼义重于食物和婚姻。他正是这样回答任子提出的问题的。任子大概不满意屋庐子的回答，他引入了更多的条件，将问题变成了生死、两难的选择，即人如果遵守礼义就得不到食物并将饥饿而死，否则，他就能活下来；同样，人如果遵守礼义就可能无法结婚，否则，他就能够结婚。这难住了屋庐子，他无言以对。后来见到他的老师孟子，他就求教于他的老师。按照孟子“舍生取义”的立场，他可以干脆地回答说，人宁可没有食物而饿死，宁可遵守礼义而不结婚，也不能违犯礼义而获得食色。实际上，在“嗟来之食”这个故事和假定中，孟子正是这样回答的：“一箪食，一豆羹，得之则生，弗得则死，呼尔而与之，行道之人弗受；蹴尔而与之，乞人不屑也。”但在这里，孟子没有这样回答，他首先对任子附加、加重一边的条件提出了批评：

> 不揣其本，而齐其末，方寸之木可使高于岑楼。金重于羽者，岂谓一钩金与一舆羽之谓哉？取食之重者与礼之轻者而比之，奚翅色重？（《孟子·告子下》）

在通常情况下，说礼义重于食物和婚姻，并不等于说尊重礼义就会饿死和不结婚。既然任子将问题推到了极端，那孟子也加重了一方的行为来使任子陷入困境。他让屋庐子回去这样反问任子：

> 紾兄之臂而夺之食，则得食；不紾，则不得食，则将紾之乎？逾东家墙而搂其处子，则得妻；不搂，则不得妻；则将搂之乎？（《孟子·告子下》）

虽然孟子有相对于“经”的“权”的伦理境遇论，但这只是在非常特殊的情况下才可以使用。类似于康德的伦理义务论，孟子整体上是奉行伦理至上主义（如说“万钟则不辩礼义而受之，万钟于我何加焉?”——《孟子·告子上》)。①

在孟子那里，义与利等不同价值的选择不只是义理模式，它也是历史上不同人物的不同选择。孟子举的一个例子是舜和他的信徒同跖和他的信徒的相反做法：“鸡鸣而起，孳孳为善者，舜之徒也；鸡鸣而起，孳孳为利者，跖之徒也。欲知舜与跖之分，无他，利与善之间也。”(《孟子·尽心上》)孟子举的第二个例子，是将曾子同他人进行比较。在孔子的弟子中，曾子以孝著称。对孟子来说，曾子更是一般意义上的伦理典范：“晋楚之富，不可及也；彼以其富，我以吾仁；彼以其爵，我以吾义；吾何慊乎哉!”(《孟子·公孙丑下》)除了过去的例子，孟子还以自身来期许。如他对如何面对权势和权贵做出了设想。在这种设想中，孟子表现出了强烈的自尊精神：

> 说大人，则藐之，勿视其巍巍然。堂高数仞，榱题数尺，我得志，弗为也；食前方丈，侍妾数百人，我得志，弗为也；般乐饮酒，驱骋田猎，后车千乘，我得志，弗为也。在彼者，皆我所不为也；在我者，皆古之制也，吾何畏彼哉?(《孟子·尽心下》)②

① 孟子说：“为宫室之美、妻妾之奉、所识穷乏者得我与?乡为身死而不受，今为宫室之美为之；乡为身死而不受，今为妻妾之奉为之；乡为身死而不受，今为所识穷乏者得我而为之，是亦不可以已乎?此之谓失其本心。”(《孟子·告子上》)

② 《孟子·尽心上》的一段话与此一致：“古之贤王好善而忘势。古之贤士何独不然?乐其道而忘人之势，故王公不致敬尽礼，则不得亟见之。见且由不得亟，而况得而臣之乎?”

从以上的讨论可知，孟子伦理选择论的第二种模式，是直接肯定仁义等具体的伦理价值，并从天爵与人爵、体的贵与贱和大与小，从义与利和生，从礼与食和色等两组的关系中来论证伦理价值是最值得选择的。其选择的两方都是“可欲”的东西，都是“值得”和应该具有的东西。但由于一方是属于伦理价值，另一方则不属于伦理价值，因此，在两者不能兼得的情况下，人就应该选择伦理价值而舍弃非伦理的东西，不管自己会失去多少好处和利益。孟子的伦理学不同于功利主义，它不以功利的大小、多少和是否有助于人的快乐和福祉来权衡行为的正当。从他说的“杀一无辜得天下而不为”可以看出，人即使失去再多的实际利益，也不能去做违背伦理的事情。对于目的正当可以不择手段的人来说，这是一个巨大的清心剂。对于坚持理想和原则的人，机会主义者、投机主义者会说，他们是十分迂腐和不识时务的人。在他们眼里，孔子和孟子都是迂腐的人，都是不识时务的人。但这正是孔子和孟子卓越和伟大的地方。

三、人的相似性和能力：“能”和“为”

伦理价值是“可欲”和“善”，是最值得人们去选择和追求的价值。这是孟子做出的清晰而又肯定的回答。但人能做到吗？他能成为一位有美德的人吗？对此，孟子也做出了果断的承诺：完全可能，而且不难。人间有许多美好的事物和价值，人们往往求之不得。伦理价值是最高的“善”，它不是更难求得吗？孟子不这样认为。对他来说，我们想要的最好的东西也是我们最容易得到的东西。美德就是这样的东西，它是所有的善中最好的东西，同时它又是最容易得到的东西。孟子辨别了“求在我者”与“求在外者”两者何以不同。① “求在外者”是不属于自己的各种好的事物；“求在我者”是在我自身中就能够得到的东西，是他自己只要想做、想得到就能够做、能够得到的东西。孟子认为这就是每个人自身都拥有的潜在的道德能力和价值。孟子的承诺虽然可能有些乐观，但这正是他的根本信念。孟子伦理选择和模式中的“能不能”“为不为”之分，就是要证明并说服人们接受这样一种信念：伦理选择和行动对于人来说是完全能够做得到的事情。

人为什么能够做出伦理选择和行动？在孟子看来，这首先是因为人先天就具有仁、义、礼、智等伦理道德的能力。说起来，人的能力在不少方面都有一定的差异。越来越多的研究和实际情形表明，有的人擅长这些事情，有的人则擅长另外一些事情。即使人先天具有伦理的能力，他们在这方面的能力同其他能力一样，应该也有差异，应该也有大小之不同。但孟子对此采取了忽略不计的做法。他相信人先天都具有类似于种子的仁、义、礼、智这四种道德方面的潜力。他说这些东西不是从外面渗透到他身上的，而是他自己固有的东西。他说这是人们不用学习就会的“良能”和不用思虑就知的“良知”。孟子举例子说，小孩、儿童没有不知道爱他们父母的；等他们长大以后，他们没有不知道尊敬自己的兄长的。先不说孟子举的这个例子是否有效，严格来说，“知道”和“能够做到”不是一回事。在这一点上，孟子同苏格拉底（“知识就是美德”）类似，也同后来继承他的思想的王阳明（“知行合一”）类似。对他们来说，一个人真正知道的就是他能够做到的，对每个人来说都是如此。

---

① 孟子的这一段话说：“求则得之，舍则失之，是求有益于得也，求在我者也。求之有道，得之有命，是求无益于得也，求在外者也。”（《孟子·尽心上》）

人人都能够实践伦理价值，首先是因为人心都是相似的，是因为人人都具有道德能力。孟子对此的论证，也使用了类比的方法。他使用的一个类比是，人有“四端之心”就像他们都有“四肢”（“四体”）那样。只要你承认人都有四肢，你就得承认人都有“四心”。这是孟子的“四心”与“四肢”的类比，它出现在《孟子·公孙丑上》中。孟子使用的第二个类比是，他从耳目口鼻有共同的嗜好推论出人的“心灵”也有“同然”。人的耳目口鼻具有同听、同美、同味、同嗅等共同的嗜好；人心则都具有对“理”和“义”等伦理价值的共同嗜好。美德能够让人心灵愉悦，就像美味使人的鼻口愉悦那样（“理义之悦我心，犹刍豢之悦我口”）。这个类比在《孟子·告子上》中。孟子使用的第三个类比，是从贤人、圣人都是人推出每个人都可以成为圣人。人们一般可能会认为，贤人、圣人同自己不是一类人，他们所以了不起是因为他们比我们自己的能力强。孟子说，不是这样。圣人和我是“同类”（“圣人，与我同类者”——《孟子·告子上》），因此，人人都可以成为圣人。① 人很容易成为贤者，因为他同贤者也一样：“非独贤者有是心也，人皆有之。”（《孟子·告子上》）

孟子的这几个类比，是通过人自身的不同部分、通过人与人进行类比来说明人具有伦理能力。除此，孟子还使用了一个类比，这是从“牛山”有树木并需要爱护来类推人心具有的道德能力也需要

---

① 孟子说的“形色，天性也。惟圣人然后可以践形”（《孟子·尽心上》）强调，只有圣人才能坚持践形，同人只要坚持践形都能成就自己的人格并不矛盾。孟子说：“舜，人也；我，亦人也。舜为法于天下，可传于后世，我由未免为乡人也，是则可忧也。忧之如何？如舜而已矣。”（《孟子·离娄下》）又说：“舜，何人也？予，何人也？有为者亦若是。”（《孟子·滕文公上》）

保护。人人都有“仁义之心”，就像牛山本来就有茂美的树木那样。牛山的树木如果被不断砍伐，它就会变成光秃秃的山。不能看到眼前光秃秃的山，就说它原来就没有树木。人的仁义之心如果不能得到保护和养护，它也会被破坏和失去。同样，不能由此就说人原本就没有仁义之心。

对于人的道德能力的论证，孟子还用了人的真实性（“情”）和才能（“才”）这两个概念。原本的人可以“为善”，也有能力为善。他如果不为善，那不是因为他的能力（“才”）不足，而是由于他“不能尽其才”。只要他“能”尽其“才”，他就可以具有美德：

> 人能充无欲害人之心，而仁不可胜用也；人能充无穿逾之心，而义不可胜用也；人能充无受尔汝之实，无所往而不为义也。(《孟子·尽心下》)
>
> 有是四端而自谓不能者，自贼者也；谓其君不能者，贼其君者也。凡有四端于我者，知皆扩而充之矣。若火之始然，泉之始达。苟能充之，足以保四海；苟不充之，不足以事父母。(《孟子·公孙丑上》)

既然人都是相似的，既然人都具有伦理和道德的能力，那么人实际上奉行不奉行伦理道德，这就不是他“能不能”的问题，而是他“为不为”的问题。《孟子·梁惠王上》记载了孟子同齐宣王的一段对话，这段对话既长又重要。其中，孟子向齐宣王辨别了“能不能”与“为不为”为什么不同，这是他的著名论辩之一。齐宣王对他是否能够成为一位“保民者”缺乏信心。孟子告诉他说，他完全能够做到。孟子听说齐宣王不忍心从他面前经过的一头牛被带去杀掉，以祭祀刚落成的一座大钟，他就用这件事向齐宣王说明，这种不忍之心就是他能够成为圣王的善良之心。孟子推论说，既然齐宣王能将这种仁心延伸到禽兽身上，他就更能将它用在对待百姓上。孟子的称赞虽然触动了齐宣王，但他还是不能理解人的不忍人之心为什么有那么大的作用——能造就圣王。为了说服齐宣王，孟子先向他做了一个假设推论：一个人说他的力量可以举起百钧重的东西，却说他举不起一根轻轻的羽毛；他的明目可以察看到细微的秋毫，却看不见很大的车子和木柴，这显然是不可能的。齐宣王当然也不会接受这样的逻辑。

孟子的这个假定里隐含着什么才是我们能够做到的这个一般性的问题。按说，困难的事情能做到，容易的事情就更能做到。因此，孟子指出，人们不去做容易的事情，这就不是"能不能"的问题，而是属于"为不为"的范围。一羽不举，车薪不见，这是用不用力气、用不用明目的问题，而不是他能不能的问题。同样，一位君主不能为百姓带来福祉，这也不是他做不到的问题，而是他不去为的问题。在现实中，有一部分事情人们无能为力，有的事情也因人而异、因时而异，但在人力所能达到范围内的事情，一般就是人们能够做到的事情。如果人们没有做，这是因为他们不愿意做，而不是他们做不到。做不到的"不能"与能够做到的"不为"不难分别。但齐宣王还是向孟子询问"不为"与"不能"两者到底有什么不同。孟子又向他做了一个类推：

挟太山以超北海，语人曰："我不能。"是诚不能也。为长者折枝，语人曰："我不能。"是不为也，非不能也。

故王之不王，非挟太山以超北海之类也；王之不王，是折

枝之类也。(《孟子·梁惠王上》)

孟子的这个类推用的例子很夸张，他大概觉得巨大的反差更能产生说服人的效果。他从“老吾老以及人之老，幼吾幼以及人之幼”推出“天下可运于掌”，同样如此。[①] 治理天下绝不会像孟子所说的只要有一个善良的动机和愿望并将它推广出去那样简单。政治需要美德，但它又不是单纯运用美德的场所，还需要理性、眼光、智谋等复杂的能力。但对孟子来说，伦理是良好政治生活和秩序的根本，君主又完全能够做到，他从这里出发去治理天下就非常容易。

不管孟子如何坚信人能够为善，如何相信人具有伦理道德能力，他都要面对现实中的不道德和小人，要面对历史上的一些恶人。儒家所称的罪大恶极的历史人物，就像圣人那样总是少数，但他们所说的“小人”不会少。这就产生了一个十分尖锐的问题——人都一样，人都有伦理道德能力，人都能够成为有美德的人，能够成为贤人、君子和圣人，为什么他们不愿意这样做，甚至还做出了相反的选择，出现了孔子所说的情形，即人们的心性相近(“性相近”)，而他们不同的“习”则使他们彼此变得非常不同(“习相远”)？或者按照孟子的说法，人们将会问，人能（“能”）实践伦理，也认识到应该做、值得做，而他为什么没有去做（“不为”）呢？

儒家虽然有命运的思想，但正如我们一开始就指出的那样，在人的伦理是否能够实现上，儒家没有命定论的思想。在伦理和道德

---

① 相比之下，孟子说的“权，然后知轻重；度，然后知长短。物皆然，心为甚”(《孟子·梁惠王上》)则很平实。

选择上，儒家坚信人的意志是自由的、自主的。从孔子说的“为仁由己”（《论语·颜渊》）、“我欲仁，斯仁至矣”（《论语·述而》）和“人能弘道，非道弘人”（《论语·卫灵公》）等言论中，我们可以清楚地看到孔子是道德意志自由论者。孟子同样，他的几段话大家都很熟悉：

> 尽其心者，知其性也。知其性，则知天矣。存其心，养其性，所以事天也。夭寿不贰，修身以俟之，所以立命也。（《孟子·尽心上》）
>
> 口之于味也，目之于色也，耳之于声也，鼻之于臭也，四肢之于安佚也，性也，有命焉，君子不谓性也。仁之于父子也，义之于君臣也，礼之于宾主也，知之于贤者也，圣人之于天道也，命也，有性焉，君子不谓命也。（《孟子·尽心下》）
>
> 祸福无不自己求之者。《诗》云：“永言配命，自求多福。”（《孟子·公孙丑上》）
>
> 莫非命也，顺受其正。是故知命者不立乎岩墙之下。尽其道而死者，正命也；桎梏死者，非正命也。（《孟子·尽心上》）

孟子这几段话中说到的“命”，是指正义之命和天义，它同人的伦理自由选择是统一的（第一、第三、第四段中的“命”）；一是指客观外在的某种人力无法决定的神秘性力量（第二段中的“命”）[①]。

---

① 它类似于《孟子·万章上》说的“天”和“命”：“舜、禹、益相去久远，其子之贤不肖，皆天也，非人之所能为也。莫之为而为者，天也；莫之致而至者，命也。”

后者同人的伦理自由选择没有关系。

排除伦理上的命定论，人是否能够成就伦理上的自我，就完全取决于自己。孟子的弟子公都子向孟子提出了一个很好的问题。他不是直接问孟子人为什么“能而不为”，而是问孟子既然大家同是人（隐含了孟子所说的人都具有伦理道德能力），为什么有的人成了有美德的大人，有的人则成了没有美德的小人。孟子回答说，人如果按照伦理的欲求而生活就能成为“大人”；人如果按照生理感官的需求和享受而生活就会成为小人。孟子的这一回答，还没有触及问题的要害，因此也没有解除公都子的疑惑。于是，公都子进一步问，同是人，为什么有的人按照伦理价值而生活，有的人却按照感官欲求的满足去生活。孟子回答说：

> 耳目之官不思，而蔽于物。物交物，则引之而已矣。心之官则思，思则得之，不思则不得也。此天之所与我者。先立乎其大者，则其小者不能夺也。此为大人而已矣。（《孟子·告子上》）

这可以说是孟子对人为什么“能而为”和“能而不为”提供的最终答案。按照这个答案，人的耳目等感官没有“思虑”的能力，它们一旦受到外物的影响就会被外物诱惑、蒙蔽和左右。心灵能够思考、衡量，它能认识到人自己固有的伦理良知。人只要确立了对他来说根本的东西——伦理价值，那么耳目等欲求就不能影响他，他就能够成为有美德的人。

上述我们说过，人的耳目等感觉同心的意识有所不同，但不能将它们完全分开。耳目之求同时也是心之求。在孟子的辨别中，我们同样看到，他将耳目之官及机能同心之官及机能完全二元化。同样，在孟子的说法中，我们还能看到，“心”本身也有着不同的可能，即“心灵”有着思虑、思求与不思虑、不思求这两种相反的情形。正如“思则得之，不思则不得也”那样，“不思虑”也是“心”的作用，它不是“耳目之官”的作用。因此，“能而不为”实际上也是“心”的作用，只不过它不是孟子所期待的作用。这说明“能而不为”同人的“耳目之官”只是看起来有关系，而实际上关系不大。耳目之官想享受美的色彩，想听好听的音乐，它们也是心的作用。包括孟子在内的子学家们往往将耳目感官与心灵看成各有“好求”的两种官能，显然是表面的。“能而为”是“心”的作用，“能而不为”同样也是“心”的作用。《孟子·告子上》说：

> 故苟得其养，无物不长；苟失其养，无物不消。孔子曰：“操则存，舍则亡；出入无时，莫知其乡。”惟心之谓与？

这段话同“思则得之，不思则不得”的意思完全一致。“养”还是“失其养”，“操”还是“舍”，都是出自“心”。因此，如果我们继续往下追问的话，要问的就是为什么“心”有“能而不为”或“知而不为”的不幸现实。

孟子的“能而不为”问题，按照戴维森的解释就是人的“意志薄弱”。[①]“能而不为”、“知而不为”或明知故犯，在一般所说的意志自由之下，它们同人的“能而为”“知而为”等一样，皆是出自

---

① 参阅唐纳德·戴维森《意志薄弱如何可能?》，周允程译，载牟博选编《真理、意义与方法——戴维森哲学文选》，商务印书馆2008年版，第462～492页。

“心灵”的作用。希腊哲学家将灵魂分为本能、情感、理性[①]，弗洛伊德将一个人的“我”分为“本我”、“自我”和“超我”[②]，都是要表明人的心灵不是单一的东西。人在选择取舍的时候，可选择的情况越多，越不一致，他同时就会倾听到心灵的好几个声音。它们有的微弱，有的强烈，有的同时都很强烈。只有更强、更大的声音最后决定他的选择。这个声音代表了他的心灵的某一倾向，正是他的这一倾向发出了决定性的指令。按照孟子的义理，这是他的主要“思虑”。

四、伦理实践和操练：灵修和践形

如何使人追求伦理道德的声音强而有力并成为决定性的呼唤呢？如何使人“能而为”而避免“能而不为”呢？由于孟子整体上将人的“能而为”与“能而不为”归之于人的“思不思”“养不养”“充不充”“求不求”“操不操”的问题[③]，因此，人要去“为”，要诉诸行动。孟子接下来进行的论证是，人们需要深思熟虑，需要坚持不懈地进行道德的实践、修行和修炼，要不断去避免和克服他的不思、不养、不求和不操等习性：

> 仁，人心也；义，人路也。舍其路而弗由，放其心而不知

---

① 亚里士多德等希腊哲学家认为人的灵魂有不同的方面。参阅安东尼·朗《心灵与自我的希腊模式》，何博超译，中国人民大学出版社 2015 年版，第 107 ~ 127 页。

② 参阅弗洛伊德《自我与本我》，林尘等译，上海译文出版社 2011 年版，第 193 ~ 258 页。

③ 这也是孟子所说的“存心”的问题：“君子所以异于人者，以其存心也。君子以仁存心，以礼存心。”（《孟子·离娄下》）

求，哀哉！人有鸡犬放，则知求之；有放心而不知求。学问之道无他，求其放心而已矣。(《孟子·告子上》)

人在“放其心”的时候，已经误入了歧途，因此，他的“求其放心”只能说是一种补救性措施。因此，更重要的是，人一开始就要去培养、发展和实践他的伦理道德能力并促成他的美德：

君子所以异于人者，以其存心也。君子以仁存心，以礼存心。(《孟子·离娄下》)

这可以叫作孟子的“成善论”。如果说孟子说的“性善”是人心的一颗种子，那么“成善”就是如何让人心的这颗种子发芽、开花、结果。正如亚里士多德所说：“我们的德既非出于本性而生成，也非反乎本性而生成；自然给予了我们接受德性的能力，而这种能力的成熟则通过习惯而得以完成。”① 亚里士多德强调，人的美德是在履行德性的现实活动中获得的，正如人的各种技能（建筑、音乐）是在学习和试做的过程中学会的一样：“我们做公正的事情，才能成为公正的人；进行节制，才能成为

---

① 亚里士多德《尼各马科伦理学》，苗力田译，中国社会科学出版社 1990 年版，第 25 页。富兰克林在《成功的经验》（中国画报出版社 2011 年版）第九章“生活原则与道德信条”中说：“渐渐地，我开始确信在人与人的相互关系中，获得幸福最重要的东西莫过于诚实、真挚和正直。”（第 83 页）在该书第十九章“伟大的道德完善计划”中（第 126～136 页），他列出了他努力建立和实践的准则、秩序和伦理价值。关键不在于他列出了什么，而是他如何去采取方法和措施逐一实践和坚持，一一履行这些价值，将它们内化为自己生活的一部分。

节制的人；有勇敢的表现，才能成为勇敢的人。”[①] 人具有伦理道德能力固然重要，但更重要的是，只有去行动和实践，才能成为有美德的人。人不仅要有美好的道德愿望，更必须将它转化为道德意志和行动。道德责任需要人的意志自由，但人要有道德行为更需要具有“道德的意志”。没有伦理志向和行动的人，就是自暴自弃者。孟子说：

> 自暴者，不可与有言也；自弃者，不可与有为也。言非礼义，谓之自暴也；吾身不能居仁由义，谓之自弃也。仁，人之安宅也；义，人之正路也。旷安宅而弗居，舍正路而不由，哀哉！（《孟子·离娄上》）

如同上述，儒家相信人有伦理意志自由，但它更主张人必须确立起自己的道德意志。这是孟子说的人特别是士人的“立志”问题。孟子说的“先立乎大”，就是要人先确立起追求伦理道德的根本志愿。而且，他还必须“专一”于此，“专心”于此。对此，孟子使用了两个类比。比如，对于天下易生之物，如果一日曝之十日寒之，它就不能生存下来。同样，建立自己的美德，也不是一朝一夕的事。再比如，下棋虽说是一种小的技能，但人如果不专心致志，就掌握不了这一技能。弈秋下棋的技能再高，也不能将不专心学习下棋的人教成能手（见《孟子·告

---

① 亚里士多德《尼各马科伦理学》，第26页。在亚里士多德看来，人的德性和卓越，主要是从他的习惯和实际上表现出来的东西而言，而不是他的表白而言。存在主义者认为存在先于本质，认为人是自己选择的产物，他是什么要看他实际上选择做什么，做了什么。

子上》）。[1] 同样，学习美德和实践美德，也必须坚持专一和专心。

为什么人学习和修炼美德的历程必须连续下来，不能中断？在孟子看来，只有这样做才能产生明显的效果，否则将前功尽弃，一无所获。为了说明这一道理，孟子使用的类比有以下几个。第一个类比是，孟子将求仁的努力能够胜过非仁的冲动类比为水能胜过火。（《孟子·告子上》）人如果求仁的志愿和努力不够强烈和坚决，他就不能战胜不仁。仁战胜不了不仁，那是因为为仁的意志太弱了，就像用一杯水去救一车干柴的火势那样。火不能熄灭，那不是因为水不能胜火，而是用的水太少了。第二个类比是，孟子将不断培养"仁"类比为"五谷"的成熟。人培养仁的价值，在于让它成为自己的道德意志和习惯（"夫仁，亦在乎熟之而已矣"），否则就没有结果。这就像五谷是非常好的种子，种植好了就会五谷丰登；如果它们都没有成熟，那就还不如野草。（《孟子·告子上》）第三个类比是，孟子将追求伦理价值的有为者只有坚持才能产生良好的结果，类比为挖掘一眼井不到一定的深度就不会有水。人们去挖掘一眼水井，只有挖出了井水才算有结果；如果挖了九仞深不见水就停止下来，那仍然是一口废井。同样，求仁也必须有结果才行。（《孟子·尽心上》）第四个类比是，孟子将人志于道类比为流水："流水之为物也，不盈科不行；君子之志于道也，不成章不达。"（《孟子·尽心上》）[2]

---

① 在同一篇中，孟子还有一个类似的说法："羿之教人射，必志于彀；学者亦必志于彀。大匠诲人，必以规矩。学者亦必以规矩。"（《孟子·告子上》）

② 《孟子·离娄下》的一段话对于理解这一点也很有帮助："君子深造之以道，欲其自得之也。自得之，则居之安；居之安，则资之深；资之深，则取之左右逢其原。故君子欲其自得之也。"

建立伦理意志和修炼身心，孟子的“不动心”、“集义”和“浩然之气”等概念引人注目。这几个概念都是在公孙丑和孟子的一次问答中出现的。(《孟子·公孙丑上》) 孟子同时还讨论了志和气的概念，两者也很重要。“不动心”指坚守自己的信念，它不会因其他东西的影响而被改变。孟子说告子先于他就做到了“不动心”，他到了四十岁才做到“不动心”。但他的“不动心”不同于告子。《孟子》中引用告子的话说：“不得于言，勿求于心；不得于心，勿求于气。”告子这段话要说的是，一个人对于别人说的话不理解，那就干脆置之不理，不要再去多想；同样，一个人对别人的用心不清楚，那就不要意气用事。告子的这种“不动心”，简单说就是，人不要受他人言语和心思的影响，要保持自己的心志如一。对于告子的这种“不动心”，孟子评论说：“不得于心，勿求于气，可；不得于言，勿求于心，不可。”孟子的“不动心”，是“志”和“气”的统一体。在这种统一体中，“志”是统帅性的精神，“气”是充实自己身心的能量（气力）。人只有做到了不动心，他才能坚守自己的志愿，才能不损害自己的气力。公孙丑不能完全理解孟子所说的“志”与“气”的这种关系，孟子进一步向他解释说：志和气是统一的，意志专一就会带动他的气力，气力专一也会带动他的志愿（“志壹则动气，气壹则动志也”）。但在这两者之中，“志”是根本的，如果失去了志的统帅性，“气”就没有目的了，就会对人心产生不良影响。

孟子培养出来的“浩然之气”，可以说是他的“不动心”和“志气”统一的具体表现。“浩然之气”，可以解释为“刚正盛大的精神和正气”，它类似于孟子所说的“大丈夫”精神：“居天下之广居，立天下之正位，行天下之大道。得志，与民由之；不得志，独行其道。富贵不能淫，贫贱不能移，威武不能屈，此之谓大丈夫。”（《孟子·滕文公下》）孟子说他“善于”培养“浩然之气”。他所说的“善于”，一是对浩然之气的培养必须使根本性的人的“正直”和“道义”之心同他的“气力”统一起来，就像上述统帅性的“志”与“气”的统一那样。“浩然之气”不是私人之情中的“侠气”“义气”之类的东西，它是人对伦理和道德的信仰，没有这种信仰作为基础，人的气力就容易用错地方。二是培养浩然之气必须以修炼这种“气”为志愿，必须通过连续不断的积累去实现它（“是集义所生者”），不能中途变卦、中止（“必有事焉，而勿正，心勿忘”）。因为它不能通过孤立的一件事，不能通过偶然的一个行为取巧而获得（“非义袭而取之”）。孟子说的“强为善而已矣”（《孟子·梁惠王下》）、“强恕而行，求仁莫近焉”（《孟子·尽心上》）等，同他这里说的“集义”类似。“集义”是循序渐进的过程，是从自己的良知和才性出发，从内心自然而然地去培养它，而不是勉强。否则，就会像宋人的拔苗助长那样：“非徒无益，而又害之。”（《孟子·公孙丑上》）从这里出发，我们也容易理解《孟子·离娄下》所说的“性”、“故”、“利”和“智”的关系。

> 天下之言性也，则故而已矣。故者，以利为本。所恶于智者，为其凿也。如智者若禹之行水也，则无恶于智矣。禹之行水也，行其所无事也。如智者亦行其所无事，则智亦大矣。天之高也，星辰之远也，苟求其故，千岁之日至，可坐而致也。

“故”有原因、缘故、法则的意思①，也有作为副词使用的类似于“固”的本来、原来的意思。

人们容易放弃应该做的事意味着坚持它不容易。但对承诺了伦理价值并以此为偏好和使命的人，他同时就应该做好经受各种考验的准备。这说明选择美德和坚持伦理的价值，又不是轻易而举起的事情。人们熟知下面孟子的这段话，它非常重要：

> 故天将降大任于是人也，必先苦其心志，劳其筋骨，饿其体肤，空乏其身，行拂乱其所为，所以动心忍性，曾益其所不能。人恒过，然后能改；困于心，衡于虑，而后作；征于色，发于声，而后喻。(《孟子·告子下》)

孟子还有两段话，也很著名和重要：

> 人之有德慧术知者，恒存乎疢疾。独孤臣孽子，其操心也危，其虑患也深，故达。(《孟子·尽心上》)
>
> 故士穷不失义，达不离道。穷不失义，故士得己焉；达不离道，故民不失望焉。古之人，得志，泽加于民；不得志，修身见于世。穷则独善其身，达则兼善天下。(《孟子·尽心上》)

这样，伦理选择的能和为的问题，又变成了人要经受住考验的问题。

---

① 如《周易·系辞上》说的“故”那样：“仰以观于天文，俯以察于地理，是故知幽明之故。”

孟子幼年失去了自己的父亲，从小就经受了一次命运的考验。这种考验在他形成自己的人生信念和价值追求中肯定起到了作用。按照克尔凯戈尔的看法，尼采也表达了类似的立场，一个人对真理的认识和把握的程度同他对生活的感受和遭受痛苦的程度相对应。

结　语

孟子的伦理选择论具有复杂的义理，也有多样的选择模式。从最抽象的原则宣示到比较具体的“可欲”之善和贵，从更具体的仁、义、礼、智等伦理价值到事物不同等级的比较，从人的相似性和人心具有共同的道德能力（“能”）到成善之作为，从身心修炼到实践和行动，等等，这些层层关系和环节都是孟子伦理选择论的不同方面和模式，它比孟子的“性善论”和一般所谓的“工夫论”都复杂。孟子的伦理选择论，也可以说是伦理论辩。其中，孟子使用了大量的类比法，它作为孟子伦理选择论的方法论，特色鲜明，引人入胜。孟子被称为“好辩者”（《孟子·滕文公下》记载公都子的话，说“外人皆称夫子好辩”），对此，他不以为然（“予岂好辩哉？予不得已也”）。对他而言，论辩绝不是通过析辞离意而胜人一筹，而是为了追求真理，为了复兴伦理价值。

“四端”之心*

——孟子对德性理据性的追问及其后果

中国社会科学院哲学研究所　匡　钊

从批评“仁内义外”的论点开始，到提出著名的“四端”之心，孟子这些思考真正的诉求，或是为德性的成就寻求一个最终的理据性支持。此种诉求实际上分解为两个相互密切关联的问题，一是为优良人性寻求一个最终的论证根据——对于德性何以成立或者说某些人性品质何以能被认定为优秀，以往儒家似视其为不言而喻，这或与儒家将此向度的思考追溯至不容置疑的三代传统有关，但到了孟子的时代，随着三代传统不断崩塌，被儒家视为善的那些人性中的品质，那些自春秋以来便被称道的德性，何以具有此种地位，则成为一个潜在的需要被说清讲明的问题。二是进一步说明为什么我们作为人能够获得此种优良品质——在实践的层面，自孔子始，儒家早已开始形成一套独有的“为己之学”，或者说塑造

* 本文为国家社会科学基金后期资助项目“早期儒家的‘为己之学’”（16FZX003）阶段性成果。

理想人格的方式①，但对于相关方式为什么可以在实践中发挥作用，尚缺乏明确的反思性说明。在战国论辩的语境中，儒家的上述不足不能不成为批评者诟病的对象，典型如老子，不但怀疑儒家所继承自三代的“德”不足为法，更以为礼乐设施亦不能挽回世道人心之颓局。以拒杨墨为己任的孟子，面对此天下滔滔，自然需要给予儒家所谓德性及其成就以更强有力的理论支持，树立其之所以成立的必然理由。孟子不断转向人的内心，进一步发扬孔孟之间儒者已经初现端倪的“即心言性”之理路，其未曾明言的问题意识出发点，或即在于上述方面。孟子明确从心灵出发来看待成就人性、获取德性、塑造理想人格品质，也就是使人成为其所应是的成人之道，一言以蔽之，即“先立乎其大者”：

> 公都子问曰：“钧是人也，或为大人，或为小人，何也?”孟子曰：“从其大体为大人，从其小体为小人。”……曰：“耳目之官，不思而蔽于物……心之官则思，思则得之，不思则不得也。此天之所与我者，先立乎其大者，则其小者不能夺也。此为大人而已矣。”(《孟子·告子上》)

孟子在对公都子的回答中，所涉及的关于人心的许多见解，比如“大小体”“心之官则思”这样的内容，都是对已知的之前的儒者和更早传统的继承，近从《五行》，远从《诗》《书》的文本中都能找到语义上的线索。研究聚焦于人心带来的负面的后果，便是在

① 参见匡钊《孔子对儒家“为己之学”的奠基》，《深圳大学学报》（人文社会科学版）2012 年第 6 期。

历史上长期将儒家的思想形象局限于心性之学的小格局。那么，如暂时跳脱出心性之学的理论格局，对孟子在早期儒家“为己之学”之全局中地位的把握，应首先从他对德性理据性的追问与对“四端”之心的规定开始：“孟子欲肯定价值意识为自觉心所本有，只能就本质历程讲。此所以孟子就四端而言性。”①

一、有性不可谓命

德性的理据性问题在孟子这里与人性之善恶纠结在一起，而后一问题也是他与告子争论的另一个焦点。孟子言性最大的发明便在于，通过一系列的理论努力将原本表与生俱来之禀赋的“性”，转化为抽象的对于人之应是的回答，而此回答呈现在一个动态成长的过程中而不表现为某种预先确定的“本质”：“在社会体制的‘后面’或者历史‘之前’不存在任何使我们成为人或将我们定义为人的东西。尤其特别的是，不存在那种会帮助我们了解我们的真实所是或怎样才是最好的生活的所谓的‘人性’。”② 相形之下，告子言性，如《孟子·告子上》中记录的其各种主要论点所示，完全还停留在与生俱来之生命禀赋的意思上：

> 性，犹杞柳也；义，犹杯棬也。
>
> 性犹湍水也，决诸东方则东流，决诸西方则西流。

---

① 劳思光《新编中国哲学史》(一卷)，广西师范大学出版社 2007 年版，第 120 页。

② Richard Rorty, *Contingency, Irony, and Solidarity*, Cambridge University Press, 1989. 转引自 Aaron Stalnaker, *Overcoming Our Evil: Human Nature and Spiritual Exercises in Xunzi and Augustine*, Georgetown University Press, 2006, p. 36。

生之谓性。

食色，性也。

而这样的人性，在他看来既无法改变，也无须改变：

以人性为仁义，犹以杞柳为杯棬。

人性之无分于善不善也，犹水之无分于东西也。

这种意义上的“性”，不外就是孔子所讲的“命”：“天命、人性二观念，在其演进之初，本属同一范域。”① 对于命或天命的基本地位，从孔子早已奠定的天人有分的角度看，本属于“不可求”者②，但孟子在对告子的驳斥中所要强调的是，人性的观念，早已由“不可求”者彻底转化为“可求”者了。后一种意义上的“性”，也就是孟子所谓的“求在我者”：“求则得之，舍则失之，是求有益于得也，求在我者也。”（《孟子·尽心上》）此“求在我者”与“求在外者”相对：“求之有道，得之有命，是求无益于得也，求在外者也。”（《孟子·尽心上》）所谓“求在外者”，也就是孔子早先所谓“不可求”者。在传统的解释中，典型如朱熹对此“求在我者”的理解却包含着一个问题，他认为：“在我者，谓仁义礼智，凡性之所有者。”这个论点，或来自孟子本人将恻隐、羞恶等四心直接表述为仁义礼智的某些说法，其最大的缺陷在于混淆了心、性之间的差异，即在一定程

① 傅斯年《性命古训辩证》，广西师范大学出版社 2006 年版，第 140 ~ 141 页。

② 参见劳思光《新编中国哲学史》（一卷），第 102 ~ 105 页；匡钊《〈论语〉中所见孔子的天人观》，载孔庙和国子监博物馆编《孔庙国子监论丛》（2012 年），北京燕山出版社 2012 年版，第 259 ~ 273 页。

度上将人性养成或者德性获得的问题（心的问题）与所欲养成或获得的对象（性的问题）混为一谈，或者说将德性的潜能与实现混为一谈。这种混淆带来两方面的理论问题：一是难以说明人性中恶劣部分的存在，中国传统中对恶的正面讨论和充分警觉相对缺乏，或拜此所赐；二是模糊了“求”“舍”之间在实践层面上的巨大张力，这使儒家的学问在汉代流于形式，而对工夫的自觉则需待宋人重新努力。在人心的天然能力或禀赋之中，可能存在德性与人性被视为善的根据，但这并不意味着人因此便无条件拥有某些先天的、非获得性的品质——在严格意义上，心与性是两回事，人心只是人性之成就的不可或缺的起点，却并不反映后者的完满状态——否则儒家的全部修身工夫或者借用福柯所曾运用的术语来说——“自身技术”——便无从挂搭。

孟子所谓“求在我者”的人性，乃是“人之异于禽兽者”，对此方面的内容，有论者参照孟、告论辩中所举“白”之类的例子认为：“按照孟子的看法，谈到‘白’这一概念，我们所关注的是对象的抽象共同性。……但是，‘性’这一概念所表示的，却不是像‘白’一类概念那样的抽象共同性或抽象属性。当我们说‘性’的时候，我们意谓的是一类物在其整体存在上所显现出来的根本的特性。……是人与动物相区别的、标示人之所以为人的根本特性。”①在何种意义上可将“抽象共同性”或“抽象属性”与“根本特性”加以区分，并不是非常清楚、显而易见的；较为明显的是，孟子在自己的论辩中，实际上使用了偷换概念之类的手法以胜过告子——告子对于“性”的一般理解，即将其作为事物的某种天然具备的规

① 李景林《教养的本原——哲学突破期的儒家心性论》，辽宁人民出版社 1998 年版，第 230 页。

定性，仍然是有效的，只不过，孟子所关注和谈论的人性，已经超出了此一范围，并非如告子所理解的是属于人的某种天然禀赋，而是回答人之所以为人的关键所在。暂不考虑其论辩的形式上的有效性，孟子正确地揭示出人性和“白”之类的观念完全不在一个层面上，那么，“白”作为一种“抽象属性”和与之不同的性作为一种“根本特性”所指分别究竟是什么？我们又应该如何将两者加以区分，并进一步将后者与人联系起来？如果在一定程度上参考亚里士多德的看法，或者可以设想，告子所谓“白”乃是指事物或某一客观对象的抽象的“属性”（attribute）。这样的属性，如某物之为白，可以是偶然的，即“偶性”（accident）。虽然告子与孟子均未言及这一层意思，但告子的错误，显然在于将此种偶然属性视为与“性”这个概念无异——这种理解在较早的时候或许并不算错，但随着“性”被独立出来、在一系列特殊的用法当中被用来指谓人或物的某种特性之时，理解上的鸿沟就产生了。虽然就目前而言，“性”这个术语如何具有我们这里所指出的这种特殊用法的观念史细节仍然有待研究，但结合孔子后学与孟子的言论，尤其是孟子与告子的论辩，则可较为清楚地看出，孟子对此术语与以往告子所谓“白”之类的属性或偶性，即白羽、白雪之白之间的差异，所见则更为深刻精细。他有意识地指出，“性”所指称的内容——特性，与“白”之类属性并无交集，其内涵远非后者所能覆盖。孟子在自己的论辩中，赋予“性”这个术语全新的积极用法。这种用法的来路，或许与之前儒者的努力密不可分，但以完全自觉的意识，强调“性”之为特性，则应是孟子重大的理论发明和哲学推进。如是，更向前推进一步，孟子完成最后努力，便是将人性明确视为人之所以为人的根本规定，或者说，他将人的特性进而表达为人的“本质”（essence）——本质意义上的人性，可以为德性所充实，并在这种意义上是“善”的，而这划定了人之不同于禽兽之类的根本所在。当然，如果从亚里士多德的角度来看，孟子的思考在这里仿佛出现了一个无法容忍的理论跳跃，即将特性直接与本质等同起来，是不可能被接受的。对此，笔者的理解是，其一，孟子在利用人性来规定人的本质的时候，实际上已经考虑到了人与物相比，近似于亚里士多德所说的那种种属之间的差异，他的判断完全是针对人这一专门的物种而言；或者，其二，孟子在这里遵循了某种目前尚未得到正面研究的、不同于古希腊式的思维程序，这种程序从西方哲学的角度来看，便是孟子并没有如亚里士多德那样，从种属关系和定义的角度清晰揭示上述问题的理论构造。可以肯定的是，相对于告子而言，孟子在谈论人性的时候，所希望谈论的乃是人之为人的本质所在，而绝非人的某种一般属性，此正如《尽心下》之“口之于味”章所言：“有性焉，君子不谓命也。”

尤为重要的是，上述这种本质并非是被预先决定的。人性并非某种完成时的本质主义概念，而是一个低语义内容的、形式化的概念，有待于从实质上加以充实，即通过德性的获得或者说向善的努力，方能充分显示出其内容。于是动态地看，人性便是一个变化、成长的过程，也就是说，在孟子这里，人性指的是一个人通过某些内心原则所支配的实践活动来使自己区别于一切非人者的提升、改变自己的过程：“在孟子那里，把一个人从人类兽性中区别出来的东西不是某种不受侵犯的自然赐予，而是一种暂时的和永远特殊的文化上的细致提升。”① 对于这一点，王夫之曾有相当正确的看法，冯

① 安乐哲《孟子的人性概念：它意味着人的本性吗?》，载江文思、安乐哲编《孟子心性之学》，梁溪译，社会科学文献出版社 2005 年版。

友兰曾引王夫之《尚书引义》卷三言，说到“他提出了关于性命的一个重要命题，就是‘命日受则性日生’”①，而“性日生”正是对于人性的过程性的强调。最终，可以说孟子所言性就人而言，恰恰表述的是一种完全与告子的意见相对的“不自然”的、培养塑造人格品质的过程，而作为其最终成果的人性，则是某种为人所独具、“异于禽兽”的特殊的人之所以为人的规定性或人的本质。更进一步，在接续孔子后学思考方向不断强调内心作用的孟子看来，此过程最终应当本人心来加以呈现和解决：

> “性”只是孟子为了建立人类的复杂形象时所需要的词汇表上的一个术语。事实上，“心”是使得人类和其他动物区分开来的那部分本性的终极“处所”（locus）。如果正确地加以理解，“性”只是人心（heart）朝向充分实现其道德能力的天赋趋向。的确，孟子在处理人的问题时，其问题意识（problematique）的中心实际上并不是本性（性）而是人心/心灵（心）。②

在以上的理论空间中，孟子的思考在德性理据性寻求的过程中最终在实践层面和德性的本体论地位问题上均向心灵收束：其一是在工夫论之所以可能的意义上，基于某些心灵能力的精神修炼为人性的塑造提供了先天的动力与途径；其二是被以往儒家视为理所当然的那些德性何以成立、其必然的来源如何的问题，在孟子看来也

---

① 冯友兰《中国哲学史新编》第二册，人民出版社 1995 年版，第 288 页。

② 本杰明·史华兹《古代中国的思想世界》，程钢译，刘东校，江苏人民出版社 2004 年版，第 280 页。

须从人心中寻找其根据。抛开具体的精神修炼细节不谈[①]，以上第一方面问题以往学者已经多有体察，如牟宗三曾参照康德的观点加以说明："'纯粹理性如何其自身就能是实践的'……这问题底最后关键，是在'心'字，即康德所谓'道德感'、'道德情感'……最终是指这'心'字说，所以最后是'心'底问题。"[②] 这个问题包含两个层次：人心在精神性的意义上，是人性内容的实现场所；修身工夫的精神性维度或者说精神修炼，在孔孟之间儒者便已经开始成为重要的甚至主导性的力量，如《性自命出》所谓"心术为主"[③]。至于以上第二方面问题，与形式化的、动态的、成长性的人性为什么是值得追求的最终依据何在有关。在孟子看来，这正在于人心所本来具有的成就德性的自觉能力。如此，人性、人心与德性形成了一个完整的系统，人在其中通过各种工夫追求善的理想人格的努力，则完全成为不依赖任何外在力量的"求在我者"，如徐复观便曾从类似角度评价孟子言心的贡献："在孟子以前所说的心，都指的是感情、认识、意欲的心，亦即是所谓'情识'之心。……在自己心的活动中找道德的根据，恐怕到了孟子才明白有此自觉。"[④] 以上问题，最终在孟子对"四端"之心的论述中交织在一起。

二、四心只是善端

反观孟子与告子的全部争论，孟子相对告子那种较为传统和

---

① 有关孟子精神修炼细节的讨论，参见匡钊《论孟子的精神修炼》，《深圳大学学报》（人文社会科学版）2016 年第 5 期。

② 牟宗三《心体与性体》上册，上海古籍出版社 1999 年版，第 140 页。

③ 参见匡钊《简书〈性自命出〉中"道四术"探析》，《江汉论坛》2012 年第 7 期。

④ 徐复观《中国人性论史》，华东师范大学出版社 2005 年版，第 105 页。

"自然的"人性论，所欲强调的不外是人性所具有的两个特征：其一，人性的成就是修身努力的结果；其二，此种努力具有确定的必然方向，即以成就被称为德性的那些优良品质为目标。前一特征文中已经论及；而后一特征一方面与孟子对人性最终能达到某种"善"的判断有关，另一方面则直指德性的理据性何在的问题。关于孟子口中的"善"，如胡宏《胡子知言·疑义》所称："先君子曰：'孟子道性善云者，叹美之辞也，不与恶对。'"乃是称许人性的赞叹之辞，对此或如葛瑞汉所言："完善孟子人的本性理论的是去掉人的本性是善的主张。"① 实际上，孟子对人性的称许仍然是出现在驳斥告子的语境中：

> 公都子曰："告子曰：'性无善无不善也。'或曰：'性可以为善，可以为不善；是故文武兴，则民好善；幽厉兴，则民好暴。'或曰：'有性善，有性不善；是故以尧为君而有象，以瞽瞍为父而有舜；以纣为兄之子且以为君，而有微子启、王子比干。'今曰'性善'，然则彼皆非与？"孟子曰："乃若其情，则可以为善矣，乃所谓善也。若夫为不善，非才之罪也。恻隐之心，人皆有之；羞恶之心，人皆有之；恭敬之心，人皆有之；是非之心，人皆有之。恻隐之心，仁也；羞恶之心，义也；恭敬之心，礼也；是非之心，智也。仁义礼智，非由外铄我也，我固有之也，弗思耳矣。"（《孟子·告子上》）

在驳斥对手的时候，颇为"好辩"的孟子有时大概难免因逞口

---

① 葛瑞汉《孟子人性理论的背景》，载江文思、安乐哲编《孟子心性之学》。

舌之利而有损于思想上的精确与清晰，对于人性的观念而言，善的评价本应出现在这个过程的终点，但在孟子的话语中，很容易让听者以为这个过程从一开始就是善的；同时，这里对四心直接等同于仁义礼智的表述，也是引发后世争议的源头。[①] 孟子对于“善”这个字眼的使用，是将其作为对于某种一般意义上好的、值得赞扬的行为、言词、人物或事件的评价和修饰，但是，善作为一个正面的评价，其根源不能出于某种公共的约定性或公认——如果把问题还原到这个层面，那么我们基本无法摆脱庄子所设想的那种“彼亦一是非，此亦一是非”的陷于相对主义泥淖的公共评价混乱。在孟子看来，之所以能够做出如此的评价，其理由在于对于人心中本来具有的成就德性的倾向的认定。从逻辑上讲，人性的全部过程当然既可能是善的，也可能是不善的。那么为什么人性在孟子这里最终会得到善这样的评价呢？这不外是因为人性的成就取决于德性的获取。具备德性的人，所呈现之人格面貌便可谓善。孟子的思路，或的确可与康德形成一定程度上的对照，后者认为：“善和恶的概念必定不是先于道德法则（从表面上看来，前者甚至似乎必定构成后者的基础）被决定的，而只是（一如这里所发生的那样）后于道德法则并且通过道德法则被决定的。”[②] 他们之间的区别在于，孟子在对人性之善加以认定的时候，所诉诸的根据并非康德所设想的那种“道德法则”，而是将其基于德性潜能之实现的必然性。从某种意义上讲，董仲舒论人性之时反而把握到了孟子的核心意思：“善如米，性如

---

① 对于孟子言“性善”只是从“善端”和潜能的意义上讲，参见杨泽波《孟子性善论研究》（再修订版），上海人民出版社 2016 年版，第 45 ~ 46 页。

② 康德《实践理性批判》，韩水法译，商务印书馆 1999 年版，第 68 页。

禾，禾虽出米，而禾未可谓米也。性虽出善，而性未可谓善也。”（《春秋繁露·实性》）这里的“性”字，如果置换为“心”字大概更符合孟子的原意，“心未可谓善”——心是无善恶的，但这并不妨碍基于此取得的人性成果是善的。这个由无善恶的心得出善的人性的过程，后儒当中大约王阳明领悟最为明确。人心与人的养成的过程，从评价的角度看，实际上是先行于善的，而之所以我们最终能给予这个过程善的评价，则是由于这个过程最终呈现出的乃是被认定为优良的德性品质。追问至此，德性何以可能必然地实现或者说人心何以一定具有成就德性的内在倾向，便是一个不得不加以正视的问题了。孟子这里给出的答案，便在于人心所先天具有的“四心”。

在谈论此“四心”之前，孟子还提及两个可能会产生误解的观念——“情”与“才”。就孟子所言“情”，朱熹《集注》似是从情感之义来看待，并据此做出了自己的推论：“情者，性之动也。人之情，本但可以为善而不可以为恶，则性之本善可知矣。”无论此“情”究竟所指为何，朱熹将其与“性之本善”联系起来，如前所述，笔者亦难以苟同。孟子此处所言“情”，首先应是取“情伪”之义，其次才有可能涉于情感，应是指人心“实有”向善的先天潜能或倾向（才），就人性之实际结果而言，它当然是善的。只是孟子未及立即追加说明，此人性的实际结果并非现成之物，而是修身成德的后果。“才”是对于人心具有实现理想人格之潜能的第一个表述，或是为后面引出“四心”做铺垫。“善”作为对人性之应然的评价，其在现实中的面貌如欲实然如此，则从逻辑上讲，必须获得“求则得之”的“求在我者”之德性，而人之所以能够获取德性的第一个保障，便在于人心之才。但是人心具有此等改变自己的潜能，却也并不意味着一定会在现实生命中达成理想人格。这种潜能，需要经历实际的修养过程方能成为现实，而上述过程，在现实中完全可能因为种种阻碍而无法正常发挥，致使我们对于德性的追求受到阻碍，并导致现象界总有不善或者说恶的东西存在——孟子在其他地方谈到的“牛山之木”的比喻，便是要说明这层意思。同时，孟子虽然在原则上同意“人皆可以为尧舜”（《孟子·告子下》），但他似乎没有认真考虑过人心所具有的成就德性的潜能，或者说“才”是否必定具有实践上的强制性。原本应向善之人不能为善，大约不外是因为无知、主观故意或者意志软弱这三方面的理由，而孟子虽然意识到人心中追求德性的潜能可能会受到阻碍，但并未清晰区分上述各种情况。孟子实际上可能是把上述前两个人无法为善的理由混淆在一起，他斥杨、墨之徒为“禽兽”，而他显然认为这些人之所以未能最终展示出人性的优美，是因为认识上的错误——否则他“好辩”就显得毫无意义；比较麻烦的是关于纣之类的反面典型，孟子并未明示这种“残贼之人”作恶的理由何在：他们是出于对人之应是的价值的无知，还是在了解这些价值真相的情况下故意作恶？对于不能为善的第三个理由，孟子曾先后从两个角度加以考虑，一方面曾以“挟太山以超北海”和“为长者折枝”做比喻，主张导致意志软弱的消极影响完全可以通过改变自己的立场而加以克服；另一方面，孟子也曾将其与人们因“好货”“好色”之类的私欲遮蔽联系起来，而为了克服这些阻碍自身心灵内潜能发展的私欲，孟子简单地提供了“寡欲”的方案。虽然在人性向善的过程中存在上述各种不和谐的状况，但这仍不足以否定人心有可能开展出的正面德性与价值，而这便是孟子所谓“非才之罪”的意思所在。

回到孟子提出“四心”的基本立场，除了上文引《告子上》中容易发生误会的内容，孟子还在《公孙丑上》中明确将恻隐、羞恶等“四心”称为“四端”，以更为确切的方式提出了“四端”之心的著名论断：“恻隐之心，仁之端也；羞恶之心，义之端也；辞让之心，礼之端也；是非之心，智之端也。人之有是四端也，犹其有四体也。”这个表述，彻底摆脱了将德性与人性视为心中现成之物所可能带来的理论后果，也与《孟子》其他地方形成了更为融贯的解释，充分显示出从人心之“端芽”到人性之成就之间的距离。从后果角度可被评价为善的心之端，只是德性养成的潜能或“才”，而如果希望真正实现有德性的人格，则还需要“扩而充之”的修养工夫：“凡有四端于我者，皆知扩而充之矣，若火之始然、泉之始达，苟能充之，足以保四海。”

将孟子前后言及的“四心”视为“端”，比直接指其为某种德性本身更为可取且贴合孟子本意——孟子从来没有主张人性无须任何努力当下就是善的，否则他与各种修身工夫有关的思考就毫无意义。但从他与告子论辩的语境看，孟子在不精确的意义上，完全可以从人心可能获得德性的意义上称道人心具有德性，也就是从“仁之端”最终可以为“仁”的角度说“仁之端”就是“仁”，或者从无善恶的心可以为善的意义上说心是善的。抛开这种论辩的立场，结合前面已有的对于孟子与早期儒家人性论的讨论，我们认为孟子的实际观点，乃在于将心之“四端”作为引导人达成理想人格和德性价值的潜能，这种“才”通过适当的修养，一定能够得到实现，但其需要大量的努力和漫长的过程。在这个意义上，孟子继续主张“四端”之心不但是“实有”的——“乃若其情，则可以为善矣”，也是与生俱来的，如同人天生具有“四体”，这也就意味着德性养成的潜在苗头“非由外铄我也，我固有之也”。这样的“四端”之心，人普遍具有，用孟子的话说就是："非独贤者有是心也，人皆有之，贤者能勿丧耳。"（《孟子·告子上》）如果我们能够主动并恰当地培养这种人心之"端"，便都可能达到理想人格境界："孟子思想中的'心'具有普遍必然性，又有自主性。这两个特质都表现在孟子的'心'之作为价值意识的创造者这一点之上。"① 在现实中之所以有人因丧失自觉的价值意识而失去这种人的身份并堕落到禽兽的地步，仍然是因为未能妥当对待、滋养心之"四端"。如我们前面所言，从逻辑上讲一定可以向"善"的心灵之潜能之所以不能发育成熟，不外是因为故意、无知或无能，从《孟子》全书多处对于"求则得之"的强调来看，孟子最为重视的乃是第三种情况，也就是如何通过适当的修身工夫克服意志的软弱——这正落入早期儒家"为己之学"的范围之内。

上述讨论意味着，孟子将"四端"之心视为德性的理据性所在，而这一点具有前所未有的理论意义。在先秦时代，对于类似的根源性观念的探寻，已经在道家谱系内有所突破，老子所谓"道"堪称是一个外在的超越性权威，但此权威对于人而言，在一定程度上取消了后者对于价值的"自由"获得——人的价值来自以"无为"或"自然"的方式得道或顺应道。这种思路，无异于将人置于一个更高的客观权威之下，而这对于坚持天人有分立场，并认为各种价值目标均应是完全取决于人自身的"求则得之"的"可求"者的儒家而言，应当说不是令人满意的答案。孟子将此德性的根据追溯到人心，便避免了上述困难，既坚持了儒家天人有分的基本立场，也突破了以往儒家谱系内部对于根源性观念的探索无所贡献的局面。但孟子的思路，也并非完

① 黄俊杰《中国孟学诠释史论》，社会科学文献出版社 2004 年版，第 96 页。

全没有疑问，至少在荀子眼中，这个直指人心的答案，由于在最初的辨识上与人的一般生理或生命禀赋层面的情感活动有关，如孟子“乍见孺子将入于井”的例子所体现出的那样，或许在可说明性方面显得有些不那么清晰。可能是出于这样的考虑，荀子在自己对于类似内容的探究中，反而放弃了孟子已经建立的思路，转而从“圣人”那里寻找德性的根源，如《荀子·性恶》所谓“礼义者，圣人之所生也”。这种说法的理论后果，实际上仍然倒向了不“自由”的“他律道德”，而如果更进一步对圣人如何知礼义之源加以追问，则恐怕荀子也无法提供合理的答案。对于完全贯彻并充分理解早期儒家天人有分的思想传统的荀子而言，他的上述观点不能不说是他思想中的一个严重缺陷，荀子似乎没有真正了解从孔子到孟子所强调的“可求”或者“求在我者”的那些仅仅并完全取决于人自身的价值目标的全部意义——德性的价值在于其获得是“自由”的，人成为自己之应是可以并且能够对于自身之外其他任何东西都无所依傍。

实际上，孟子所谈论的作为德性根据的心之“四端”，既不是一个生理问题，也不是一个纯粹的理论问题。如果心的问题最终被归于前一方面，那么哲学活动就完全没有意义了；人之所以为人，恰恰不是因为这个物种有生命，而是因为这个物种有“异于禽兽”的意义。同时，对于这些意义的发掘，也并未仅仅停留在理智思辨的层面上，而主要是贯彻在生存（existence）之中的实践问题，或者说“为己之学”问题域中出现的问题——人的全部意义均来源于他们改变自己、成就德性、塑造理想人格品质的实践活动。探索这个孟子在理论上的真正发明，便在于如何理解从“四端”之心开始，德性由某种潜在而得到全副实现的过程。

孔子早已认为德性作为构成人格品质的要素，乃是“内在的”，但他并未明示追寻这些德性的内向转向是对一种现成之物的发现，还是根据某些外在的规范对于人自身人格的重建，或者是对于原有的某些苗头或者倾向的精心培养与发展。从人如何成就德性的修身过程来看，“宽泛地讲，我们可以区分三种伦理修养的过程：发现、重建和发展”①。上述三种不同的修养模式为不同的中外哲人所主张，从孟子指出仁、义、礼、智这些品质起始于某种具有特定倾向之“端”来看，他所设定的人获得伦理德性的过程是发展和发现式的。② 持论者可能出于对孟子言“性善”之传统理论未加分辨的认可，而认为他对伦理生活的考虑同时具有发展和发现两种理论趣味，但从严格意义上讲，孟子的观点仅同意发展类型的伦理生活，这与典型的柏拉图式的通过回忆来发现人本来完整具备的某些素质根本不同。与此形成对照的是，亚里士多德和荀子对于伦理生活的了解则属于重建式，而前者的伦理学模式中同时也含有发展式的因素。③ 从涉及德性养成过程的角度看，发展和重建式的伦理生活有共同之处，只是它们的起点完全不一样，前者起源于内在具备的倾向或者潜能，而后者诉诸外在的法则。从这个角度看，荀子的伦理学属于典型的重建类型，他认为人在开始其伦理修养的时候并不具备任何与德性有关的素质。那么孟子所据以发展出德性的特定倾向性或者“端”还与什么样的精神性内容有关呢？从“情”是人天生即能表

---

① Bryan W. Van Norden, *Virtue Ethics and Consequentialism in Early Chinese Philosophy*, Cambridge University Press, 2007, p. 43.

② Bryan W. Van Norden, *Virtue Ethics and Consequentialism in Early Chinese Philosophy*, p. 46.

③ Bryan W. Van Norden, *Virtue Ethics and Consequentialism in Early Chinese Philosophy*, pp. 50 – 51.

现出的“情感”的拓展意义上看，“四端”之心可被视为与人心特定的情感状态有关，这种情感状态先于思虑，但需要在思虑中才能得到反省性的揭示。这个观点来自对较早儒者观点的继承，上述意义上的人之情早已被在他之前的以郭店简书为代表的儒者认为是人性成长的真正起点。举孟子自己最常用的例子“恻隐之心”而言，上述这种情绪又被孟子称为“不忍人之心”：“所以谓人皆有不忍人之心者，今人乍见孺子将入于井，皆有怵惕恻隐之心。”（《孟子·公孙丑上》）这样的心情，被冯友兰与作为人之根本规定性的“仁”联系起来：“他（孟子）认为‘仁’的重要内容是‘不忍人之心’，就是不忍看见别人痛苦的心。”[①] 至于“不忍看见别人痛苦”，可被视为人在情感或情绪方面的诸如“同情—移情”这样的通感：“孟子单挑出同情—移情（‘不忍人之心’）来作为我们人性的独特的和规定性的特征。”[②] 类似于这种“恻隐之心”“羞恶之心”也可从情绪或者感觉的角度加以理解：“伦理上的羞耻……乃是当我们认为自己（或那些我们与之相认同的人）具有重大品格缺陷时所具有的一种不愉快的感觉。”[③] “恭敬之心”作为某种对于心情的表述，无疑与以上两种心态类似，而“是非之心”也仍然是对于人情感上好恶的表达，其包含基于这个好恶的价值判断而非单纯的真假判断。孟子思考“四端”之心的根本思路，是对作为人格构成之品质的德性加以进一步的追问，通过将其潜能充分情感或情绪化而使之成为对于人

---

① 冯友兰《中国哲学史新编》第二册，第75页。

② 杜维明《论儒学的宗教性——对〈中庸〉的现代诠释》，段德智译，林同奇校，武汉大学出版社1999年版，第138页。

③ Bryan W. Van Norden, *Virtue Ethics and Consequentialism in Early Chinese Philosophy*, p. 260.

之应是的根本规定。孟子通过“四端”所表达的情绪乃是德性和人性成长的真正起点，这些内容在孟子看来“可以为善”。

三、作为非规范性依据的四端

德性之成立，取决于人心本有的“四端”之“情”，这就是孟子即心言性的理路。据此加以推论，或可以认为人性和德性之成立的理据性，即“四端之心”，占据某种本体论地位。在此意义上，谈论一种儒家的“形而上学”当然是可能的，但这种形而上学未必具有牟宗三等揭示给我们的面貌。关于四心的本体论地位，有两个关键需要阐明：其一，并非如康德所主张的那种普遍有效的、理性的绝对的规范或法则；其二，只是修身问题或者说儒家所关怀的“为己之学”的一个子问题域。上述第一方面对于我们理解孟子的思想更为关键。

与康德的理性主义相反，孟子所谓“四端”之心是德性的非规范性依据，如前文所述，其构造更接近亚里士多德和休谟的传统。“四端”的存在，不是作为某种人心中的先验理性法则或绝对命令——其起源无法追问；相反，“四端”作为人心的先天成就德性的倾向，一方面可能是社会—生物演化的结果，另一方面其起作用的方式，也并非通过对特定规则的简单遵循与演绎，而需要大量的实践中的训练、检验以及经验的积累。现代认知科学与哲学上的自然主义的发展，更鼓励我们从孟子、亚里士多德和休谟的角度去看待人的道德活动，而无须额外为其增加一个康德式的论证。① 德性的发

---

① 关于康德伦理学的现代批评以及当代哲学自然主义的发展与儒家思想的兼容性，参见徐英瑾《儒家政治理想之新唯物主义重估》，《探索与争鸣》2015 年第 3 期；徐英瑾、刘晓力《认知科学视域中的康德伦理学》，《中国社会科学》2017 年第 12 期。

展模式，在更大的社会历史维度上与人类的整体演化密切相关，成就德性的理据性，对于个体而言是先天的，但对于大时间尺度中的人类而言则是经验性的。

孟子的追问抵达“四心”之后，还引出了良知良能的问题，孟子由此对德性发展的起点做出再三的说明。用孟子自己的话讲，良知乃是“不虑而知者”，良能乃是“不学而能者”（《孟子·尽心上》）。站在我们的立场，可以认为“孩提之童”能如此，是由于社会—生物演化的结果，但孟子本人并未对其加以追问或推测。孟子将“四端”与“良知”“良能”均托付于个体的先天性，这在解释上为康德式的逻辑的渗透留下了空间，但我们如一定对其加以进一步追问，则来自现代认知科学和自然主义的回答似乎更为可取。不过，笔者此处并非意在从上述现代哲学发展的角度对早期儒家“为己之学”的合理性加以背书，只是想据此说明孟子乃至早期儒家的整体学术形象与康德式的形而上学想象之间的差距。实际上，笔者认为利用某些现代哲学工具追问上述孟子思想中观念的遥远起源没有哲学史意义，这个问题不属于孟子而仅仅属于某些具有特定倾向的现代学者，而有关结论恐怕也不会产生针对孟子思想内部构造的新知识，更何况，对现有的知识体的融贯的解释，无须诉诸起源的神话。

那么，“四端”之心的本体论地位应如何理解呢？笔者认为，如将上述问题还原到学术史的现实中，可以很清楚地看到，其发生是儒家“为己之学”不断发展“倒逼”出的结果。孔子所关心的成德之教，经由其后学和孟子不断向心的问题收缩，最终在孟子这里出现了对德性之理据性的追问与回答。而孟子提供的答案，只是为了表明，为什么现实实践中某些德性是成立的，且其对于成就理想人格是有效的。而在我们的解释中，似乎也没有必要颠倒这一思想序列，假设孟子预设了某种肇始于特定起点的理论体系，并由此推衍出其实践上的后果——将某种本体论问题置于对德性养成工夫的考虑之前。我们应清晰地看到，经由孟子的努力，围绕心所可能建立起来的所谓本体论问题，实际上出现在更为广阔的儒家“为己之学”问题域的内部。孟子对“四端”的思考，作为上述问题域的一个支点具有特殊的理论意义，但我们必须避免以其覆盖该问题域之全局。

论孟子哲学中的神秘主义

中国社会科学院哲学研究所　任蜜林

一、两种神秘主义

一提起神秘主义，我们就会想到宗教。世界上多数宗教在教义和主张上虽然不尽相同，但多数具有神秘主义倾向。W. R. Inge 在其《宗教中的神秘主义》一书中指出："神秘主义意味着与上帝交流，即与一个构思出来的最高实在交流。"① Pfleiderer 说："神秘主义是自己与上帝合一的直接感觉。" Pringle Pattison 也说："神秘主义意味着人尽力用智力抓住神的本质或事物的最高本体，并沉醉于同最高实体交流的幸福之中。神秘主义首先指的是哲学层次上的，然后才是宗教层次上的。上帝不再是一个对象而成为一种体验。"② 这些都认为神秘主义是一种与上帝的交流或体验，是人类个体对于上帝的把握。

---

① The Very Reverend W. R. Inge, *Mysticism in Religion*, The University of Chicago Press, 1948, p. 8.

② The Very Reverend W. R. Inge, *Mysticism in Religion*, p. 25.

在世界上大多数宗教中，我们都能发现“神秘体验”。Steven T. Katz 指出：“基督教神秘主义者通常说他们的体验是‘与上帝合一’（union with god）。印度教的神秘主义者则说他们的体验是个体与婆罗门或最高的本体的合一。基督徒说他们的体验是支持一神论的，而不是一种与上帝真实合一的体验，他们所理解的‘合一’不是同一性，而是一些其他的关系，如相似关系。印度教则坚持同一性，他们说他的体验建立在作家通常所论述神秘主义的‘泛神论’基础之上——尽管印度人通常不用西方的术语。佛教神秘主义（至少根据一些佛经的译本）并不谈上帝或婆罗门或一个最普遍的自我，他们解释神秘体验根本不包括一个最高存在的概念。”① 这说明不同宗教的“神秘体验”是不同的，基督教强调个体“与上帝合一”，印度教则是对婆罗门的体验，而佛教的神秘体验不存在一个最高的对象（Supreme Being），而是一种对“空”的体验，是克服有我的心灵状态。② 这些神秘体验尽管有些差别，但具有一些共同的特征：不可言喻的、直觉的、瞬间获得的、受动的、神圣感、实在感，而其根本特征则是“合一性”体验。③ 并且这些神秘体验的对象大多具有人格性，如基督教的上帝、印度教的婆罗门。

与这种宗教上的神秘主义不同，冯友兰在《中国哲学中之神秘主义》一文中说：“神秘主义一名，有种种不同底意义。本文所说神

---

① Steven T. Katz, *Mysticism and Philosophical Analysis*, Oxford University Press, 1978, p. 29.

② 陈来《心学传统中的神秘主义问题》，载《有无之境——王阳明哲学的精神》，人民出版社 1991 年版，第 391 页。

③ 陈来《心学传统中的神秘主义问题》，载《有无止境——王阳明哲学的精神》，第 392 页。

秘主义，乃专指一种哲学，承认有所谓‘万物一体’之境界者；在此境界中，个人与‘全’（宇宙之全）合而为一；所谓主观客观、人我内外之分，俱已不存。”① 后来冯友兰在其两卷本的《中国哲学史》中用他所说的“神秘主义”对孟子进行了分析。与宗教上的神秘主义相比，我们可以称冯友兰的神秘主义为哲学上的神秘主义。这种神秘主义与宗教神秘主义（佛教神秘主义是个例外）一个明显的不同就是没有一个人格神的对象，而是一种“万物一体”或人我内外合一的精神境界。我们在这里所说的《孟子》中的神秘主义就是从哲学意义上讲的。

二、孟子哲学中的神秘主义

儒家中的神秘主义思想可追溯到思孟学派，孔子对神秘主义似乎不感兴趣。儒家自子思始谈神秘主义（哲学意义上的），至孟子而发扬光大。《中庸》曰：

> 唯天下至诚，为能尽其性；能尽其性，则能尽人之性；能尽人之性，则能尽物之性；能尽物之性，则可以赞天地之化育；可以赞天地之化育，则可以与天地参矣。

《中庸》认为人之性源自天，“天命之谓性”。故人能尽其性之极致，则能“与天地参”。欲尽己之性，则须“诚”。“诚”乃天道，“诚之者”是人道。明乎善，才能诚其身；“不明乎善，不诚乎身矣”。“诚”相当于郭店楚简《五行》中所说的“德”，而“诚之者”相当

① 冯友兰《三松堂全集》第十一卷，河南人民出版社 2000 年版，第 108 页。

于“善”，“善，人道也；德，天道也”。人道只能局限于人的社会关系中，而天道则能参天化育，达到一种神秘主义境界，故“诚者，不勉而中，不思而得，从容中道，圣人也”。至此境地，“可以前知”。祸福善恶，了然于心，“国家将兴，必有祯祥；国家将亡，必有妖孽；见乎蓍龟，动乎四体。祸福将至，善，必先知之；不善，必先知之。故至诚如神”。

前面我们曾说过宗教神秘主义和哲学神秘主义的不同，然二者不是毫无关系。哲学神秘主义是从宗教神秘主义演变而来的，这一点我们在《中庸》中尚能察其痕迹。《中庸》曰：

> 子曰：“鬼神之为德，其盛矣乎！视之而弗见，听之而弗闻，体物而不可遗。使天下之人齐明盛服，以成祭祀。洋洋乎！如在其上，如在其左右。《诗》曰：‘神之格思，不可度思！矧可射思！’”

《中庸》认为鬼神虽不可用感官把握，但其并非不存在，故祭祀应以敬畏之心对之，此诚受孔子“祭如在，祭神如神在”（《论语·八佾》）思想的影响。鬼神虽视之无见、听之无闻，然能体物而不遗。文中所引之诗，出于《诗经·大雅·抑》篇，意思是说，神之变化莫测，祭之犹不可知，何况祭祀厌烦而不敬者乎！从中可以看出，其明显保留着商周以来的祭祀文化，仍把鬼神当作一种宗教性的对象。“至诚如神”中的“神”仍是一种人格神，而非《周易·系辞上》中“阴阳不测之谓神”的“神”。不过，《中庸》虽然肯定宗教神秘主义，但亦开始转向哲学神秘主义。其说：

诚者，物之终始，不诚无物。是故君子诚之为贵。诚者，非自成己而已也，所以成物也。成己，仁也；成物，知也。性之德也，合外内之道也，故时措之宜也。

诚不但要成己，还要成物，“合外内之道”。这样就能参天地化育，与万物一体。这种神秘主义显然已经排除了人格神的因素，从而达到一种神秘主义的精神境界。

我们知道，在春秋时期，思想界兴起了一股人文主义思潮。当时人们排斥鬼神，崇尚人的德性和理性。《中庸》尚受当时鬼神思想的影响，然亦开始注重哲学理性。《中庸》的神秘主义思想在孟子那里得到进一步的发展，孟子基本上已排除了《中庸》中的鬼神思想，从而转向哲学神秘主义。

孟子认为，人如果养其“浩然之气”，则能“塞于天地之间”。

（孟子）曰：“我知言，我善养吾浩然之气。”（公孙丑曰：）“敢问何谓浩然之气？”（孟子）曰：“难言也。其为气也，至大至刚，以直养而无害，则塞于天地之间。其为气也，配义与道；无是，馁也。是集义所生者，非义袭而取之也。行有不慊于心，则馁矣。我故曰，告子未尝知义，以其外之也。必有事焉，而勿正，心勿忘，勿助长也。”（《孟子·公孙丑上》）

这种“浩然之气”至大至刚，可以充塞天地。所谓“是集义所生者”，是说这种“浩然之气”是根据我们的“善”端慢慢培养出来的，而非偶然做一件好事而得到的。如果没有这种内在的“义”，则会有所气馁。所以孟子批评告子为“义外”，因为其没有内在的根据。孟子是要以此“义”为基点，慢慢扩充，然后达到“塞于天地之间”的神秘状态。

从上面的分析可以看出，“心”（“义”）和“气”在孟子神秘主义思想中占有重要的地位。其实，“心”是孟子思想中最重要的概念之一，也是孟子思想的立足点。孟子曰：“恻隐之心，仁之端也；羞恶之心，义之端也；辞让之心，礼之端也；是非之心，智之端也。”（《孟子·公孙丑上》）虽有恻隐、羞恶、辞让、是非等不同，但其为“心”是一样的。故欲达至“浩然之气”的神秘主义境界，亦须“养心”，“养心莫善于寡欲”（《孟子·尽心下》）。除了讲“养心”，孟子还讲到“不动心”：

> 孟子曰：“否，我四十不动心。”（公孙丑）曰：“若是，则夫子过孟贲远矣。”（孟子）曰：“是不难，告子先我不动心。”（公孙丑）曰：“不动心有道乎？”（孟子）曰：“有。北宫黝之养勇也，不肤桡，不目逃，思以一豪挫于人，若挞之于市朝，不受于褐宽博，亦不受于万乘之君；视刺万乘之君，若刺褐夫；无严诸侯，恶声至，必反之。孟施舍之所养勇也，曰：‘视不胜犹胜也；量敌而后进，虑胜而后会，是畏三军者也。舍岂能为必胜哉？能无惧而已矣。’孟施舍似曾子，北宫黝似子夏。夫二子之勇，未知其孰贤，然而孟施舍守约也。昔者曾子谓子襄曰：‘子好勇乎？吾尝闻大勇于夫子矣：自反而不缩，虽褐宽博，吾不惴焉；自反而缩，虽千万人，吾往矣。’孟施舍之守气，又不如曾子之守约也。”（《孟子·公孙丑上》）

根据孟子的说法，“不动心”并非他的独创，因为告子、北宫黝、孟施舍、曾子皆能“不动心”。但他们的“不动心”是不同的，北宫黝的“养勇”能肌肤被刺而不屈服，眼睛受害而不逃避，既不被挟于平民，亦不受迫于君主，所以朱熹说，“黝盖刺客之流，以必胜为主，而不动心者也”。孟施舍能“视不胜犹胜”，能考虑敌人力量和战争结果而行动，虽并不能必然胜利，但其在不胜的情况下亦能无所畏惧，所以朱熹说：“舍盖力战之士，以无惧为主，而不动心者也。”而曾子的“不动心”在于是否有“义”（赵岐注曰，“缩，义也”）。如果所反省是不义的，则虽一平民犹可惧也；如果有义，则千万人亦不怕也。可见，北宫黝和孟施舍的“不动心”虽有不同，但都是一股气劲，他们的关键是“守气”；而曾子的“不动心”是“理直”，其关键则是“守义”。①

与孟子辩论的告子也讲“不动心”：

（公孙丑）曰：“敢问夫子之不动心与告子之不动心，可得闻与？”（孟子曰：）“告子曰：‘不得于言，勿求于心；不得于心，勿求于气。’不得于心，勿求于气，可；不得于言，勿求于心，不可。夫志，气之帅也；气，体之充也。夫志至焉，气次焉；故曰：‘持其志，无暴其气。’”（公孙丑曰：）“既曰‘志至焉，气次焉’，又曰‘持其志，无暴其气’者何也？”（孟子）曰：“志壹则动气，气壹则动志也，今夫蹶者趋者，是气也，而反动其心。”（《孟子·公孙丑上》）

① 冯友兰《中国哲学史》下册，华东师范大学出版社2000年版，第425~426页。

可见，孟子对于告子并非全盘否定，而是肯定其合理思想，即“不得于心，勿求于气”，但反对告子讲的“不得于言，勿求于心”。何谓“不得于言，勿求于心；不得于心，勿求于气”？朱熹《孟子集注》曰：“告子谓于言有所不达，则当舍置其言，而不必反求其理于心；于心有所不安，则当力制其心，而不必更求其助于气。”焦循《孟子正义》曰：“‘不得于言’‘不得于心’，与‘不得于君’‘不得于亲’句同。不得于君亲为失意于君亲，则此不得于言、不得于心，亦指人之言、人之心。谓人以恶言加己而己受之，人以恶心待己而己受之也。”朱熹的解释显然比焦循更为合理一些。孟子在这里讲的并不是人之恶言、人之恶心，而是抽象意义上的“言”“心”“气”。显然，在告子那里“言”是第一位的，“心”“气”是从属于“言”的。我们知道，告子强调人的生理性，“生之谓性”，“食色，性也”（《孟子·告子上》）。由此我们可以推断，告子强调人的感官作用，即“言”，其实是强调人的听觉作用，因为人的“言”是要靠听觉才能交流的。由“言”然后才能谈“心”和“气”。告子没有把“心”的作用放到第一位，这当然要引起孟子的反对，因为在孟子那里“心”是最重要的，所以他说：“不得于心，勿求于气，可；不得于言，勿求于心，不可。”在“心”和“气”的关系上，孟子之所以同意告子，也因为他强调了“心”比“气”更重要。一方面，孟子虽然认为“心”对“气”具有主导作用，“夫志至焉，气次焉”；但另一方面，孟子也认为“气”亦能反作用于“心”（“志”），“气壹则动志”。

正因为“心”在孟子思想中具有主导地位，所以孟子强调“养心”“养性”。他在《尽心上》中说：

尽其心者，知其性也。知其性，则知天矣。存其心，养其性，所以事天也。

在孟子看来，“尽心”方能“知性”，然后可以“知天”。“心”“性”乃“天之所予我者”，所以能“知天”“事天”。孟子亦受到《中庸》的影响，所以他也讲“诚”。他说：“诚者，天之道也；思诚者，人之道也。”（《孟子·离娄上》）能“诚”之极致，则能达到“圣”“神”之状态。他在《尽心下》中说：“可欲之谓善，有诸己之谓信，充实之谓美，充实而有光辉之谓大，大而化之之谓圣，圣而不可知之之谓神。”“充实”即“诚”矣，“充实”到一定程度，则达到“圣而不可知之之谓神”的神秘主义状态。这里的“神”非鬼神之神，而是一种充塞天地、“万物皆备于我”的精神境界。

从上面的分析可以看出，孟子实现其神秘主义的方法是一种“养”的方法。虽然孟子讲“养心莫善于寡欲”，但并非是一种“损”的方法，而是一种“益”的方法。因为在“寡欲”的同时，我们要扩充“四端”，从而达至一种“浩然之气”塞于天地之间的神秘主义状态。

三、结论

神秘主义包括宗教神秘主义和哲学神秘主义。二者最大的不同是，宗教神秘主义所面临的是一个人格神的对象，如基督教的上帝、印度教的婆罗门。而哲学神秘主义则指一种精神境界，其所面临的是理性化或非人格神的对象，如道、天、心、理、万物等。哲学神秘主义是从宗教神秘主义演变而来的，其吸取了宗教神秘主义“一体”的思想，但排除了其人格神的思想，从而使神秘主义呈现出理性化或非神格化的特征。

西方学者曾根据“合一性”的不同表现，把神秘经验归为两类：外向的神秘体验（extrovertive）和内向的神秘体验（introvertive）。二者的不同在于，外向体验是体验到宇宙万物的浑然一体，而内向体验则体验到一种纯粹意识，在这种意识中感到自己就是整个实在。① 根据这种区分，我们可以把孟子的神秘主义称作“内在神秘主义”。孟子曰：“万物皆备于我矣。反身而诚，乐莫大焉。强恕而行，求仁莫近焉。”（《孟子·尽心上》）此即体验到一种纯粹意识，从而感到自己就是整个存在，所以“万物皆备于我”。这种神秘主义多主张一种“益”的方法，如孟子的“养心”“养性”。孟子的神秘主义思想至宋明而被发扬光大，尤其对心学一派产生了重要的影响。

① 陈来《心学传统中的神秘主义问题》，载《有无之境——王阳明哲学的精神》，第392页。

心、性、气、形

——十字打开的孟子工夫论

中国社会科学院哲学研究所　王　正

根据《中庸》以及相关出土文献的记载，子思的工夫论在慎独、节情等方面都很有创获，为儒家工夫论的发展做出了巨大的贡献。但是，一方面子思的工夫论尚有不甚细致之处，另外其系统性还不是很强，因此仍有待于后学的进一步补充和完善。而思孟学派的另一位大儒孟子，正是在大体延续子思思路的基础上，将工夫论的精细化、系统化大大推进。正如陆九渊所说，“孟子十字打开，更无隐遁”（《象山语录》），孟子的工夫论建基于性善的论证，进而在心性修养和践形修身两方面共同发展，从而既存心、养性、事天，又养“浩然之气”而成“大丈夫”之气象。

一、心的工夫

在孟子看来，工夫论的第一步，或者说最初的出发点，在于立志。立志之所以重要，一是因为志向不立，就没有做工夫的动力；二是因为志向不明，就没有做工夫的方向。因此，一个进行儒家工夫修养的人，首先就要立志。孟子曾以“类”观念来论证立志的必要性和重要性：

> 今有无名之指屈而不信，非疾痛害事也，如有能信之者，则不远秦、楚之路，为指之不若人也。指不若人，则知恶之；心不若人，则不知恶，此之谓不知类也。（《孟子·告子上》）

身体上有疾患、不像他人那样正常，人们就会厌恶自己的不足，进而苦苦寻求方法以使自己变得正常起来；而当人们的心理有问题、心术不正的时候，却常常不能厌恶自己这方面的不足以寻求改变。这表明，人们在认识上混淆了自己归属的类别，即未能把心灵上的不正常归于不正常，进而无法认识到什么是正常。因此，孟子特别强调人禽之辨，“人之所以异于禽兽者几希，庶民去之，君子存之。舜明于庶物，察于人伦，由仁义行，非行仁义也”（《孟子·离娄下》）。人和禽兽的差别不在于生理上的差别，而在于人性上的差异，也就是人是有道德自觉的，而禽兽是没有道德自觉的。在这里，孟子通过“类”的论证，逻辑地将道德注入到了人性之中，从而真正对旧有的天生人成的人性论进行了突破，使得性善在人性中得以扎根。

由此，人立志立的就不是别的志，而是使自己符合自己“类”的要求，并将自己的本性予以实现和完成。所以，作为工夫之基础和出发点的立志，就是每个普通人都应当做的事。孟子进一步通过类比论证道，“羿之教人射，必志于彀。学者亦必志于彀”（《孟子·告子上》）。人们在学习射箭的时候，都知道目标在于射中靶心，也知道必须要立志不达到那个标准誓不罢休。因此，作为与禽兽不同的一类存在——人来讲，也应立志必须做到成为一个真正的人，并且不将人做好就誓不罢休。所以，立志是每个人工夫论修养的基础出发点。

> 王子垫问曰："士何事？"孟子曰："尚志。"曰："何谓尚志？"曰："仁义而已矣。杀一无罪，非仁也。非其有而取之，非义也。居恶在？仁是也。路恶在？义是也。居仁由义，大人之事备矣。"（《孟子·尽心上》）

作为一个士，所应当从事的事情就是确立高尚的志向，而这志向就是仁义，就是要使自己的心以仁为居所、以义为道路，这样就可以由士而达到大人，也即成德。因此，立志于仁义最为重要，也最为基础。而立志之后的工夫，就在于对心做工夫，使它能居应居之所、行应行之路，这就是接下来的工夫——"求放心"。

孟子将道德仁义通过类观念逻辑地注入人性之中后，作为道德情感的仁和道德律令的义就都是内在的了，两者应当是人心之所居和所行。但是，因为"人之所以异于禽兽者几希"（《孟子·离娄下》），所以人在相当程度上还有与动物相似的地方，如饮食、欲望等。因此，我们的心实际上是会在人类和禽兽类之间游走的，即由仁义之心常常会放纵为禽兽之心，而在这个时候，人实际上就已经不再是人，而堕落为禽兽了。所以，立志立的是要使自己始终成为人，因此，首先要做的工夫就是使自己的心不能放纵为禽兽之心，而必须始终保持它是一颗人类之心。这一步的工夫，就是求放心。

孟子指出："仁，人心也；义，人路也。舍其路而弗由，放其心而不知求，哀哉！人有鸡犬放，则知求之；有放心而不知求。学问之道无他，求其放心而已矣。"（《孟子·告子上》）人们对外在物质利益的丢失常常十分警醒和计较，这是人有其生物性的一面所致；但正因为人还是人，所以应当对自己仁义道德的丢失也保持千分的警醒和计较，否则人便失去了其类的归属。因此，在孟子看来，一切的学问工夫都可以归结到一点上，就是“求放心”——将自己放纵而流失、堕落到禽兽层面的心追回来，使之认识到人之所以为人的本质在于仁义道德，进而以仁为知情意的居所，以义为行为的标准。由此，就可以使人成为人，进而进行此后更精微高深的工夫修养。

孟子对失却本心和求放心之间的差异有深刻的理解，他曾以极端的例子来说明两者之间的紧张关系：“鱼，我所欲也，熊掌亦我所欲也；二者不可得兼，舍鱼而取熊掌者也。生亦我所欲也，义亦我所欲也；二者不可得兼，舍生而取义者也。”（《孟子·告子上》）孟子在这里讲的是义利之辨，而义利之辨的实质是人禽之辨——能由仁义行的便是人，便是高于禽兽者；不能由仁义行的便是禽兽，便是低于人者。每个人的心中本来都是有仁义道德本性的，这叫作人的本心；但是人心会因为生物生理上的欲望而丧失掉人之所以为人的本性，这就叫失去了本心。

通过求放心的工夫论，使得人可以保持其仁义道德的本心，所以孟子说“大人者，不失其赤子之心者也”（《孟子·离娄下》）。“赤子之心”即“本心”，有更高工夫修养的大人也必须以不失却本心为基础，即以求放心为最重要的基础工夫。在求得本心之后，我们就回到了人本身，符合了人的类规定，这样进一步的工夫就可以展开了。“君子深造之以道，欲其自得之也。自得之，则居之安；居之安，则资之深；资之深，则取之左右逢其原，故君子欲其自得之也。”（《孟子·离娄下》）所谓“自得”就是获得其自身本具的仁义道德之心，使自己放纵走作的心重新回到本然之仁义道德中来，如此就能安居仁义，也就能凭借此先天之心而进一步有所修养获得了。可见，求放心是工夫论的根源之处。因为“放心”不追求回来，就无从立本，而“苟为无本，七八月之间雨集，沟浍皆盈，其涸也，可立而待也”（《孟子·离娄下》）。人没有求放心的工夫，本心就不立；本心不立的人，则必将无所成就。

二、心性工夫

求放心之后，我们已经使自己放纵堕落于禽兽之心的心恢复成了以仁义道德为居所和道路的本心，接下来要做的就是让这个本心发挥作用，让它来指导我们进行认识和活动。而所谓“尽其心者，知其性也。知其性，则知天矣。存其心，养其性，所以事天也。夭寿不贰，修身以俟之，所以立命也”（《孟子·尽心上》），讲的都是本心的工夫。尽心、知性、知天和存心、养性、事天，虽是不可分割的整体工夫，但如果细致分析，则有先后之别，即尽心、知性、知天在存心、养性、事天之前。

尽心，就是让心发挥作用。那么，心的作用是什么呢？孟子将人的官能分成两部分，一是大体，一是小体；而这两者到底如何发挥作用，则决定了一个人能成为一个什么样的人。

> 公都子问曰：“钧是人也，或为大人，或为小人，何也？”孟子曰：“从其大体为大人，从其小体为小人。”曰：“钧是人也，或从其大体，或从其小体，何也？”曰：“耳目之官不思，而蔽于物。物交物，则引之而已矣。心之官则思，思则得之，不思则不得也。此天之所与我者。先立乎其大者，则其小者不

能夺也。此为大人而已矣。”（《孟子·告子上》）

大人、小人之分，是本心和放心的差别。小人，就是本心无法发生作用，而只能听凭耳目感官的作用，于是就会被外物所遮蔽和诱惑，这样就会陷溺于财货利禄之中而无法自拔了。大人，则是本心能发挥作用，其作用就是思，通过本心的积极作用，就能有所得、有所立，如此外物就不能再蒙蔽和诱惑我，于是便能超越世俗的功利，而达到更高的境界。所以，本心的作用就是思、尽心，也就是发挥心的思的功能。

对于思的工夫，孟子十分重视，并提出了“思诚”的观念。这是继承子思“诚者天之道，诚之者人之道”的思想，而进一步完善的工夫论。这里需要指出的是，子思讲的是“诚之者人之道”，而孟子却讲“思诚者，人之道”（《孟子·离娄上》）。应当说，孟子的讲法是对子思的一个修正。因为按子思的讲法，“诚之”的工作是由诚来完成的，而诚本身是个表示状态的词，虽也可活用为动词，但由它来讲具体的工夫，总显得主体不明了、过程不清楚，所以孟子改用“思诚”，以求将工夫论的主体和过程讲得更加清楚明白。而孟子的“思诚”实际上仍是就诚意来讲的，所谓“仁义礼智，非由外铄我也，我固有之也，弗思耳矣。故曰：‘求则得之，舍则失之。’”（《孟子·告子上》）正如刘述先先生指出的，孟子认为“人与人的分别不在禀赋上，乃在官能运用的选择上”①。思是人心的功能，内在的仁义礼智这些善端，需要人心通过思来得之。如果心之思不起作用的话，人就会听从耳目这些血气官能的作用，被外物遮蔽而行

① 刘述先《论儒家哲学的三个大时代》，贵州人民出版社2009年版，第21页。

不善。所以，道德实践工夫的关键在于思，在于通过思来在人心的诸多意念中进行选择，并由此确立人的道德主体性。

通过尽心，发挥了心的思的功能后，人就能真正、透辟地了解人性了，这就是知性。对于人性，此前的求放心其实已经有所获得，但尚未有坚实的认识和深刻的理解，非得经过尽心的过程，才能达到。关于人的本性，孟子之前的思想界有很多种讲法：

> 公都子曰："告子曰：'性无善无不善也。'或曰：'性可以为善，可以为不善。是故文、武兴则民好善，幽、厉兴则民好暴。'或曰：'有性善，有性不善。是故以尧为君而有象，以瞽瞍为父而有舜，以纣为兄之子且以为君而有微子启、王子比干。'"（《孟子·告子上》）

但孟子认为，这些说法都是就天生人成的旧观念而言，是不知类的真解，要想真正认识人性，就必须发挥心的思的作用，由此才能拨开层层迷雾，认识到真正的人性：

> 乃若其情，则可以为善矣，乃所谓善也。若夫为不善，非才之罪也。恻隐之心，人皆有之；羞恶之心，人皆有之；恭敬之心，人皆有之；是非之心，人皆有之。恻隐之心，仁也；羞恶之心，义也；恭敬之心，礼也；是非之心，智也。仁义礼智，非由外铄我也，我固有之也，弗思耳矣。（《孟子·告子上》）

人之所以会行不善，不是人本心本性的缘故，因为人的本心具有仁义礼智的四端，也就是人的本性是仁义礼智，是道德的、善的。

可见，人性善先天内具于人心中，因而人的本心也是善的。由此，孟子得以由人道而进至于天道。

孟子的天道观，大体是对子思的继承，他也赞同“诚者，天之道也”（《孟子·离娄上》）。这里的天，既是自然之天，更是义理之天，而且这两种意义互相证成、互相支持。天，生生不息，既体现了诚之道，同时又将诚道贯注入人道之中，所以人才要做“思诚”的工夫，以求合于天道。可见，天是人的根源，天道之诚也正是人性之善的根源。另外，孟子的天论也承认命运之天的意义，这是自孔子以来儒家就一直肯定的一个观念。这个意义上的天，代表了一种外在客观对人主观的限制。“君子创业垂统，为可继也。若夫成功，则天也。君如彼何哉？强为善而已矣。”（《孟子·梁惠王下》）而了解到人性之本善和其先天的来源在于天，以及天对人的限制后，就是知天了。

由上，我们可以说，尽心、知性、知天是偏重于认识论层面的工夫，是通过发挥心之思的功能，透彻地了解人性之善和义理、命运之天，从而认识到人自身的价值、能力和限制所在，以及天道的内涵和法则。有如此之认识后，人又当如何具体去行动呢？这就是接下来的要使这些认识对实际的道德生活起作用，这就是“存其心，养其性，所以事天也。夭寿不贰，修身以俟之，所以立命也”（《孟子·尽心上》）。

所谓存心，就是将通过求放心而追回的具有思的功能的本心加以操存，从而使它时时刻刻能够发挥功能。需要指出的是，在身心关系问题上，孟子一方面认识到身心之间的密切联系和相互作用，因而重视身的修养对心的影响；但另一方，他更认为存心的工夫对身有决定作用，因此他指出：

人之于身也，兼所爱。兼所爱，则兼所养也。无尺寸之肤不爱焉，则无尺寸之肤不养也。所以考其善不善者，岂有他哉？于己取之而已矣。体有贵贱，有小大。无以小害大，无以贱害贵。养其小者为小人，养其大者为大人。(《孟子·告子上》)

孟子以身体上的大小关系来比喻身心关系上的主次问题，一方面，每个人对其身、心都是兼爱的，这一点没有问题；但另一方面，正如肩背和手指有大小之别，身、心之间也是有大小之别的，人不会为了手指而舍弃肩背，这表明肩背重于手指，在身心关系上也是如此，心要重于身，心为主，身为次。因此，存心的工夫在孟子这里十分重要。

存心的工夫，决定了一个人是君子还是普通人。孟子认为：

君子所以异于人者，以其存心也。君子以仁存心，以礼存心。仁者爱人，有礼者敬人。爱人者，人恒爱之；敬人者，人恒敬之。有人于此，其待我以横逆，则君子必自反也：我必不仁也，必无礼也，此物奚宜至哉？其自反而仁矣，自反而有礼矣，其横逆由是也，君子必自反也，我必不忠。自反而忠矣，其横逆由是也。君子曰："此亦妄人也已矣。如此，则与禽兽奚择哉？于禽兽又何难焉？"是故君子有终身之忧，无一朝之患也。(《孟子·离娄下》)

所谓"以仁存心，以礼存心"，仁固然是内在的，这里的礼也是内在的，不是外在的，因为孟子之心是四端之心，包含仁义礼智之四端。所以存心，就是存仁义礼智之四端。而存心之法，孟子在这里提到了一种，就是自反。当别人对我不仁、无礼之时，我应当反省自己的问题，看自己的心是否有不仁、无礼之处。如果发现自己没有不仁、无礼之处，那么要进一步自反，看自己的内心还有没有不诚之处。可见，自反就是通过反省的办法，保证自己的心时时刻刻按照四端之心的本心来作用。当然，自反只是存心的一个消极的办法，存心还有一个积极的办法。

存心与养性实际上是一体之两面，因为道德仁义之性实际上就是人的本心，因此养性即养本心。所以，当孟子论述养性的时候，实际上讲的是养心，即使心中的本心更多地呈露而不被欲望之心所削减，这就是“养夜气”的工夫：

> 其日夜之所息，平旦之气，其好恶与人相近也者几希，则其旦昼之所为，有梏亡之矣。梏之反覆，则其夜气不足以存。夜气不足以存，则其违禽兽不远矣。人见其禽兽也，而以为未尝有才焉者，是岂人之情也哉？故苟得其养，无物不长；苟失其养，无物不消。(《孟子·告子上》)

孟子注意到，一般来讲，人们在早晨初起之时，尚没有经受社会上种种事情的影响，因而本心尚未受到侵害；而白天到社会上经历各种功名利禄的生活，到晚上的时候，本心很容易就被减削殆尽了。因而孟子指出，要重视夜里和清晨的时光，通过这一段独处的时间，使自己较少受欲望和功名利禄影响的本心能够呈露出来，进而体验它、认取它、把握它，从而保养自己的本心，使之不至于因白天的影响而消磨殆尽。通过长期养夜气的工夫，就可以使本心得到滋养，从而得到生长，于是逐渐在白天也能发挥作用，进而渐渐在一整天、一整月、一整年、一生中都发挥作用。可见，存心养性是一项工夫，因此孟子也有养心的说法："养心莫善于寡欲。其为人也寡欲，虽有不存焉者，寡矣；其为人也多欲，虽有存焉者，寡矣。"（《孟子·尽心下》）寡欲正是为了不使欲望来砍伐伤害本心，由此本心才能得到滋养和生长，因此存心、养性的积极工夫正在于培植本心而克减欲望。对于孟子寡欲的工夫论，李源澄先生曾指出，孟子在工夫论上，一方面对于大众"不仅不绝情，而主于达情"，但同时"于私人修养，则主寡欲"，"盖寡欲正所以同欲，多欲者必不能与人同欲，两者实相反相成也"。① 的确，寡欲只是手段，不是目的。

使本心得存、善性得养后，人之成德就可以有所期待，也就可以进一步由人道而跻于天道了。前面已经讲到，孟子的天，一是义理之天，一是命运之天。就义理之天讲，存本心、养善性，即所以事天。而就命运之天讲，则是认识到客观命运的严峻性和限定性，从而谨慎地过正道的生活，而不求侥幸。孟子认为人一生中的遭遇，"莫非命也，顺受其正。是故知命者不立乎岩墙之下。尽其道而死者，正命也；桎梏死者，非正命也"（《孟子·尽心上》）。客观意外是不可避免的，这是命运的无可奈何，但是明知可能有困难和危险的发生还要去做，这就不是客观意外，而是主观松懈了。因而在尽心、知性、知天后按着所知去做，而不是肆意妄为，这样就能在命运的客观限定下最大限度地实现自身的本心、本性，这就叫作正命，也就是事命运之天了。

① 李源澄《儒道两家之论身心情欲》，载王川选编《李源澄儒学论集》，四川大学出版社 2010 年版，第 164 页。

三、气的工夫

心性的修养，只是孟子工夫论中的一个面向，因为在孟子看来，心灵和身体之间虽然有主有次，但都是一个人修养成德的必要条件。一方面，心灵和身体连贯为一体，“君子所性，仁义礼智根于心，其生色也睟然，见于面，盎于背，施于四体，四体不言而喻”（《孟子·尽心上》）。心性的工夫在很大程度上影响了身体和外在的表现。但另一方面，“西子蒙不洁，则人皆掩鼻而过之。虽有恶人，齐戒沐浴，则可以祀上帝”（《孟子·离娄下》）。光进行心性工夫，而身体和外在的行为没有进行修养，也会有问题。因此，如果没有身体上的修养工夫，成德的工夫就不算真正完成，心性工夫也就达不到极致。所以，孟子的工夫论还有践形修身的一面，而这既与此前的心性工夫相连，因而也有心性工夫的内容；另外也通向实际的道德实践、社会生活和政治活动，因而也有具体实践的内容。所以，这一步的工夫，也是很丰富的。

在孟子身体方面的工夫论中，最重要的就是养浩然之气。而浩然之气的养成，又离不开不动心的工夫。因此，两者应当放在一起讨论。

所谓“不动心”，是和勇德联系在一起的。

> 孟施舍似曾子，北宫黝似子夏。夫二子之勇，未知其孰贤，然而孟施舍守约也。昔者曾子谓子襄曰：“子好勇乎？吾尝闻大勇于夫子矣。自反而不缩，虽褐宽博，吾不惴焉；自反而缩，虽千万人，吾往矣。”孟施舍之守气，又不如曾子之守约也。（《孟子·公孙丑上》）

勇有两种，一是因着血气之刚强而一往无前之勇，一是发挥心之思的作用而有所权衡的道德理性之勇。孟子赞同后者之勇，因为这个勇不是以气驭心，而是以心驭气，所以是真正的勇。而“不动心”，正是以心驭气。

不动心的达到，似乎并不是一件特别难的事情，孟子四十而不动心，而和他争辩的告子还先他不动心。但两者的不动心不同。

> 告子曰：“不得于言，勿求于心；不得于心，勿求于气。”不得于心，勿求于气，可；不得于言，勿求于心，不可。（《孟子·公孙丑上》）

告子达到不动心的方法有两个，即专心求言语的不可反驳和专心求心志的不可动摇，而说到底是追求言语上的不可动摇，即其理论的不可动摇。而孟子认为，这种工夫实际上是分裂的，而且是混乱的，因为告子无法处理言语和心志的关系问题，因为当言语不得时，不去求心，反而只在言语上争辩，这只会陷于表面而无法从根本上解决问题。孟子之所以这样认为，与他的言语观有很大关系。我们曾指出，孟子认为“知言”是自己的一大特长，“诐辞知其所蔽，淫辞知其所陷，邪辞知其所离，遁辞知其所穷。生于其心，害于其政；发于其政，害于其事。圣人复起，必从吾言矣”（《孟子·公孙丑上》）。孟子生当战国诸子百家风起云涌之时，这时候言辞的重要意义为各家所认识，而分辨各家各派的理论言辞更是诸子重要的能力，孟子的“距杨墨”就是建立在这一基础之上的。孟子认为片面的、过分的、不当的、不清楚的言辞，并不仅仅是言语表面的问题，更是说话人自身的心的问题。正是因为这个人自身的心的认识是片面的、过分的、不当的、不清楚的，他的理论言语才会如此。而听信这样的言语，再以这样的理论去治理国家，只会坏事。可以说，言为心声，是孟子的言语观，这和他“以意逆志”的诠释观、读书法相通。也正因如此，孟子对告子“不得于言，勿求于心”的达到不动心的方法坚决反对。

另外，告子达到不动心的方法说到底是在理论言语上一味坚定，这实际上是上面所讲的勇的第一个层次，而不是守约的办法。而孟子自己的不动心的工夫论则是守约，即只持守于心志。“夫志，气之帅也；气，体之充也。夫志至焉，气次焉；故曰：‘持其志，无暴其气。’”（《孟子·公孙丑上》）在身体之血气和心灵之意志的关系上，孟子显然认为心主导身，因此需要以心志来指导身体之血气，而不能是相反的次序，这是达到不动心需要注意的第一点。但同时也要“持其志，无暴其气”，这又是为什么呢？这就是孟子也认识到身体血气对心灵意志的反作用：“志壹则动气，气壹则动志也。今夫蹶者趋者，是气也，而反动其心。”（《孟子·公孙丑上》）专一的意志固然会主导血气，但外在的身体血气如果也专一起来，就会反过来主导意志。如果仅仅是因为运动或意外的影响也就罢了，但若是因着欲望的过度，那么就会令我们丧失本心，危害就大了。因此，不动心需要注意的第二点就是不要使自己的身体血气泛滥不受限制。

通过坚定意志、以意志主导身体和限制血气、收敛身体欲望，我们就可以达到不动心。这个不动的心，不是仁义道德的本心，而是活动层面的功能的心，它在活动时不受天生人成的生理、生物、欲望之心的影响，因而不会堕落于禽兽层面，我们就能始终保持人类层面的本心。由此再进行修养，就可以在外在气象上养成浩然之气。

其为气也，至大至刚，以直养而无害，则塞于天地之间。其为气也，配义与道。无是，馁也。是集义所生者，非义袭而取之也。行有不慊于心，则馁矣。我故曰：告子未尝知义，以其外之也。必有事焉而勿正，心勿忘，勿助长也。无若宋人然：宋人有闵其苗之不长而揠之者，芒芒然归，谓其人曰："今日病矣！予助苗长矣！"其子趋而往视之，苗则槁矣。天下之不助苗长者寡矣。以为无益而舍之者，不耘苗者也；助之长者，揠苗者也，非徒无益，而又害之。(《孟子·公孙丑上》)

浩然之气，并不是外在之气的集合，而是内在仁义道德之心经过不断滋养和发用而积累，进而呈现于外的一种气象。通过"求放心"和"不动心"，我们的本心得以居仁宅、由义路；通过尽心、知性、知天，我们得以通透地了解自己的心性之善本性以及与天道之连续；再通过存心、养性、事天，我们的心性得以时时刻刻依照善来活动，进而符合天之规定性。由此，我们的心就会始终合乎义的标准而走在仁道之正路上，这样，我们的身体就会呈现出不受欲望影响、不受外物诱惑的刚直不阿的气象，这就是浩然之气。需要指出的是，孟子在这里特别提到，在养浩然之气时要注意"必有事焉而勿正，心勿忘，勿助长也"。一方面，要把养浩然之气的工夫视为一件大事而认真去做，时时刻刻去追求；但另一方面，又不可过于用力，否则会拔苗助长。前一方面的意思好理解，但孟子为什么要提到后一点呢？这是因为养浩然之气的工夫是一个由心而身的自然而然逐渐积累的过程，如果过分着重于结果而要求速度的话，就会偏重于外在气象而忽视内心的工夫，这样就会适得其反，丧失了根本。

浩然之气的养成，标志着人的道德修养工夫到达了一个新的层次，即由心性扩展到了身体，由内在而形于外。正如劳思光先生指出的："孟子之本旨乃成德之学，以德性我为主宰，故必以志帅气，且必以心正言。""以志帅气，其最后境界为生命情意之理性化，至此境界之工夫过程即孟子所谓'养气'。""生命情意若皆能理性化，则经理性化后之生命力量，即浩浩然广大无际。"① 的确，浩然之气的养成正是在于生命的义理化，而道德行为的最终实现还需要进一步的工夫，以使得我们的身体能最终真正地践行仁义道德。

四、形的工夫

通过以上的各种工夫，人的气象达到了浩然之气，人的道德实践得以展开，这就使得人的心灵和身体之功用都得到了发挥，这就叫践形。"形、色，天性也。惟圣人然后可以践形。"（《孟子·尽心上》）身体、相貌等，都是天赋予人的，因此它们从根本上来讲是要成就人，而不是陷溺人的。因此，人最终是要实现自己的身心合一于道德，即完全实现自身性善的本质于现实中。徐复观先生将孟子的工夫论的核心归于"践形"，而认为践形的工夫实际上包含两个方面：

> 从充实道德的主体性来说，这即是孟子以集义养气的工夫，使生理之气，变为理性的浩然之气。从道德的实践上说，践形，

---

① 劳思光《新编中国哲学史》（一卷），广西师范大学出版社2005年版，第128页。

即是道德之心，通过官能的天性，官能的能力，以向客观世界中实现。①

从最终落脚点的角度来说，孟子的内在的修养工夫论最终指向的是“践形”说。而孟子的工夫论，特别重视身心的调适与合一，因“身体，在古代儒家以及其他许多思想家的论述中，区分为三个层次：心——气——形。儒家主张以‘心’来统帅形体，是道德心自然渗透到人的躯体，而使人格美呈现于外，可以被感知。而且，儒家也强调把自然意义的‘气’或‘血气’，转化为德行意义的‘浩然之气’”②。而践形所达成的圣贤人格，实际上就是身体与心灵的完美重建以及自我与他人关系的和谐调适。圣贤不仅是一种人格，更是一种境界，这种境界就是：“万物皆备于我矣。反身而诚，乐莫大焉。强恕而行，求仁莫近焉。”（《孟子·尽心上》）所谓“万物皆备于我”，是孟子工夫论中一个修养境界的重要观点。我们一般都将万物看作是自己外面的、与自己相对为二的，孟子却不这样认为。其原因有二：首先在于孟子所说的万物，并不是一种客观的存在，而是指它们的本性，是它们的本性与我的本性为一，所以我能具备万理。其次在于孟子的万物，更多的是结合着道德实践来讲的，在道德实践中的万物所呈现的就不是客观的了，而是一种实践中的应然法则。比如，在我们对父母的道德实践中，所呈现的理就是孝，这个孝当然不是客观的，而是我们的善本性中所具有的。正是在这

---

① 徐复观《中国人性论史》，华东师范大学出版社 2005 年版，第 113 页。

② 黄俊杰《“身体隐喻”与古代儒家的修养工夫》，载《东亚儒学史的新视野》，华东师范大学出版社 2008 年版，第 312 页。

两个意义上，孟子讲“万物皆备于我”。所以，我们的修养工夫中，万物就不是外在的了。因而修身践形的工夫，一是“反身而诚”。我们不要一味地去追求外在的道理，而应该时时反过头来关注自己，发现我们的良知良能，并按着它去做事。这样我们就能体察到自己的本性，感悟到万物的道理，乃至领会到天地的究竟，于是我们会豁然开朗，而其中的喜悦自然无法形容，也就是乐莫大焉了。二是“强恕而行”。我们不要想太多应该怎样对待人和物，而只要按照“己所不欲，勿施于人”的恕道去做就可以了。这就是推己及人，也就是把对自己的爱推广成了对他人的爱，这样也就是仁了。因此要追求仁道、实现仁道，不需要太多智巧的考虑，只要用恕道去做，就是最简洁的道路了。说到底，孟子的践形工夫论，仍是要回到自己内心上做。因为在孟子这里，心是身的主宰，践形说到底只是使心的主宰发挥作用，从而使自己的行为时时刻刻符合本性、本心，这样就会通过浩然之气的养成，而具有大丈夫的人格气象。所谓“大丈夫”，就是“富贵不能淫，贫贱不能移，威武不能屈”。这是一种刚正不阿、正气凛然的人格，是完全按照道德和礼制去做事情的人所达到的气象，是恪守心中的道德自律和社会礼仪规范的人的标志。而这种人是不会为任何其他的东西所动摇和屈服的，因为他们本身就是大道的代表、正气的所在。孟子这个“大丈夫”的定义，下得酣畅淋漓，让人心境明畅而振奋，因而在历史上激励着无数仁人志士践行之而成了中华民族正气不衰的脊梁。文天祥的《正气歌》就是对此人格境界的一个很好的展现：

天地有正气，杂然赋流形。下则为河岳，上则为日星。于人曰浩然，沛乎塞苍冥。……是气所磅礴，凛烈万古存。当其贯日月，生死安足论。……哲人日已远，典刑在夙昔。风檐展书读，古道照颜色。

总之，“践形”是孟子工夫论的最终指向，是以身体这个载体将本心本性的道德之善在现实生活中予以完全完善的完成。因此可以说，孟子的工夫论是要恢复人本心本性的道德纯然性，进而以此实现人的个人道德，然后再将此个人道德推扩到社会政治的重建中去，以最终实现社会政治的正义。这也正是自孔子以来儒者对仁道的共同追求，并规范了日后儒家工夫论的基本形态。

从“不忍”到“不忍人”

——孟子的同情概念*

中山大学哲学系　李　巍

什么是同情，基于不同的文化背景与思想脉络，可以有不同的回答。就中国思想来说，大概是孟子的观点最有代表性。比如从《孟子》书以“不忍”描述“恻隐之心”的例子看①，此“心”正可说是某种形式的同情心；而“恻隐之心”成为汉语词汇表中意指同情概念的主要术语，也正可说是取义于“不忍”的结果。所以，谈论同情概念的中国意谓，首先不能绕过孟子。但对学术研究来说，除了单纯肯定这点，更重要的是揭示孟子思考同情概念的复杂性。② 因为事实上，他不只将“恻隐之心”说成“不忍”，更

* 本文属于孟子研究院“孟子的学说和心灵之道及公共生活：历史、语境和当代开展”课题、广东省社科基金青年项目（GD15YZX）、中山大学基本业务费青年教师培育项目（17wkpy67）阶段性成果。

① 见《孟子·梁惠王上》《孟子·公孙丑上》。

② 以往对孟子同情概念的探讨，主要是通过引入某种理论框架来做参照。有引入道德情感的理论作为参照的，参见李明辉《孟子的四端之心与康德的道德情感》，载《儒家与康德》，联经出版社1990年版；有引入意向性的理论作为参（转下页注）

特指“不忍人”（见《孟子·公孙丑上》），而这两者并不等同。用作单独词项的“不忍”，如下所述，主要指特定场合中因直观刺激而不自觉流露的同情；“不忍人”之“不忍”则并非如此，是不依赖场合性刺激也能自觉呈现的同情。所以，孟子的同情概念至少包括“依场合”与“依自觉”两面。而他最关心的，就是如何促成同情心从依场合到依自觉的转化。这时就能看到，人类意识在孟子那里得到突出强调，如所谓“凡同类者，举相似也，何独至于人而疑之”（《孟子·告子上》），在某种意义上就是把同情心的自觉归结于人类意识的觉醒。所以基于“人”之自觉的“不忍人”，而非单纯的“不忍”，才是孟子眼中真正意义的同情概念。

一、“不忍”与场合性刺激

但亟待指出，以“不忍人”表征真正的同情概念，这并不是说同情的对象只能是“人”；而是说，对“人”的“不忍”——就其基于人类意识的觉醒而言——最有可能被视为依自觉的同情；而只有能被自觉运用的同情心，才最有理由被视为真正的同情。不过，在具体解释这种“依自觉”的同情之前，先要知道什么是未自觉的也即上述“依场合”的同情。这种同情，如果宽泛地表述为“不忍”的话，在齐宣王以羊易牛的故事中表现得最为显著：

（接上页注②）照的，参见耿宁《孟子、斯密与胡塞尔论同情与良知》，陈立胜译，《世界哲学》2011 年第 1 期；还有引入认知科学的理论作为参照的，参见陈立胜《“恻隐之心”、“他者之痛”与“疼痛镜像神经元”——对儒家以“识痛痒”论仁思想一系的现代解释》，《社会科学》2016 年第 12 期。这类研究的优点是通过参照系的确定，能使我们更清晰地把握到孟子同情概念的特征。但当刻画孟子同情概念的更多侧面时，理论模型固有的对简洁性的追求就可能构成一种框架性的限定。因此，除了引入某种理论来做描述，更重要的是呈现孟子思考同情问题的复杂性。

（孟子）曰：“臣闻之胡龁曰，王坐于堂上，有牵牛而过堂下者，王见之，曰：‘牛何之？’对曰：‘将以衅钟。’王曰：‘舍之！吾不忍其觳觫，若无罪而就死地。’对曰：‘然则废衅钟与？’曰：‘何可废也？以羊易之！’不识有诸？”（王）曰：“有之。”（孟子）曰：“是心足以王矣。百姓皆以王为爱也，臣固知王之不忍也。”王曰：“然。诚有百姓者。齐国虽褊小，吾何爱一牛？即不忍其觳觫，若无罪而就死地，故以羊易之也。”（孟子）曰：“王无异于百姓之以王为爱也。以小易大，彼恶知之？王若隐其无罪而就死地，则牛羊何择焉？”王笑曰：“是诚何心哉？我非爱其财而易之以羊也。宜乎百姓之谓我爱也。”（《孟子·梁惠王上》）

对话中，齐王反复强调他之所以以羊易牛，不是百姓认为的吝惜牛的价值，而是见牛之将死时“不忍其觳觫”。孟子固然肯定这是真实的“不忍”（“臣固知王之不忍也”），但也要让齐王看到百姓误解他的原因，即“不忍”牛被杀，却“忍”以羊易牛，这只是一种有限的同情，所以才会被人视为吝惜的表现。

问题是，如果齐王的“不忍”果真与牛的价值无关，只是单纯的“恻隐”（“隐其无罪而就死地”），那为什么只及于牛却不及于羊，这仍然需要解释。按孟子随后所述，应当正与特定场合中的直观刺激有关：

（孟子）曰：“无伤也，是乃仁术也，见牛未见羊也。君子之于禽兽也，见其生，不忍见其死；闻其声，不忍食其肉，是以君子远庖厨也。”（《孟子·梁惠王上》）

将齐王以羊易牛的原因解释为“见牛未见羊”，就是以其“不忍”仅是被眼前牛之将死的场景所触发的同情。因此“君子远庖厨”的告诫，讲的就是“不忍”的同情心与特定场合的直观刺激（“见其生”“闻其声”）存在因果关系。而这正是孟子主张凡人皆有“恻隐之心”的依据，即：

今人乍见孺子将入于井，皆有怵惕恻隐之心。非所以内交于孺子之父母也，非所以要誉于乡党朋友也，非恶其声而然也。(《孟子·公孙丑上》)

如上，孟子反复强调人见孺子入井时有“恻隐之心”，不是出于任何特定的理由（“非所以”“非……而然”），就是说此同情心的呈现只是“乍见”这一场合性刺激引发的。并且，这不是某些人才有的反应，而是任何人“乍见”此景，都会触发其“恻隐之心”。

但只在特定场合昙花一现的同情，就其依场合的性质来说，对于人类行为的塑造有什么意义呢？因为人们固然可能将被场合性因素激发的同情应用到行动中，但在没有刺激条件的场合中可能并不这样做。那么，怎样才能使昙花一现的同情产生持续的影响呢？

(孟子曰:)“今恩足以及禽兽，而功不至于百姓者，独何与？然则一羽之不举，为不用力焉；舆薪之不见，为不用明焉；百姓之不见保，为不用恩焉。故王之不王，不为也，非不能也。”

(孟子曰:)“老吾老，以及人之老；幼吾幼，以及人之幼。天下可运于掌。《诗》云：‘刑于寡妻，至于兄弟，以御于家邦。'言举斯心加诸彼而已。故推恩足以保四海，不推恩无以保妻子。古之人所以大过人者，无他焉，善推其所为而已矣。今恩足以及禽兽，而功不至于百姓者，独何与？"（《孟子·梁惠王上》）

"举斯心加诸彼"，也就是将特定场合中被触发的"不忍"扩展到其他场合的"推"，正是孟子设想的使同情心产生持续影响的方式。"推"之必要，参照史华兹的论述，或许可以这样说，就是包括同情在内的人的"向善冲动"除了能在少数场合直观呈现，在多数场合往往是"被有效地埋藏在层层积累起来的麻木不仁以及邪恶行径的重压之下"①。那么一切道德行为在实施上，就必须采用从一个场合推及其他场合的方式。② 可是，倘使多数场合并不具备触发同情心的刺激条件，那么只在某个场合直观呈现的"不忍"之心，究竟怎样才能被"推"及其他场合，就仍然是有疑问的。因为人们不可能总是遭遇无辜生命面临威胁的情况，则"推"之可行，除了要承认有外因触发的非自觉流露的同情，也必须承认有不依赖场合性刺激就能自觉呈现的同情，否则"举斯心加诸彼"就是不可能的。

上引文中，孟子认为"推"的实施取决于意愿而非能力（"不为也，非不能也"），大概就指涉了依自觉的同情心；他所谓古之人"善推其所为"，更应就同情心的自觉运用来说。因为由场合性因素

---

① ［美］本杰明·史华兹《古代中国的思想世界》，程钢译，江苏人民出版社2008年版，第366页。

② 也就是"推类"，参见李巍《逻辑方法还是伦理实践？——先秦儒墨"推类"思想辨析》，《文史哲》2016年第5期。

触发的“不忍”，既然凡人皆有，就不存在谁比谁更擅长（“善”）的问题；则所谓“善推”，只能是说某些人比其他人对“不忍”之心有更多自觉，所以更能摆脱场合因素的限定而自主地运用。正如孟子在另一处指出的，包括“恻隐之心”在内，人的“心”都一样，但只有“圣人先得我心之所同然”（《孟子·告子上》）——此所谓“先得”，正应对“心”的自觉来说——是故在“举斯心加诸彼”这件事上，就能说“圣人”（或“古之人”）更善于“推”。那么“善推”所反映的，表面上是圣凡之分，实际就是“恻隐之心”作为同情心的形式之分：一是依赖场合性刺激的非自觉流露的“不忍”，一是不依赖场合的可自觉运用的“不忍”。故所谓“推”，绝不只是扩大“不忍”的对象范围，更是指“不忍”本身的形式转化，即从依场合的同情“转化”为依自觉的同情。

二、“恻隐之心”的两种形式

以上，是以孟子对“不忍”的论述为核心，讲其同情概念的两个层次。但此划分是否成立，还要从孟子谈论同情问题的其他论述中印证，尤其是关于“恻隐之心”的论述。如前所见，孟子以孺子入井例示人“皆有怵惕恻隐之心”，这主要是依场合的同情心。但如果孟子的同情概念确乎还有依自觉的一面，势必也有另一形式的“恻隐之心”。

这一点，在著名的“四端”说中已有提示，所谓：

> 恻隐之心，仁之端也；羞恶之心，义之端也；辞让之心，礼之端也；是非之心，智之端也。人之有是四端也，犹其有四体也。有是四端而自谓不能者，自贼者也；谓其君不能者，贼

其君者也。凡有四端于我者，知皆扩而充之矣，若火之始然，泉之始达。苟能充之，足以保四海；苟不充之，不足以事父母。(《孟子·公孙丑上》)

理解这段论述，最先要知道的是“恻隐之心”被表述为“仁之端”的意思。按通常理解，“仁之端”就是“仁”的端绪。但“端绪”只是比喻，在具体语境中至少是：

A_1　事实上，某物尚未完成的开端状态。

A_2　理论上，某物成其所是的潜在可能。

那么相应地，“仁之端”就能理解为：

B_1　尚未完成的初始之“仁”。

B_2　尚未呈现的潜藏之“仁”。

由此回到文本，可知孟子在论述“仁之端”的扩充时，“若火之始然，泉之始达”比喻的就是事实上的初始之“仁”；“苟能充之，足以保四海；苟不充之，不足以事父母”所说的则是理论上的潜藏之“仁”。因之再进一步，“仁之端”的扩充就是说：

C_1　从未成之“仁”到已成之“仁”的养成。

C_2　从潜藏之“仁”到现实之“仁”的呈现。

这时就应指出，C_1 涉及的“仁之端”就是依场合的“恻隐之心”，

C_2涉及的“仁之端”则为依自觉的“恻隐之心”。

要理解这一点，先要看到孟子论述“仁之端”的扩充，其实就是“推恩”之“推”的另一说法。那么，就像“推”者必有所“推”之物，如齐王被牛之战栗触发的“不忍”——“恻隐之心”，从未成之“仁”到已成之“仁”的扩充也必须有一个事实起点，那就是“乍见”孺子入井时被触发的“怵惕恻隐”。所以就能说，C_1涉及的主要是依场合的“恻隐之心”。但这种同情心要能超越场合因素的限定，也就是能从一个场合推扩到另一场合，则必须由外因触发转化为内因自觉。这时就应注意，C_2谈论“恻隐之心”从潜在之“仁”到现实之“仁”的扩充，正好与孟子对“推”之可行性的论述一致，即：

> [1] 扩充论证：苟能充之，足以保四海；苟不充之，不足以事父母。
>
> [2] 推恩论证：推恩足以保四海，不推恩无以保妻子。

由前述，论证[2]的成立必基于同情心的自觉运用，则与之一致的论证[1]当然也该针对依自觉的“恻隐之心”来说。可见在“四端”理论中，因为谈及“扩充”，其实已经涉及两个层次的同情心，只是孟子以孺子入井举例，好像只谈论了依场合的同情心。

但观察孟子的“四德”说，依自觉的“恻隐之心”则清晰可见。只是在澄清此义之前，要先解释一个看似矛盾的情况。按文本所述：

> 恻隐之心，人皆有之；羞恶之心，人皆有之；恭敬之心，

人皆有之；是非之心，人皆有之。恻隐之心，仁也；羞恶之心，义也；恭敬之心，礼也；是非之心，智也。仁义礼智，非由外铄我也，我固有之也，弗思耳矣。（《孟子·告子上》）

之前，“恻隐之心”被称为“仁之端”，这里直接等同于“仁”，似乎是有矛盾的，并因此引起很多争议。比如，有论者主张相对此处以“恻隐之心”即“仁”的说法，“仁之端”的说法才是孟子本意，这显然是就“仁之端”作为“仁”未完成的初始状态来说。[①] 但也有论者认为，“仁之端”不应作未完成的初始之“仁”看，而应指已然具足但仅为潜藏的“仁”，故“恻隐之心”就是“仁”才是孟子本意。[②] 基于前述，不难看出这两种解释的分歧就在于“仁之端”的事实义（初始的“仁”）与理论义（潜藏的“仁”），哪个才是孟子真正的主张。

但这两种解释都忽视了一个问题，就是只要承认“端”是个有意义的表达，则无论怎么解释，都必须承认“仁之端”不等于“仁”。比如取事实义来看，“仁之端”与“仁”就有未成、已成之分；而取理论义来看，“仁之端”虽能说是已然具足，故与“仁”本身并无未成、已成之分，却还有潜在、现实之分。因此孟子以“恻隐之心”既是“四端”之一，又是“四德”之一，仍然是看似矛盾的表述。也就是说，对此矛盾的解释并不取决于对“仁之端”

---

① 参见杨泽波《孟子性善论研究》（再修订版），上海人民出版社 2016 年版，第 47 页。

② 参见李明辉《康德伦理学与孟子道德思考之重建》，“中研院”中国文哲研究所，1994 年，第 113 ~ 116 页；又见氏著《儒家与康德》，联经出版社 1997 年版，第 78 页。

的解释。因此，与其纠结于什么是“仁之端”，倒不如直面这个矛盾本身，思考它得以成立的条件。从逻辑的观点看，矛盾指的是一事物同时既是又不是（$A \wedge \neg A$），换言之，矛盾首先必须是对同一事物来说。那么“恻隐之心”既等于又不等于“仁”的矛盾，其得以被视为矛盾，就必须假定出现在“四端”说与“四德”说中的“恻隐之心”没有差别，这才有此“心”到底是“仁之端”还是“仁”本身的冲突。但此假定并不成立，因为作为“四德”之一的“恻隐之心”已然是推扩过程中被自觉运用的同情心，而与场合因素触发的非自觉的“恻隐之心”不同，后者则正是“四端”之一。是故，属于“四端”和属于“四德”，就能说是“恻隐之心”依场合与依自觉的不同面向。那么只要承认分属“四端”与“四德”的“恻隐之心”名同实异，就不必把此“心”既被说成“仁”又被说成“端”视为矛盾。当然，这并不是说“四端”与“四德”中的“恻隐之心”是两个东西；而是说，属“四端”和属“四德”，是同一种“心”的两种状态，也即前述依场合和依自觉之分。

只不过，依据孺子入井的例子将“四端”中的“恻隐之心”说成依场合的同情心时，还需要其他的文本依据来证明“四德”中的“恻隐之心”是依自觉的。这时，就应把上引“四德”说中“仁义礼智，非由外铄我也，我固有之也，弗思耳矣”一语视为关键。因为肯定作为“仁”的“恻隐之心”是“我固有之”的，只能是自觉此“心”时才有的判断。而此自觉，就是“弗思耳矣”的“思”。正如孟子在别处说的：

心之官则思，思则得之，不思则不得也。

欲贵者，人之同心也。人人有贵于己者，弗思耳矣。（《孟

子·告子上》)

如上，“思”显然不仅是单纯的思考，更是向“己”之内有所找寻（“得之”或“不得”）的活动。找寻什么呢？倪德卫与信广来认为是“义”①，但既然“仁义礼智，我固有之”是有待“思”来确认的，则可知“思”的对象首先是“仁”。那么等同于“仁”的“恻隐之心”，自然就是在“思”的过程中被自觉到的同情心。甚至可以说，“思”就是对“恻隐之心”的自觉。经此自觉，“恻隐之心”就摆脱了对场合性刺激的依赖，而能自发地呈现出来，从潜藏的“仁”变成现实的“仁”。这就是孟子主张“恻隐之心，仁也”的道理所在。

也正因此，可以再次肯定孟子的同情概念既有依场合的一面，也有依自觉的一面。只不过之前是以“不忍”为例来说此区别，上文则是以“恻隐之心”为例来谈。

三、“不忍人”与“人”的自觉

但正如本文最初就说的，揭示同情心的两个面向还不是孟子的主要目的，他更关心的是此心从依场合到依自觉的转化。这时，就会涉及“不忍人”的观念，如：

> [1] 孟子曰："人皆有不忍人之心。<u>先王有不忍人之心，斯</u>

① 参见 D. S. Nivison, *The Ways of Confucianism: Investigations in Chinese Philosophy*, ed. by Bryan W. Van Norden, Open Court, 1996, p. 114. K. -L. S. , *Mencius and Early Chinese Thought*, Stanford University, 1997, p. 150。

有不忍人之政矣。以不忍人之心，行不忍人之政，治天下可运之掌上。”（《孟子·公孙丑上》）

单从对象来看，“不忍人”只是“不忍”的情形之一。但从概念内涵上看，正如下述，“不忍人”并不依赖场合因素的刺激，所以不单是“不忍”，更是依自觉的“不忍”。只是在阐述此义之前，先要注意上引文之后，孟子紧接着说：

[2] 所以谓人皆有不忍人之心者，今人乍见孺子将入于井，皆有怵惕恻隐之心。（《孟子·公孙丑上》）

则是用依场合的同情心，即“乍见孺子将入于井”时触发的“恻隐之心”，来说明“不忍人之心”。那么，在前后一贯的语脉内，“不忍人之心”又怎能说是依自觉的呢？甚至怎能说这里对同情心的论述有依场合与依自觉之分呢？

关键是要区别，引文[2]用场合因素激发的“恻隐之心”说明“不忍人之心”，这是一个例示（exemplification），还是一种解释（explanation）？二者之别仍可就孟子如下说法来看：

（a）恻隐之心，仁之端也。

（b）恻隐之心，仁也。

这虽然都是用“恻隐之心”来说明“仁”，但正如前述，（a）中的“恻隐之心”只是潜在或未成之“仁”，故不足以解释“仁”的内涵，而只能在“端”的意义上例示“仁”；（b）则不然，其中的

"恻隐之心"是实现或完成之"仁",所以"恻隐之心,仁也"就能看作对"仁"是什么的一种解释。由此回到上引文句[2],不难看出,孟子用"乍见"时生起的"恻隐之心"说明"不忍人之心",这和语句(a)的情形相似,只是例示,是以特定场合中激发的同情心为例,在外延上肯定"人皆有不忍人之心"。① 但对此"不忍人之心"在内涵上是依场合还是依自觉,并未给出解释。所以,就像用"仁之端"来例示"仁"的时候,不能认为等同于前者的"恻隐之心"("四端"之一)与等同于后者的"恻隐之心"("四德"之一)没有状态之别;同样不能因为语句[2]以特定场合激发的"恻隐之心"例示"人皆有不忍人之心",就认为"不忍人之心"与例示它的例子——由"乍见"激发的"恻隐之心"——状态无别,甚至没有依场合与依自觉的区分本身。

是故,只要将孟子对"不忍人之心"的例示与解释区别开,就能看到,要理解"不忍人之心"的内涵,必须超出[2],在文本中找到更多依据。比如,上引文句[1]明确肯定先王的"不忍人之心"与"不忍人之政"存在因果关系。结合《孟子·公孙丑》下文,此一因果关系应该是在推扩的意义上成立,即所谓"先王有不忍人之心,斯有不忍人之政矣",这句话只能解释为"先王有不忍人

---

① 需要附带指出的是,在例证"人皆有不忍人之心"时,孟子为何要以"乍见……"时生起的"恻隐之心"为例。因为例子必须清楚明见,而由场合因素激发的同情心,作为当下直观呈现的情感,正具有这个特征。就像 Lee H. Yearley 描述孟子的行动理论时指出的,"人们以恰当的方式倾向于去行动,但必须先触及那些倾向(predisposition)。而当他们关注那些倾向明显呈现的行动时,接触就发生了"。参见 Yearly, *Mencius and Aquinas: Theories of Virtue and Conceptions of Courage*, State University of New York Press, 1990, p. 63。

之心”（前提），通过“扩而充之”（原因），达到“足以保四海”的“不忍人之政”（结果）。那么就此“不忍人之心”能被推扩来说，就像前述推恩论证与扩充论证所见，无疑是能被自觉运用（“知皆扩而充之”）的同情心。同时反过来说，也能肯定此依自觉的同情心就是“不忍人之心”。因为前引孟子论“推恩”时讲的“举斯心加诸彼”，作为同情心的自觉运用（“举……加……”），就是从禽兽处“举”，于百姓处“加”，这不就是针对“不忍人之心”来说的吗？所以，当引文［2］以依场合的“恻隐之心”例示“人皆有不忍人之心”时，虽然后一个“心”与前一个“心”在外延上是同一个“心”，在内涵上却有依自觉与依场合的状态之分。这个区分，与之前对“恻隐之心”的状态区分是一致的，所以也可以说“不忍人之心”是作为“四德”之一的依自觉的“恻隐之心”。

不过除了以上所述，将“不忍人之心”解释为依自觉的同情心，还有一个最重要的依据，就是下文要详细讨论的，孟子特别强调人类意识的觉醒这件事（“凡同类者，举相似也，何独至于人而疑之”）。所以“不忍人”的同情心能被说成依自觉的，首先就因为它涉及“人”的自觉。不过，如此说还不够准确；更确切地说，是唯有人类意识的觉醒才有同情心的自觉。这一点，在《荀子》中有更一般的表述，即不限于人，任何生物的同情心都是建立在其类意识自觉的基础上，即：

> 凡生天地之间者，有血气之属必有知，有知之属莫不爱其类。今夫大鸟兽则失亡其群匹，越月逾时，则必反铅；过故乡，则必徘徊焉，鸣号焉，踯躅焉，踟蹰焉，然后能去之也。小者是燕爵，犹有啁噍之顷焉，然后能去之。（《荀子·礼论》）

鸟兽“失亡其群匹”则徘徊悲鸣，如说是同情的表现，显然是建立在“爱其类”的基础上。而所谓“爱其类”，从“有血气之属必有知”的意义上说，首先就是对“类”的“知”。

但在孟子，他以“四端”为人禽之别所在，大概是以同情心只为人所具有。那么基于类意识自觉的同情就不仅是宽泛的“爱其类”，更是爱人类。比如孟子所谓“仁者爱人”（《孟子·离娄下》），在后来的儒者言论中就被明确表述为“爱人类”，即：

> 遍知万物而不知人道，不可谓智；遍爱群生而不爱人类，不可谓仁。仁者爱其类也，智者不可惑也。仁者虽在断割之中，其所不忍之色可见也。智者虽烦难之事，其不暗之效可见也。（《淮南子·主术训》）

由上，“爱人类”之“仁”被说是有“不忍之色”的表现，应与孟子基于“恻隐之心，仁也”的判断来讲“仁者爱人”的思路一致，是要将“爱”纳入同情概念的范畴，因此“爱人类”正可视为“不忍人”的同义语。并且，上引文强调“爱”只有以人类为对象时才是“仁”，作为对孟子“仁者爱人”说的强化，又尤其意味着基于人类意识自觉的同情不是一般性的“爱”。如此，同情概念才有区分于其他情感概念的独立内涵。

四、作为同情概念的“不忍人”

《淮南子》将同情之“爱”区别于“遍爱群生”的“爱”，如果就是要强调同情概念的独立内涵，正可追溯到孟子。但孟子最关心的，是同情区别于亲情的独立性。如《尽心上》中，他曾依次强调：

[1] 君子之于物也，爱之而弗仁；

[2] 于民也，仁之而弗亲；

[3] 亲亲而仁民，仁民而爱物。

参照“王之不忍”可由禽兽施及百姓的“推恩”理论，可知“仁民”之“仁”正是源自王者“不忍人”的同情心。那么，将“爱物”“亲亲”归入“爱”的范畴，也能看到同情或“仁民”之“仁”是与之有别的特定的“爱”。

其与“爱物”不同，应当不难理解。可一旦涉及“仁民”“亲亲”之别，问题就复杂了。但复杂性并不在“仁”与“亲”的对象，而是与概念内涵相关。因为孟子的确是在两种意义上说“仁”。一是“爱人”之“仁”，是以“不忍人”为核心的“爱人类”，这在前文已经谈及；另一则如：

仁之实，事亲是也。(《孟子·离娄上》)

亲亲，仁也。(《孟子·告子下》《孟子·尽心上》)

这里，“仁”被限定为对亲人的爱，那么当孟子在“亲亲”之“仁”外还承认有一个“仁之而弗亲”的“仁”时，似乎只能就同情（“仁”）与亲情（“亲”）的差别来说。

区别二者，至少在原则上是必要的。因为是否对某人报以同情，原则上只取决于某人是否遭遇不幸，而与同情者和被同情者的关系无关。所以孟子强调“乍见”孺子入井时人皆有“恻隐之心”——

并不因为与其父母有交，也非为博取善名——就不仅是强调同情心的呈现有依场合的特征，更是在另一方面强调同情心的呈现并不依关系，也即人们对孺子入井感到“不忍”，这与和孺子在关系上的远近亲疏无关。亲情则不然，或许不必依场合，却一定要依关系。为此，孟子反驳墨家夷子的“爱无差等，施由亲始”说时，讲了另一个孺子入井的故事：

> 夫夷子，信以为人之亲其兄之子为若亲其邻之赤子乎？彼有取尔也。赤子匍匐将入井，非赤子之罪也。(《孟子·滕文公上》)

这个故事，在情节设计上不是任一孺子即将坠井，而是以邻人之子与亲人之子皆将坠井为例，问夷子会“亲”哪一个。孟子显然相信夷子必有选择（“彼有取尔”），则决定其选择的情感依据就只能是依关系的“亲”，而非对任一孺子无差别的“恻隐”之“仁”。是故，只要将两个版本的孺子入井做一比较，就能看到孟子在“亲亲，仁也”之外也承认“仁之而弗亲”，就包含着对同情（“仁民”之“仁”）与亲情（“亲亲”之“亲”）的分殊。而其意义，莫过于表明同情概念有亲情无法涵盖的独立性。

应该说，孟子最终将同情概念表述为“不忍人”，而非单纯的“不忍”，就有强调其独立性的用意。因为事实上，“不忍”除了能被归于同情，也能被归于亲情，正如孟子驳斥夷子的又一例证所示，“孝子仁人之掩其亲”正是出于对亲人暴尸荒野的“不忍”。但这“不忍”与其说是同情，不如说是亲情。所以单从“不忍”着眼，是划不出同情与亲情的界线的；可一旦落实到“不忍人”，人类意识的觉醒就能为“不忍”超越血缘的限定提供基础。以《墨子·小取》的说法为例：

[1] 获之亲，人也。

[2] 获事其亲，非事人也。

据此可以说，“亲亲”的成立在概念上并不需要“人”的自觉，亦即是否以亲情对待 X，不在于 X 是“人”，只在于 X 是“亲”。可是，要对亲人之外的其他人报以同情，非得基于“爱人类”的自觉不可。因之，亲情、同情虽都是“爱”，但后者正因为凭借“人”的自觉超越了血缘限定，就可说是一种普遍的爱。

这种爱，从“爱其类”的普遍性来看，又能说是无“差等”的爱，即对亲人的同情与对陌生人的同情，至少在概念上是一样的。只是从现实生活看，同情似乎也有“差等”。比如，人们通常会对亲人的不幸报以更多同情甚至感同身受，却会对陌生人的不幸感到冷漠甚至幸灾乐祸。然而这类情形只能表明同情心的呈现实际总是受到同情者与被同情者的亲疏关系的影响，却并不意味同情本身是依关系而有“差等”的。换句话说，同情的“差等”只是被亲情左右的结果，但概念上，同情并不等于亲情。基于这种看法，再次回到孟子对夷子“爱无差等，施由亲始”的反驳上，就能看出他那个著名的定性式表述：

天之生物也，使之一本，而夷子<u>二本</u>故也。

这绝不是否定“无差等”的“爱”，而是指责夷子将“本”于同情的“爱”与“本”于亲情的“爱”混为一谈。也正因此，就能理解孟子为什么在“亲亲”之“仁”外又讲一个“弗亲”的“仁”，其实就是承认有一种区别于亲情的、作为真正的同情的“不忍人”。

* * *

现在，就能对孟子论述同情概念的思路做一个简要的刻画：

①同情心有两种状态，一是非自觉的、依赖场合刺激才能呈现的“不忍”；另一则是超越场合限定，能被自觉推扩的“不忍”。

②这两种“不忍”也能说是“恻隐之心”依场合与依自觉的状态，前者是“四端”之一，后者则为“四德”之一。

③依自觉的“不忍”，其实质是出于人类意识觉醒的“不忍人”，即只有对“人”的自觉，才有同情心从依场合到依自觉的转化。

④这种基于人类意识自觉的同情，不受血缘的限定、没有程度的“差等”，所以在概念上有亲情无法涵盖的独立性。

由此一言以蔽之，孟子以“不忍人”为核心的同情概念，表达的就是对“人”本身的价值认同。① 而此认同，在某种意义上就是儒家学说的信念基础。因为宏观地看，儒家学说强调的就是道义责任的重要性。但一切责任都只相对于“人”才有意义，所以承认责任的重要，首先就要认同“人”的价值。讲到这里，最好附带提及

① 注意到“仁者爱人”的观念在孔子就已得到揭示（见《论语·颜渊》），也能在思想脉络上将孟子对“不忍人”的论述视为对孔子“爱人”观念的继承与展开。正如笔者在他处已经阐述的，孔子所谓“爱人”，作为“仁”的要求，同样不只是血缘亲亲之“爱”，更是理智上无条件地认同“人”本身的价值。参见李巍《从“敬德”到“仁义”：孔子对西周思想的转化》，中国社会科学院历史研究所、复旦大学哲学院主办“春秋时代的社会与思想”学术研讨会论文，2017 年 11 月。

倪德卫的一个判断，就是认为儒家思考道德问题的焦点不是意志薄弱，而是冷漠①——更直白地说，就是儒家最担忧的不是人们知道对错，却出于自身的原因做不到；而是根本不关心对错，认为一切责任都与己无关。应该说，这个判断至少从早期儒学来看是恰当的。但更关键的问题是，儒家如何设想克服冷漠的方式。由上，如果对道义责任感到冷漠，本质上是缺乏“人”的认同，那么孟子对“不忍人”的强调就能描述为一种诉诸同情来克服冷漠的尝试。因之，同情概念由孟子正式引入儒家的理论视野，就有其必要意义可言。

---

① Nivison, *The Ways of Confucianism: Investigations in Chinese Philosophy*, p. 92.

善良、首等与固在

——孟子哲学中“良”的意蕴探析

南开大学哲学院　叶树勋

在关于孟子哲学的研讨中，“良心”“良知”是备受关注的概念。对此，我们的关注点主要是作为一个语词整体的“良心”“良知”，实则将重点放在了“心”“知”，而对于其间的“良”，则往往默认它意指善良。若按此理解，“良心”“良知”则意谓“善心”“善知”，但事实上，当说及“良心”“良知”时，我们都能感受到此二者所承载的意涵要比“善心”“善知”更加丰厚。那么，这一更加丰厚的意涵具体是指什么呢？一直以来我们对此都缺乏深入的探析。综观孟子言论，“良”的独特使用除了表现于“良心”“良知”，还可见于“良能”“良贵”。这些概念不仅体现了孟子对“良”字的新使用，更为重要的是，其间还蕴含着孟子对生命问题的某些独特理解。那么，“良”字在善良义的背后究竟还含有哪些意义，这和孟子的哲学思想有什么样的关系，体现了孟子对生命问题的哪些独到理解？探讨这些问题，不仅是为了阐发孟子哲学中“良”的内涵，也是以“良”为线索，综合考论上述几个概念的意义，进一步发掘孟子哲学的独有意蕴。

一、“良”的字义及其在《孟子》中的使用

在探讨“良”在孟子哲学中的意蕴之前，我们先大致考察此字的语义情况，以及它在《孟子》书中的具体使用。

一般情况下，我们都把“良”理解成善良、良好。这是“良”在早期文献中常见的字义，古字书中如《说文》《玉篇》，便是训“良”为“善”，以“善”为“良”之本义。① 不过，《尔雅》则是训“良”为“首”，《广雅》乃训之为“长”，认为此字本义另有所指。② 而在《广韵》中，则是将前面的几种训释加以综合。③

现代学者对此字本义的理解，一般不从《说文》《玉篇》，认为“善”是“良”的引申义，而其本义则需另作考察。学者们主要是从甲骨文、金文中“良”的字形及其使用展开研究。“良”在甲骨文中有两类写法，一类写作 （《甲骨文合集》4954）、 （《合集》4955 正），一类写作 （《合集》13936 正）、 （《合集》17527）。在金文中“良”字写作 （《季良父盉》，《殷周金文集成》9443）、 （《邕子良人甗》，《集成》945）、 （《叔良父盨》，《集成》4409）等形。对此字的本义，目前学界看法不一，主要有岩廊（徐中舒）、香气（唐兰）、头首（何金松）、粮（黄约齐）等几种

---

① 《说文·亯部》：“良，善也。从亯省，亡声。”《玉篇·亯部》：“良，力张切。良善也。”

② 《尔雅·释诂下》：“元、良，首也。”《广雅·释诂四》：“元、良，长也。”

③ 《广韵·阳韵》：“良，贤也，善也，首也，长也，又姓。……吕张切。”

看法。[1]

在这一问题上，笔者认为何金松先生的头首说较为可从。何先生认为，甲骨文中此字“象人头形，上象头发，中象头的主体，下象长须”，金文中写法则增添了作为纹饰的几横画；“良”的本义为头首，引申为首长、善良、优良、大、甚、确实等义。[2] 由此来看，《尔雅》训“良”为“首”，反映了此字的本义[3]；而其他几部古字书所反映的则是其引申义。“良”在后来的使用中诸引申义更为流行，而其本义则渐渐隐退，但在某些引申义上还是有所体现。

具体到《孟子》书中，“良”字共出现了22次。其间，有些是

---

① 参阅李孝定《甲骨文字集释》第四、五卷，“中研院”历史语言研究所，1970年，第1871～1876页；于省吾《甲骨文字诂林》第四册，中华书局1996年版，第3353～3356页。

② 何金松《释良》，载《中国语文》1985年第3期；后收入《汉字形义考源》，武汉出版社1996年版，第99～104页。另外，于省吾先生在《甲骨文字诂林》（第四册，第3355页）对诸家观点有评述，认为何先生的头首说可从，但“良”字的形体难以索解。笔者认为，何先生释“良”的依据之一即在其字形，该文列出了“良”字在甲骨文、金文、篆文中的写法以作证明，就字形而言，何先生所论当是成立。

③ 按何先生的观点，《尔雅》“元、良，首也”的“首”是指头首，反映“良”的本义；《广雅》“元、良，长也”的“长”是指首长，反映“良”的引申义。对此，姚振武先生曾提出反对意见，认为《尔雅》所训的“首”和《广雅》所训的“长”都是指首长（《〈尔雅〉“良，首也”诸家说辨析》，《古汉语研究》1993年第2期）。姚先生此论源于王念孙《广雅疏证》之说。《广雅》“元、良，长也”条，王氏疏证曰：“《尔雅》‘元、良，首也’，首亦长也。”（《广雅疏证》卷四下“释诂”，中华书局1983年版，第131～132页。）在此问题上，笔者赞同何先生的观点。“元”“良”的本义都是指头首，故《尔雅》对二字并训。“元”的头首本义在《孟子》书中即有所见：“志士不忘在沟壑，勇士不忘丧其元。”（《滕文公下》）

用其常见语义，而有些则属于孟子的特殊使用。现按其用法，分为以下几类。

（一）用作人名，2处7见。第1处是《滕文公上》讲到楚国人“陈良”，出现了2次；第2处是《滕文公下》讲到善御者“王良”，出现了5次。

（二）用作优良、贤良之义，3处4见。第1处是《告子下》提到“良臣”（2见），此词意谓贤良的臣工。第2处是《滕文公下》提到“良工”（和善御者王良一同出现），此词一般是指技艺精良的工匠，而在这里则是指驾车技术很高明的人。第3处见于《离娄上》：“存乎人者，莫良于眸子。”此句是说观察一个人，没有比观察他的眼睛更好的途径；就字义来说，“良”是指良好。综合来看，“良”在上述诸语中意味着优良、贤良、良好，此等含义和善良义有一定的不同，后者主要是道德上的评价，而前者主要是才干、功用等方面的评价。

（三）用作“良人”，1处7见，出现在《离娄下》。“良人”是古代妇人对丈夫的称呼。王念孙等人认为“良”有首长之义，妇人以“良人”称夫，乃取此义。[①] 若按此见，则所谓“良人”和今日俗称的“当家的”类似。当然，“良人”之“良”也可能有以丈夫为贤良之义。全面来看，“良人”除了用于妇人称夫，也可泛指贤良之人，后一用法则与“良臣”等词相似。

（四）孟子的独特用法，3处4见。此情况包括了“良心”“良

---

① 参见王念孙《广雅疏证》卷四下“释诂”，第131~132页；何金松《释良》，收入《汉字形义考源》，第99~104页；姚振武《〈尔雅〉“良，首也”诸家说辨析》，《古汉语研究》1993年第2期。

知”“良能”“良贵”这四个概念对“良”的使用（“良知”“良能”出现在同一处）。这类用法比较特别，在孟子以前并未出现，属孟子本人的新创。本文所要探讨的“良”的意蕴，即针对这一类情况。为便于后文讨论，现将此类文句引录如下：

孟子曰：“牛山之木尝美矣，以其郊于大国也，斧斤伐之，可以为美乎？是其日夜之所息，雨露之所润，非无萌蘖之生焉，牛羊又从而牧之，是以若彼濯濯也。人见其濯濯也，以为未尝有材焉，此岂山之性也哉？虽存乎人者，岂无仁义之心哉？其所以放其良心者，亦犹斧斤之于木也，旦旦而伐之，可以为美乎？其日夜之所息，平旦之气，其好恶与人相近也者几希，则其旦昼之所为，有梏亡之矣。梏之反覆，则其夜气不足以存；夜气不足以存，则其违禽兽不远矣。人见其禽兽也，而以为未尝有才焉者，是岂人之情也哉？故苟得其养，无物不长；苟失其养，无物不消。孔子曰：‘操则存，舍则亡；出入无时，莫知其乡。’惟心之谓与？”（《孟子·告子上》）

孟子曰：“欲贵者，人之同心也。人人有贵于己者，弗思耳矣。人之所贵者，非良贵也。赵孟之所贵，赵孟能贱之。《诗》云：‘既醉以酒，既饱以德。’言饱乎仁义也，所以不愿人之膏粱之味也；令闻广誉施于身，所以不愿人之文绣也。”（《孟子·告子上》）

孟子曰：“人之所不学而能者，其良能也；所不虑而知者，其良知也。孩提之童无不知爱其亲者，及其长也，无不知敬其兄也。亲亲，仁也；敬长，义也。无他，达之天下也。”（《孟

子·尽心上》)

在这几段话中，“良”都是用作形容词，修饰“心”“知”“能”“贵”这四个对象。初步来看，此字的含义并不限于善良，而且善良之义在不同的地方表现的程度也不一样。如“良心”的“良”除了有善良之义，还体现了固有之义，“良心”之于人的原本之状，就好比木材之于牛山的原本之状。“良知”“良能”的“良”，首先的意谓不在善良（并非没有），而是强调此“知”、此“能”的先天固有。至于“良贵”的“良”，首先的意谓亦不在善良（亦非没有），而是强调“贵于己者”，即自身所固有的尊贵；并且“良”还含有“甚”“最”之义，意味着自身所固有的尊贵才是最尊贵的。

综合来看，可以说“良”在“良X”①概念中，至少包含了“善良”“固有”以及“甚”“最”等不同方面的意义。其间，有些是沿用此字的既有语义（善良、甚、最），有些则属于孟子的特殊使用（固有）。此间诸义在不同的概念中会有不同程度的体现，但总体来看，它们在“良X”概念中是一以贯之的，从多个方面一并构成孟子所言“良”的整体意涵。接下来，我们对此间诸义展开逐层的探析，并由此讨论孟子学说中的相关问题。

二、“良”所指涉的实质性对象及其所见“善良”之义

前文已指出，关于“良”字的本义，现代学者一般不从《说

① 本文所称“X”包括“心”“知”“能”“贵”四者，“良X”是指“良心”“良知”“良能”“良贵”，下同。

文》《玉篇》的良善说，而其本义究竟如何，则说法不一。当然，不管“良”的本义作何解释，“善良”作为它的常用义是没有疑问的，并且此义在孟子以前就已有较多的使用。① 如《诗经》有“乃如之人兮，德音无良”（《邶风·日月》）、“人之无良，我以为君”（《鄘风·鹑之奔奔》）、“之子无良，二三其德”（《小雅·白华》）等说法，“良”在此即谓善良。在《论语·学而》的记载中，子贡以“温、良、恭、俭、让”称述孔子，这里的“良”也用作良善之义。

那么，具体到孟子所言的“良X”概念，“良”字有没有体现善良之义呢？我们刚接触这些概念时，可能会将它们大致地理解成善良的“X”。但是，当我们阅读原文以后，会发现情况似乎并非如此，好像除了“良心”的“良”尚可解作善良，其他三个都另有所指。因而，姚振武先生提出：若用善良之义来理解几个概念中的“良”，只有“良心”尚可为说，其余皆不通；应当从本性之义来理解“良”，这样就没有滞碍。②“良”的本性之义是相当紧要的，对此后文将会重点讲述。而关于善良之义，我们再细读原文之后，发现此义仍然是“良”在几个概念中的重要意涵。在孟子的相关阐述中，我们发现其间有一条很重要的线索贯穿始终，这条线索不仅提示了“良”的善良义，还反映了“良X”所共有的实质性内容。

首先看“良心”之说。孟子对“良心”没有作出直接的界说，

---

① 按何金松先生所见，“良”的善良义或是出现在首长义之后，凡充当首领者，当是良善之人，故“良”可指善良、良好等（《释良》，收入《汉字形义考源》，第99～104页）。

② 姚振武《〈孟子〉“良”字释义》，《语文研究》1993年第4期。

但从语境来看，可知“良心”是指前文的“仁义之心”，意味着这是“良”的“心”、以“仁义”为内容的“心”。这里暗示了“良”和“仁义”的某种关联。在此章里孟子是用牛山本有木材的比喻，说明人人皆固有“良心”，我们不能以某人某时“违禽兽不远”，即断定他“未尝有才”。这里的“才”是指“良心”的才质，是“良心”之所以为“良”的一个重要根据。而从孟子的前后叙述来看，“良心”的才质不是别的，正是人人心中所具的“仁义”之德。由此来看，孟子用“良”作为“心”的描述词，和此“心”以“仁义”为才质是密切相关的。

接着看“良知”“良能”。孟子对二者的界说分别是“不虑而知”“不学而能”，此二语首先指涉的意义并不在善良，而是强调此“知”、此“能”的先天固有。但是，这一固有的“知”“能”具体是指什么呢？此二语之后孟子有言：

> 孩提之童无不知爱其亲者，及其长也，无不知敬其兄也。亲亲，仁也；敬长，义也。

所谓“良知”，究其实质也在于“仁义”，这是孩提时候便已有的对“仁义”的自觉。虽然孟子在陈述时只针对“知”，但其间所言的“仁义”之意同样适用于“能”。亦即，所谓“良能”，是指人人皆有的“由仁义行”的能力。孟子在前面对二者作出界说时，强调的意义不在善良，但他心目中可能已经预设了此“知”、此“能”是以“仁义”为内容，故而在后面补充时仍不脱“仁义”之范围。

再来看“良贵”。在这一章里，孟子讲述“人之所贵”和“良贵”的区别。“人之所贵”是说他人所给予的尊贵①，“良贵”则是说“贵于己者”，即自身所固有的尊贵。“人之所贵”靠外界给予，不可能稳定恒常，就好比赵孟作为晋国的当权者，能使一个人变得尊贵，也能使一个人变得低贱。只有自身所固有的“贵”才是真实恒常的“贵”，那么，到底什么才是我们所固有的“贵”呢？对此，孟子在后文亦有补充说明：

> 《诗》云：“既醉以酒，既饱以德。”言饱乎仁义也，所以不愿人之膏粱之味也；令闻广誉施于身，所以不愿人之文绣也。

“膏粱”“文绣”是外界所与，不是我们所固有的尊贵。我们所固有的尊贵在于“饱乎仁义”，“饱乎仁义”则自然会有“令闻广誉”，此等闻誉并非有意逐求，亦非有赖他人。② 当结合孟子在后边的补

---

① “人之所贵”此语有歧义，可能是说一般人所尊贵的东西，也可能是说他人所给予的尊贵。赵岐解此语为“凡人之所贵，富贵”（《孟子注疏·告子章句上》），所从的是前一种理解；朱子则解为“人以爵位加己而后贵”（《孟子集注·告子章句上》），所从的是后一种理解。从义理上来说，这两种解释可以统一，一般人所尊贵的东西，正是要靠外界的给予。但仅从文义来看，应该后一种理解比较合适。“人之所贵”与“贵于己者”相对，后者强调自身固有，前者则是说他人给予；并且后文言及“赵孟之所贵”，是说赵孟给人以尊贵，这也可以辅助理解“人之所贵”。

② 从孟子这段话来看，“仁义”和“闻誉”都属于“良贵”，如同朱子所注：“仁义充足而闻誉彰著，皆所谓‘良贵’也。”（《孟子集注·告子章句上》）但“闻誉”和外界有关，似乎也是“人之所贵”，何以又是“良贵”呢？对此，朱子没有具体说明。张栻的解说对理解这一问题很有启发性，其言曰：“令闻广誉，君子非有欲之之心也。饱乎仁义，则令闻广誉自加焉。犹言为善有令名，其理之固然者也。”（《南轩先生孟子说·告子下》）本文将“令闻广誉”解释为“良贵”的自然表现，即参照张栻的解说。

充，乃可知“良贵”之所以为“良”，其实质亦在于“仁义”，这一人人所固有的德性才是真正的“贵于己者”。

通过逐项解说，我们可发现在孟子对四个概念的阐述中，其实一直都贯穿着“仁义”这条主线，此乃“心”“知”“能”“贵”四者所共有的实质。若从概念语词来看，“良”作为一个描述语，所描述的直接对象是“心”“知”“能”“贵”；而在根本上，它所描述的实质性对象则是四者所共有的“仁义”。如我们所知的，“仁义”是孟子所言“四德”当中的两项。也许在孟子看来，此二者是“四德”当中比较特别的，所以在很多地方他只说“仁义”、不提“礼智”，如在“良 **X**”的阐述中便是如此。如果我们不反对“仁义”在孟子思想中作为“善”的意义，那么“良”在几个概念里所含的善良之义就应当得到肯定。

这里涉及“仁义”和“良”“善”的错综关系，个中意味有待进一步推敲。孟子曾言“可欲之谓善”（《孟子·尽心下》），这是对“善”的比较直接的界定。此句往往被理解成善者乃可欲[①]，大概是因为“可欲”的对象有很多，其间未必都是“善”的，而倒过来说便是可以。实际上，善者乃可欲的说法虽不违背孟子的思想，但它不符合“可欲之谓善”这一命题的意谓。问题的关键在于如何理解“可欲”。所谓“可欲”，意即值得追求，那么到底什么才是值得我们追求的呢？要理解这一问题，当回到孟子此语的整体语境：

> 可欲之谓善，有诸己之谓信，充实之谓美，充实而有光辉

① 如朱子注曰：“天下之理，其善者必可欲，其恶者必可恶。”（《孟子集注·尽心章句下》）在当前的研究中，不少观点是按朱子的思路去理解。

之谓大，大而化之之谓圣，圣而不可知之之谓神。（《孟子·尽心下》）

后一句“有诸己之谓信”，意味着值得追求的该对象是确实存于自身的。从孟子思想来看，这一存于自身且值得追求的对象，不是别的，正是人人所固有的“四德”。① 接下来，孟子说及“美”“大”“圣”“神”诸境，这些都是“四德”存养扩充中不同程度的表现。因此，“可欲”在这里并非泛指，而是具有特殊的意涵；“可欲之谓善”这一命题意味着值得我们追求的“四德”便是“善”。

明乎此可知，“良”所描述的实质性对象，亦即“仁义”，正属于“可欲”的范围，即属于“善”的所指。在此，“良”和“善”基于“仁义”这一枢纽而意义相通。既然“善”“良”二字在此情境下意义相通，那么似乎也可以用“善”替代“良”作为“X”的描述词。但事实上孟子并没有这样做，个中原因当然不在于他对“善”字已用了很多，想换一个新词，而是在于“良”字还具有“善”字所不能涵盖的更丰厚的意义。这些“超出”的意义是孟子在几个概念上所要传达的重要内容，有待展开进一步的探讨。

---

① 在这一点上，张栻的解说值得关注：“可欲者，动之端也。盖人具天地之性，仁、义、礼、智之所存，其发见则为恻隐、羞恶、辞逊、是非，所谓可欲也。”（《南轩先生孟子说·尽心下》）张栻强调“可欲者”即为“四端”和“四德”。李景林先生从张栻的解说出发，进一步论述了为什么“可欲”的内容是指“四端”和“四德”，其说可参《论“可欲之谓善”》，《人文杂志》2006 年第 1 期。“四德”和“四端”并无根本差异，前者言德性，后者言发见，为集中体现“可欲”和“仁义”的关系，本文只以“四德”为说。

三、作为“首等”的“良”与仁义之为首善的意义

我们在前面围绕“良”字常见的善良义，考察它在“良X”概念上的表现。从字义来看，“良”除了善良义，还有其他的引申义，诸如首长、大、很、甚等义，也是该字在早期文献中常见的义项。如《左传》桓公八年有“且攻其右，右无良焉，必败”，《国语·齐语》有“十连为乡，乡有良人”，在此“良”谓首长、首领。又如《诗·小雅·鹤鸣》有“鱼潜在渊，或在于渚”，毛《传》曰“良鱼在渊，小鱼在渚”，此“良”谓大；《国语·吴语》有“夫吴，良国也，能博取于诸侯”，“良国”意谓大国（上文越王勾践言“吴国为不道”，知“良”不训善）；又如“良枣”“国之良器”等词，其间的“良”也是谓大。此外，在“良久”“良苦”“良多”“良是”等词中，“良”则是指确实很……。[①] 总体来看，此间诸义在不同程度上都和“良”的本义有关，体现了头首所涉的首等、首要之义。

上述诸义在孟子的使用中也有一定的体现。如所言“良贵”，也可解为甚贵或贵之大者。在张栻、焦循等人的解释中，“良贵”还被解释为“至贵”“最贵”：

> 人皆有欲贵之心，言人莫不欲贵其身也。而不知在己有至贵者焉，德性之谓也。（张栻《南轩先生孟子说·告子上》）

---

① 《老子》第四十二章有“强梁者不得其死”，此句在马王堆帛书甲本作“强良者不得死”，笔者推测“良”为本字，后假为“梁”。“良”在此意谓很、甚，按此理解该句，义更通。

良贵犹云最贵，非良贵犹云非最贵也。（焦循《孟子正义·告子章句上》）

从“良贵”的语境来看，这种理解是成立的。所谓“良贵”，乃贵中之首、贵中之至。亦即，当我们说“良贵”是贵之大者时，此“大”非谓一般的“大”，乃言其“至大”，意味着这是头等的尊贵。以此理解其他的概念，则可说“良心”“良知”“良能”是指“心”“知”“能”的至大者、头等者。赵岐注“良知”“良能”，解“良”为“甚”，焦循进而言道：

良能犹言甚能，良知犹言甚知。甚能、甚知即最能、最知，最能、最知即知之最、能之最也。（《孟子正义·尽心章句上》）

焦循解“良知”“良能”为“最知”“最能”，和他解释“良贵”的思路是一致的。

进一步来看，将“良X”理解成X之至大者，其实和孟子思想中的大小之辨很是切合。孟子曾区分“大体”和“小体”，主张“先立乎其大者”：

体有贵贱，有小大。无以小害大，无以贱害贵。养其小者为小人，养其大者为大人。（《孟子·告子上》）

孟子曰：“从其大体为大人，从其小体为小人。”曰：“钧是人也，或从其大体，或从其小体，何也？”曰：“耳目之官不思，而蔽于物，物交物，则引之而已矣。心之官则思，思则得之，不思则不得也。此天之所与我者，先立乎其大者，则其小者弗

能夺也。此为大人而已矣。”（《孟子·告子上》）

“耳目之官”不会“思”，容易为外物所蔽，人若为此所牵引，则为“小人”；而“心之官”能“思”，“思”则有所得，人若顺此发展，则为“大人”。

倘若从简单对应的思路来理解，那么“耳目之官”即为“小体”，“心之官”则为“大体”。然则，这种简约化的理解并没有充分关注到“心之官”的特殊性。孟子认为“心之官”独有的功能在于“思”，“思则得之，不思则不得”。这里的“思”是指反思、自觉，即所谓“反求诸己”（《孟子·公孙丑上》）。“心之官”经由“思”而有所得，所得者乃是心中固有之“仁义”。这是“心之官”的“良能”，也是它之所以能够成为“大体”的根据所在。但是，如若此“心”能“思”却“不思”，其势亦将受蔽于物，而与“小体”无异。正如朱子注解所言：

> 心则能思，而以思为职。凡事物之来，心得其职，则得其理，而物不能蔽；失其职，则不得其理，而物来蔽之。（《孟子集注·告子章句上》）

朱子区分了“得其职”和“失其职”的两种可能性。若是前者，则此“心”成为“大体”；若是后者，则此“心”为物所蔽，沦为“小体”之等次。

关于孟子所言“心”，我们有时候会预设此“心”即“良心”“本心”的理解，这种理解其实并不妥切。如同董平先生曾指出的，孟子所言“心”在与形上本质相联系的同时，还必然与形下之物相联系，成为双重自我相互组合的关键，具有双向关联的特殊性。[①] 此间所说的双重自我，是指个体所含的“大体”和“小体”的两重结构，在此结构中“心”可上可下，亦分大小。唯有向上发见者方是“大心”“良心”；若是向下堕落，为物所蔽，则沦为“小心”，即所谓“放其良心”。关于“心”的后一种表现，孟子在其言论中亦曾提到：

> 诐辞知其所蔽，淫辞知其所陷，邪辞知其所离，遁辞知其所穷。生于其心，害于其政；发于其政，害于其事。(《孟子·公孙丑上》)
>
> 吾为此惧，闲先圣之道，距杨墨，放淫辞，邪说者不得作。作于其心，害于其事；作于其事，害于其政。(《孟子·滕文公下》)
>
> 惟大人为能格君心之非。君仁莫不仁，君义莫不义，君正莫不正。一正君而国定矣。(《孟子·离娄上》)

在此情境下，“心”的表现都是负面的。用大小之辨的思路来说，此“心”未能“思”、未“得之”，而与“小体”无异。由此乃见，“心”的表现也有大小之分，唯有“思”而得之，方为心之大者、心之至者，亦即心之“良”者。

此心之所以可能成为心之至大者，乃在于它拥有“思”之能，此能不是一般的能，而是能之大者、能之至者，亦即能之“良”者。人由此“良能”，自觉心中固有之“仁义”，便是知之大者、知之至者，亦即知之“良”者。人顺乎“良能”“良知”，乃可成就贵之大者、贵之至者，亦即贵之“良”者。若是顺乎小能、小知，即便得

---

① 董平《先秦儒学广论》，浙江大学出版社 2015 年版，第 65～66 页。

到了尊贵，那也是“人之所贵”，仅是“小贵”，非“大贵”也。由此亦见，“良”在“良能”“良知”“良贵”概念上同样体现了至大、首等之义，其意趣和“良心”之“良”一般无异。

总体来看，在孟子的大小之辨中，“X”有着大小之别，“良 X”是指“X”当中的至大者，这是“良”在此情境下所要传达的重要意义。这一意义的运用和“良”的本义不乏关联。头部乃人身之首位，引申而为首长、大、甚诸义；孟子则运用此般意涵，以强调他所言的“X”实乃众多“X”当中的头等者，在吾人生命当中乃具有第一等的价值。①何金松先生考释“良”字时，曾提到“良知”“良能”，认为此二者是指固存于头脑中的本能性的东西。②何先生的研究不乏启发性，但具体到对孟子所言“良”的解释却囿于头脑之义，未免不妥切。“良”在此用的是至大、首等之义，此义虽和本义有关，但已有了一定的变化。③

---

① 在孟子关于“良知”的界说中，还涉及另一方面的意义，或许也和“良”的本义有关。所谓“不虑而知”，意味着此“知”不经思虑、当下即有。就好比乍见孺子落井的例子（《孟子·公孙丑上》），人看到此情景马上会有“怵惕恻隐之心”。相比于各种可能出现的“虑”，“良知”在时间上具有优先性，是遇事当下发作的“善”的“第一念”。在此情境下，“良”的意味不同于文中所论的首要、首等之义，而是体现时间上的首先之义。当然，这里的讨论主要围绕“良知”展开，在其他概念上此等意涵则不显见。

② 何金松《释良》，收入《汉字形义考源》，第 99 ~ 104 页。

③ 阳明常用“头脑”比喻“良知”，如说“晓得良知是个头脑，方无执著”“良知本体原是无动无静的，此便是学问头脑”“认得良知头脑是当，去朴实用功，自会透彻”（《王文成公全书·传习录下》）。此喻并非从“良”的字义立论，而是以“头脑”喻示“良知”的第一重要性，但饶有趣味的是，这样的比喻却也暗合了“良”的本义。另外，耿宁（Iso Kern）先生用“第一等事”来指称阳明学的“致良知”，这一概括则暗合了“良”的首等之义。参见耿宁《人生第一等事——王阳明及其后学论“致良知”》，倪梁康译，商务印书馆 2014 年版。

至此我们知道，“良”被用作“X”的描述词，除了前节所述的取其善良义，还有一个方面则是此间所述的用其首等义。综合起来，“良”是意味着此“X”不仅是善良的，而且是头等重要的；也可以说，是意味着此“X”是头等善良的，即所谓“至善”“最善”。关于这点，焦循在解释“良贵”时曾有言道：

> 《山海经·西山经》“瑾瑜之玉为良”，注云：“良，言最善也。”最善，善之最，即善之长，善之长即善之甚。（《孟子正义·告子章句上》）

郭璞注《山海经》，解“良”为“最善”，焦循引用此说以解释孟子所言“良”。焦氏又指出，“最善”即“善之长”。此“长”意指首长之长，所谓“善之长”，意即众善之首。《易传·乾·文言》有言“元者，善之长也”，其义亦在于此。[①] 综合来看焦循对几处“良”的解释，“良心”之“良”被解为善，“良知”“良能”之“良”被训为最，而“良贵”之“良”则被解为最善，结合了前两义。实则，“良心”之“良”又何尝没有最义，“良知”“良能”之“良”又何尝没有善义？也许是焦循在疏解此三者时未免受制于赵岐注，而未能有贯彻之解释。[②]

根本上而言，此“X”之所以是“最善”的，乃在于它以“仁

---

① “元”“良”在此均表“善之长”，二字之义有相通之处。《尔雅》《广雅》将此二字并训，即关注二者之义同。《尔雅》“元、良，首也”，反映两字的本义；《广雅》“元、良，长也”，反映两字的引申义。

② 焦循解“良贵”则显得开放一些，甚至还反对赵岐所释的“自有”之义。关于这点，后文将有专门讨论。

义”为实质。这是此“X”较之他者最为独特的地方，既是它之所以善良的基础，也是它之所以成为头等的根据所在。因而，当我们透过概念语词的形式，关注“良”所描述的实质性对象，可知孟子不仅对“X”作出了善良且首等的双重定性，同时也对作为“X”之内容的“仁义”作出了类似的双重定性，意味着“仁义”之为“善”不是一般的“善”，实乃诸善之首、善中之至。

如前所述，孟子曾言“可欲之谓善”，意味着值得追求的“四德”便是“善”。在此，孟子对“仁义礼智”都作出了“善”的定性。而在“良X”的概念上，孟子则通过“良”对“四德”中的“仁义”作出了进一步的定性，以确认“仁义”之为“首善”的价值。由乎此，我们也就看到“仁义”在“四德”当中实具有更独特的地位，前节指出孟子在很多地方每每只说“仁义”、不提“礼智”，于此乃知个中缘由。“仁义”的这一特殊性得以反映，和“良”的意义密切相关，由此也看到“良”字较之“善”字实具有更丰厚的意涵，前者既表善良又表首等的功能是后者所不具备的。因此，如果用“善”取代“良”作为描述词，那么虽然可以传达此“X”之为善良的意义，但是难以传达此“X”之为头等的意义，而在根本上更是难以传达“仁义”之为“首善”的意味。

总体来说，“良”在孟子的独特使用中兼含善良和首等的两重意义，对“X”及其实质作出双重的定性，意味着此“X”既是善良且是头等，而作为其内容的“仁义”则是诸善之首、善中之至。在此意义上，可以将孟子所言“良”的意蕴提炼为“首善”或“至善”。这是“良”在孟子哲学中两层意涵之综合。而当我们进一步研读，发现其间还蕴含着其他的意义，这也是“善”字所无法传达的，个中情况有待继续探讨。

四、作为“固在”的“良”与首善的先天恒常性

前文在逐项解说时，已不同程度上涉及其间的固有之义。如“良能”所涉的“不学而能”，“良贵”所涉的“贵于己者”，“良心”所涉的牛山之喻，这些说法都在反映“X”为自身所固有的情况。如我们所知的，“固有”是孟子哲学中一个很紧要的概念，孟子每每用“我固有之”“人皆有之”（《孟子·告子上》）、“犹其有四体”（《孟子·公孙丑上》）等话语，以强调“四端”“四德”先天固在之情状。从义理上来推导，既然“良”所描述的实质性对象是人所固有的，那么它会涉及固有、固在之义，也就不足为奇了。但我们之所以作此理解，主要还不是基于这一抽象的推导，具体到几个概念的语境当中，其实已不同程度地体现了这方面的意义。①

先来看“良知”“良能”。孟子对“良知”“良能”的界说分别是“不虑而知”“不学而能”，表面上来看，二者的内涵各有不同，但是我们谁也不会认为“良知”要经过学习才具有，就好比谁也不会认为“良能”要经过思虑才具有。关键在于，孟子在这里用的是互文手法，其实“良知”“良能”都是不待虑、不待学。② 孟子又

---

① 从概念内涵来看，“固有”和“固在”并无根本差异。但从语法来看，此二词略有不同。当说“固有”时，主词是人，意谓人固有“X”；当说“固在”时，主词则是“X”，意谓“X”固在于人。由于“良”是“X”的描述语，故释“良”为“固在”更切合此字的功能，而在行文中则视乎方便综合使用二词。

② 说“良知”不待学，是指“良知”之“有”不待学，而“良知”之扩充则有待于学。这是两个问题，承认前者并不意味着否认“学”的价值。阳明曾言：“学者，学循此良知而已。”（《王文成公全书·传习录中》）戴震亦有言：“食以养其生，充之使长；学以养其良，充之至于贤人、圣人。”（《孟子字义疏证》卷下“才”）此间均是强调“学”之于“良知”扩充的紧要性，颇符合孟子关于存养工夫的思想。

言："孩提之童无不知爱其亲者，及其长也，无不知敬其兄也。"这里的"无不知……"，也包括了"无不能……"的情况。并且更关键的是，此处以幼儿为例，说明"良知"也是不待学，即便是幼儿时期也无不知爱其亲、敬其长。

赵岐注："不学而能，性所自能。……知亦犹是能也。"(《孟子注疏·尽心章句上》) 按此，"良知"则是"性所自知"。后来孙奭的疏解正是本此思路（《孟子注疏·尽心章句上》），而朱子对这两处的"良"也是给出相同的解释（均解为"本然之善"，见《孟子集注·尽心章句上》）。在当前研究中，虽然有些解释会各重一方，但也有学者作出统一理解。如梁涛先生解"良"为"先天"，并指出人生而具有、不必通过学习和思考的便是"良知""良能"。[①] 亦即，此二者均不待学、不待虑，原因就在于它们都是与生俱来的。基于此，可以将"良知""良能"理解成先天固有的"知""能"，"良"在其间是强调此"知""能"的固在性。

在关于"良心"的阐述中，孟子并未着意强调此"心"为先天固有，但从其前后叙述来看，实亦含有此义。孟子说"虽存乎人者，岂无仁义之心哉"，"岂无"的反问，说明此"心"乃人所原有。后面还说，不能以某人某时"违禽兽不远"，就断定他"未尝有才"。"未尝有"的反面，则是尝有、原有。若全面考察本章的理路，可发现孟子此间所论实不乏起伏感：牛山之木从"尝美"到"伐之"，继而又生"萌蘖"；人的"良心"从"岂无"到"放失"，继而通过"日夜之所息"，又能"与人相

---

① 梁涛《孟子解读》，中国人民大学出版社 2010 年版，第 343～344 页。

近也者几希”。[1] 在这一叙述理路中，不管牛山之木后来变得怎样，都无改于此山本有木材这一原本的情况；正如同不管“良心”的具体表现如何，也都无改于吾人固有“良心”这一本然的事实。在此意义上，“良心”和“本心”是同指的。人人所本有的此“心”又被孟子称为“赤子之心”（《孟子·离娄下》），“赤子”的喻义和“孩提之童”相类似，亦强调不待学、不待虑，即先天本有之意味。总体而言，“良心”在此情境下意指先天固有的“心”，亦即“本心”，其间的“良”是强调此“心”的固在性。

接下来看“良贵”。关于“良”在此所含的固有之义，前文已有涉及。“良贵”是“贵于己者”，即自身所固有的尊贵，此“贵”不同于依赖外界的“人之所贵”。孟子说“人人有贵于己者”，如果联系他在述说“四端”时所言的“我固有之”“人皆有之”等话语，便可知这几处所说的“有”实为同一意义，皆强调“有”的确然性和稳固性。而“人之所贵”则不同，此“贵”之“有”依靠外界给予，不可能稳定恒常。这两种情况的关系就好比孟子在他处所说的泉水和雨水的比喻：

> 原泉混混，不舍昼夜。盈科而后进，放乎四海，有本者如是，是之取尔。苟为无本，七八月之间雨集，沟浍皆盈；其涸也，可立而待也。（《孟子·离娄下》）

---

① 这里的“几希”意指“有”，所谓“与人相近也者几希”是说与一般人（未曾放其良心者）相近的地方也有一些。关于“几希”的讨论，可参见抽文《道德实践的可能性与必要性——孟子哲学中“几希”的双重意蕴》，《道德与文明》2017 年第 4 期。

泉水有“本”，故能滚滚涌出，奔流不息；雨水降落时很集中，填满沟渠，但很快就干涸了，因为它无“本”。“良贵”和“人之所贵”的区别，正在于此。前者之所以恒常，以其有“本”，而这一“本”便是人人皆有的“仁义”之德。

在孟子看来，人人皆先天具有的这一本源不仅是“良贵”的基础，同时也是“天爵”的根据所在：

> 有天爵者，有人爵者。仁义忠信，乐善不倦，此天爵也；公卿大夫，此人爵也。(《孟子·告子上》)

所谓“人爵”，是指世俗所追求的“公卿大夫”的地位，此乃“人之所贵”；所谓“天爵”，则是指人人基于“仁义忠信”而自有的道德爵位，此是“良贵”之爵。在此不妨将上述内容用以下方式展示，可以将其间物事的关系看得更清楚：

良贵	贵于己者	仁义、闻誉	天爵	仁义忠信	原泉
	人之所贵	膏粱、文绣	人爵	公卿大夫	雨集

“天爵”与“良贵”是有“本”之爵、有“本”之贵，犹如有源头的泉水一般，长流不断，恒有不失。二者之“本”皆在于“仁义”，这一“首善”固在于人，不假外求。基于此，可以对“天爵”“良贵”作出统一的理解——二者是指先天固有的爵位和尊贵，其间的“天”“良”二字均是强调此爵、此贵之于人的

固在性。①

至此可知，如同“良”的善良义、首等义在“良X”概念上是一以贯之的，固在之义作为“良”义的第三个方面，也是贯穿于几个概念之中。由此来看，“良”作为“X”的描述词，乃意味着这是吾人先天所具的既善良且头等的“X”（“良贵”则意谓先天的基于善而有的头等尊贵）。孟子在阐述几个概念时，很可能已预设了“良”的这一整体意义，只是单就某一义而言，有些地方说得比较明显，而有些地方则是默认之。

在孟学史上，已有研究者注意到“良”在几个概念中的贯通性意义，如朱子便是其间的典型。朱子对几个概念中的“良”，一以贯之地都解作“本然之善”。虽然“良”的诸义在几个概念中不是同等明显，但朱子之所以进行统一解释，应该是关注到了孟子所用“良”字有其通贯性的意义。不过，在朱子的解释中“良”的首等之义未被涵括进来，因而此“X”作为“X”之首者的意义没有得到反映，而在根本上“仁义”之为“首善”的意义也就没有体现出来。所以，在朱子注释的基础上，我们可以将“良”概括为“本然之至善”或“本然之首善”，这样将能更充分地反映孟子所言“良”的意蕴。

相较而言，赵岐对“良”则没有明确给出一贯的解释，但其间的解说也不乏相仍之处。赵岐将“良心”直解为“仁义之心”，对其间的“良”未作具体训释（《孟子注疏·告子章句上》）；对“良

① 后世出现的“天良”一词，或与孟子思想中“天”与“良”的意义趋近有关。如同后世出现的“天真”一词，可能和庄子思想中“天”与“真”的义理联系有关。

知”“良能”之“良”，则解为“甚”，同时又点出“性所自能……知亦犹是能”的意义（《孟子注疏·尽心章句上》）；至于“良贵”，则强调其间的“自有”之义：

> 人皆同欲贵之心，人人自有贵者在己身，不思之耳。在己者，谓仁义广誉也。……人之所自有者，他人不能贱之也。（《孟子注疏·告子章句上》）

按此训释，“良贵”则意谓人人所自有的尊贵，此等解释和他在“良知”“良能”上所言的“自能”“自知”不乏相通性。

“良”所涉的“自有”之义，在张栻的解释中则被说成“素有”“得于天”：

> 人之所贵云者，言资于人而贵者也。良贵云者，言己素有之善也。……良贵在我，得于天者也，人何预焉？（《南轩先生孟子说·告子上》）

张栻强调先天固有之义，和赵岐的“自有”之注有相通之处。但此义在焦循看来是不成立的，焦氏疏曰：

> 人人所自有，此是解人人有贵于己者，言仁义不待外求。富贵则赵孟能贵能贱，此仁义之贵，比校富贵之贵所以为良，非良字有“自有”之训也。……自儒者误以良为“自有”之训，遂造为“致良知”之说，六书训诂之学不明，其害如此。（《孟子正义·告子章句上》）

焦循认为“自有”不是“良”字的语义，但如果承认“良贵”是指“贵于己者”，那么就应该承认“良”字含有“自有”之义。焦循表面上是反对“良”有“自有”之义，实则以此批评以阳明为代表的“致良知”之说。阳明倡言“圣人之道，吾性自足”（《王文成公全书·年谱》），那么，“良知”自然是人所“自有”，而这一点应该是焦循批评的重点所在。清儒以“朴实”之考据批评宋明“空疏”之义理，焦循此论盖不脱此等风气，是以尝试从“良”之训诂反驳阳明的“致良知”之说。然则，在“良知”乃“吾性自足”这一点上，阳明的理解并未偏离孟子之意；而具体到“良”的语义，焦循的理解亦不如阳明到位，虽然阳明的“致良知”之说并非从训诂出发，但在他的相关陈述中都默认了其间的“自有”“固有”之义。

一般情况下，我们都将孟子所说的“固有”理解成先天具有，这也是前文一直默认的理解。但学界不乏观点对“良 X”的先天性提出异议。如杨泽波先生认为，“良心”是一种“后天而先在”的伦理心境，孟子因受历史条件的限制，将“良心”说成是人生而即有的。[①] 在这一问题上，杨国荣先生也有相似的看法，认为“良心”是在社会教化下形成的，孟子将其视作先天而有，忽视了这一情况。[②] 其实，两位先生都指出了孟子是将“良心”视作先天具有，只不过他们不同意孟子的看法。若不限于孟子思想，纯粹讨论“良

① 杨泽波《孟子性善论研究》（再修订版），上海人民出版社 2016 年版，第 84～85 页。

② 杨国荣《孟子的哲学思想》，华东师范大学出版社 2009 年版，第 118～119 页。

心”是不是先天的，则是另一个问题了。[①] 而就孟子思想来说，“良心”及其所含的“良知”“良能”，则是人先天固有的，并且这也正是人之所以“良贵”、之所以具有“天爵”的根据所在。

需要进一步关注的是，先天固有的“良 X”在后天生活中并非必然实现，它们随时随地都面临着受蒙蔽的危险。如前所述，倘若此“心”能“思”却不“思”，那么便有可能为外物所蔽，沦为“小体”之等次，这也就是“放其良心”“失其本心”的情况。但在另一方面，孟子又告示我们，“放其良心者”仍具有“求其放心”的能力，这也是“良能”的一个表现。在《告子上》篇，讲完“失其本心”之后，下一章便出现了“求其放心”的说法：

> 放其心而不知求，哀哉！人有鸡犬放，则知求之；有放心，而不知求。学问之道无他，求其放心而已矣。

---

① “良心”是不是先天的，或者宽泛来说，人的道德属性是不是先天的，这是争论已久的复杂问题。对此，我们关注的往往是思想史上诸贤哲的看法，在此不妨走出人文学的领域，看看当前一些结合自然科学的研究。如博姆（Christopher Boehm）曾结合生物遗传学探讨“良心”的起源，他认为人类的“良心”源于采猎时代的合作压力，经过社会选择及漫长的演化，“良心”会促使大脑结构发生变化，并且代代遗传下去（《道德的起源　美德、利他、羞耻的演化》，贾拥民、傅瑞蓉译，浙江大学出版社 2015 年版，第 360 ~ 367 页）。在此问题上，威尔逊（Edward O. Wilson）从社会生物学出发，认为基因不仅决定了我们的生物形态，并且塑造了人性中包括利他在内的社会属性（《论人的本性》，胡婧译，新华出版社 2015 年版，第 149 ~ 170 页）。福山（Francis Fukuyama）在讨论政治秩序和人性的关系时，也基于类似的视角对人类德性为先天所具这一观点加以申述（《政治秩序的起源：从前人类时代到法国大革命》，毛俊杰译，广西师范大学出版社 2014 年版，第 30 ~ 49 页）。若由此来看，孟子视“良心”为先天具有，并无不当，当然这并不是说孟子当年已具有了生物学的思维。

如同杨海文先生所论，这里精心安排了“求其放心”的说法在“失其本心”之后迅速出场，给读者一种鲜明而又强劲的视觉刺激。① 对于那些“放其良心”的人，孟子虽不乏批评之意，但其间所含激励的意味不可不察。

表面上来看，那些“放其良心者”似乎已丧失了“良心”，但实际上“良心”只是受到暂时的蒙蔽，由始至终都未曾缺失。唯其如此，它才有重新焕发的可能性。诚如张栻所言：

> 然木之生理固在，日夜之所息，雨露之所润，而其萌蘖不容不生。……亦犹人放其良心，然秉彝亦不容遂殄也，故有时因其休息而善端萌焉。(《南轩先生孟子说·告子上》)

“良心”在某些情况下虽然被蒙蔽，但它一直都在，“不容遂殄”，随时都有可能昭显出来。关于这点，阳明和弟子对谈时亦曾论及：

> (先生)又论：“良知在人，随你如何不能泯灭，虽盗贼亦自知不当为盗，唤他作贼，他还忸怩。”于中曰：“只是物欲遮蔽，良心在内，自不会失，如云自蔽日，日何尝失了。”(《王文成公全书·传习录下》)

即便是“物欲遮蔽”，“良心”“良知”亦“不能泯灭”，仍是固在于人。在我们的生活当中它们从来都没有缺失，“虽在利欲之中，亦未

---

① 杨海文《浩然正气——孟子》，江西教育出版社 2008 年版，第 119 页。

尝不随时表露。关键只在觉与不觉耳”①。

这一点也是“良”之为“固在”的题中之义。在此情境下，“良”所强调的已不是前文所述的“X”的先天性，而是“X”于后天生活中存在的恒常性。尽管此“X”在现实当中不排除受蒙蔽的危险，但这不影响它们之于人的恒常存在。王中江先生解读“良贵”时，已关注到“良”的恒常之义，认为“良贵”不同于世俗性的尊贵，它是恒常的尊贵。② 我们在前文探析“良贵”时，也援引孟子的泉水比喻，来说明此“贵”之所以恒常，乃因其有“本”。而通过这里的讨论则可以得知，“良”的恒常之义不仅表现于“良贵”，同样也表现于其他三个概念，并且“良贵”的恒常性乃是建立在后者恒常性的基础上。进而，再结合前文所述的“良”所涉的先天性，我们可以将作为“固在”的“良”理解为“先天而恒在”，“先天”言其来源，“恒在”言其状态。杨泽波先生主张用“后天而先在”的伦理心境来理解“良心”（见前引），我们认为用“先天而恒在”的首善之“心”来理解“良心”，应该更能反映孟子在此问题上的看法。

如前所述，在“良苦”“良多”“良是”等词中，“良”意指确实很……。此间的“良”不仅含有很、甚之义，同时也兼含确实、真实之义。③ 前节讨论首等之义时，已涉及“很、甚”之义，而对

---

① 牟宗三《心体与性体》（中），上海古籍出版社 1999 年版，第 397 页。

② 王中江《孟子的“天赋权利”思想——以“天爵”、“良贵”和“民意”为中心的考察》，收入《儒家的精神之道和社会角色》，中华书局 2015 年版，第 12 ~ 29 页。

③ 现今有些工具书在解释“良”字时，会将“很、甚”和“确实、真实”分作两义给出解说。其实，在很多情况下此二义是分不开的。如“用心良苦”是说用心确实很苦，又如“趣味良多”是说趣味确实很多。

于后者，则有待进一步揭示。“良”的确实之义用以修饰“X”，乃意味着此“X”在每一人皆确然存在，真实无妄①，而在根本上则意味着“仁义”在每一人皆真实确凿。此义和上述的恒常义密切相关，但又不尽相同。孟子说“可欲之谓善，有诸己之谓信”（《孟子·尽心下》），这里的“信”意指真实，是对“善”之“有诸己”的一种确认。在强调“善”之实有这一功能上，“信”和“良”是类似的，但“良”字所确认的对象不是一般的“善”，而是“仁义”这一“首善”。并且，“信”字只是起到确认的功能，而“良”字除了有此功能，本身就含有“首善”之义。它是在指涉“首善”的同时，又对“首善”之实有进行确认，这正是“良”在孟子使用中的微妙之处。

通过本节的讨论可知，“良”之为“固在”的意义主要是反映“X”的先天性和恒常性，并强调此等“X”在每一人皆真确无妄。而就其实质来说，则意味着“仁义”这一“首善”固在于每一人，它不仅为吾人先天所具，并且在现实生活中也一直都在，从不缺失，此等情况在所有人身上都确凿无疑。由此，我们看到了“良”字较之“善”字在首等义以外所特有的另一些意义。这些意义在很大程度上是统一的，它们不仅归并于“良”，而且体现在“固在”的“固”。“固”字也含有原本、一直与确实诸义，在含摄先天性、恒常性并进行确认的功能上，“固”与“良”实不乏相通之处。

从“良”的字义来看，善良义、首等义与确实义是它既有的义

① 多数研究会将“良贵”解释为真正的尊贵。实则，不仅“良贵”之“良”含有真实之义，其他三个概念中的“良”也含有此义，只是相对来说，在其他三个概念中“良”的真实义可能没有“良贵”那么明显。

项，而先天义和恒常义在孟子之前则没有明显的使用。后两义很可能是孟子基于自己的理解发展出的“良”字的新用法，由此在某种程度上也就赋予“良”新的语义。这种语义后来得到了延承，自此人们大凡言及“良心”“良知”，多是基于孟子的意义去使用，即便人们往往不去细究“良”在此间的具体意涵。现今的工具书如《汉语大字典》《汉语大词典》，都专列了“良”的“先天”义项，所引例子便是孟子的“良心”“良知”。当然，从“良”的字义关系来看，孟子所赋予“良”的语义，也许和该字原有的语义不无关联。“良”的恒常义与确实义比较接近，而其先天义或与其本义有关，头首为人身之本始，由此引申，“良”亦可表示先天本有。这里只是就字义联系提供一些有可能的线索，而在孟子的新用法中，“良”之为先天、恒常的意义，主要的方面还是在于这是孟子基于自己的学说所进行的预设，其间未必能找出非常确切的字义关联。

五、结语

至此，我们逐层探讨了“良”在孟子哲学中所特有的意蕴。我们尝试将“良”可能具有的不同方面的意义都尽量加以展现，不意味着每一义在每一概念上都是同等明显。在“良”的诸般意涵中，善良义用以界说此“X”的“善”的属性，首等义则是强调此“X”在生命中所具有的第一要紧的价值，固在义是用以说明此善良而首等的“X”是吾人先天所具，在生命中恒常存在、真实确凿。总体来看，此间诸义在“良X”概念中是一以贯之的，孟子在使用时很可能已经预设了“良”的整体意涵，而单就某一义来看，在不同的概念中则有不同程度的体现。相比于“良”字，孟子对“善”字的使用更频繁，但他之所以在四个概念中没有用“善”作为描述词，原因应该在于“善”字难以体现孟子所要传达的善良义以外的诸般意涵，即便此字也具有其他方面的意义。

深入探析“良”的意蕴，不仅可认识到孟子对此字的原创性使用，并且可察知“良 X”的深层意义及其相互关系，以及孟子对“仁义”在“四德”中地位等问题的基本看法。通过讨论，我们发现“良 X”之间有一种隐性的“逻辑”。对此，孟子未曾明说，但如果用“逻辑编码”去解读孟子的“诗化编码”①，则可抽绎出这一次第：良心蕴含着良能、表现为良知，良心知仁义且由仁义行，这是人之所以良贵的根本所在。对此，以图简示如下：

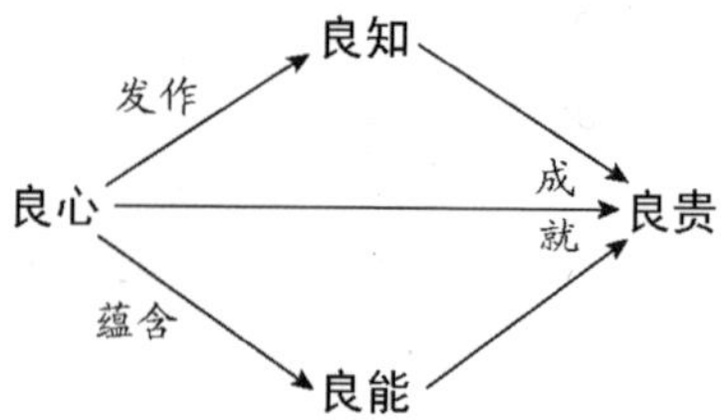

在这一“逻辑”中，“良”所描述的直接对象是“良 X”中的“X”，意味着此“X”是善良的、头等重要的、先天而恒常的，确然存在于所有人。而在根本上，此等“X”皆以“仁义”为实质，透过概念的语词形式，则意味着“仁义”之为“善”不是一般的“善”，实乃诸善之首、善中之至，此等“首善”固在于每一人。在此意义

① 此是借鉴杨海文先生的观点。杨先生认为，古人的言辞主要是“诗化编码”，而我们现代人的言说往往是“逻辑编码”，对中国传统哲学的现代阐释，要通过论证的技术将前者恰当地转换为后者。见氏著《化蛹成蝶——中国哲学史方法论断想》，齐鲁书社 2014 年版，第 42 ~ 69 页。

上，可以将“良”的意蕴提炼为“固在的首善”。孟子曾言“可欲之谓善”，对“仁义礼智”此“四德”作出“善”的定性；而在此间，则对其中的“仁义”进一步作出“良”的定性，以说明“仁义”作为“固在首善”的价值。孟子在言及“四德”时，虽将“仁义礼智”一并为论，但在很多地方每每只说“仁义”、不提“礼智”，于此乃知个中缘由。

孟学诠释史：中国和东亚

王阳明、黄宗羲对孟子“良知”的发展

中央民族大学哲学与宗教学学院　孙宝山

孟子最早提出了“良知”学说，但并没有详细展开。陆象山以孟子的承接者自居，并称自己的学说是“因读《孟子》而自得之”①，但他着重阐发的是孟子的“本心”。到了王阳明，才对“良知”大加阐发，并以此为中心建立学问宗旨。阳明去世后，他的弟子也纷纷发挥良知宗旨，虽然极大地拓展了其理论空间，但也产生了虚玄放任等流弊。面对这种状况，黄宗羲作为阳明学的总结者和传承者又对“良知”进行了疏解和辩护，以消除阳明弟子的误解和其他儒学派别的非议。以下笔者从本体之知、未发之知、致良知三个方面对王阳明、黄宗羲对孟子“良知”的发展进行探讨，揭示“良知”学说从孟子到阳明、再到黄宗羲的变化轨迹。

一、以本体之知阐释良知

孟子最早对“良知”进行了阐述：“人之所不学而能者，其良能

① 《陆九渊集》卷三五《语录下》，中华书局1980年版，第471页。

也；所不虑而知者，其良知也。孩提之童，无不知爱其亲者；及其长也，无不知敬其兄也。亲亲，仁也；敬长，义也。”① 他所说的“良知”，指的是人生而具有的道德意识，实际上就是“四端”“本心”，但并没有直接挑明。到了阳明，则明确地将“良知”与“本心”“四端”统一起来，把良知视为人人具有的成贤作圣的内在根据。他在此方面有过许多论述：

良知者，心之本体，即前所谓恒照者也。心之本体无起无不起，虽妄念之发，而良知未尝不在，但人不知存，则有时而或放耳；虽昏塞之极，而良知未尝不明，但人不知察，则有时而或蔽耳。虽有时而或放，其体实未尝不在也，存之而已耳；虽有时而或蔽，其体实未尝不明也，察之而已耳。②

良知即是未发之中，即是廓然大公、寂然不动之本体，人人之所同具者也。③

先生曰：“人胸中各有个圣人，只自信不及，都自埋倒了。”……又论：“良知在人，随你如何不能泯灭，虽盗贼亦自知不当为盗，唤他做贼，他还忸怩。”于中曰：“只是物欲遮蔽，良心在内，自不会失，如云自蔽日，日何尝失了？”④

是非之心，不虑而知，不学而能，所谓良知也。良知之在

---

① 《孟子注疏》卷一三上《尽心上》，《十三经注疏》下册，上海古籍出版社1997年版，第2765页。

② 《传习录中·答陆原静书》，《王阳明全集》第1册，红旗出版社1996年版，第64页。

③ 《传习录中·答陆原静书》，《王阳明全集》第1册，第65页。

④ 《传习录下》，《王阳明全集》第1册，第97~98页。

人心，无间于圣愚，天下古今之所同也。①

个个人心有仲尼，自将闻见苦遮迷。而今指与真头面，只是良知更莫疑。②

不仅如此，他还把“天理”引入到“良知”之中，将“天理”与“良知”统一起来：

天理在人心，亘古亘今，无有终始。天理即是良知。③

良知是天理之昭明灵觉处，故良知即是天理。思是良知之发用，若是良知发用之思，则所思莫非天理矣。④

天理体现在人的内心中就是良知，良知就是天理在人的内心中的显现，如果人的思虑是从良知而发出的话，那么它就是天理的表现。以上阳明着重从“本体之知”的层面对“良知”进行了阐发，“良知”作为“本体之知”是指人的心中生而具有的道德意识，良知是天理在人的内心中的显现，是每个人成贤作圣的根据，它虽然会被遮蔽，但不会泯灭。黄宗羲对于“良知”作为“本体之知”的含义有着清楚的认识，他说：

既云“至善是心之本体”，又云“知是心之本体”，盖知只是知善知恶，知善知恶正是心之至善处。既谓之良知，决然私

① 《传习录中·答聂文蔚》，《王阳明全集》第1册，第81页。

② 《咏良知四首示诸生》，《王阳明全集》第2册，第711页。

③ 《传习录下》，《王阳明全集》第1册，第114页。

④ 《传习录中·答欧阳崇一》，《王阳明全集》第1册，第74页。

意障碍不得，常人亦与圣人同。[1]

他总结阳明的“至善是心之本体”[2]“知是心之本体”[3]等经典陈述，得出了良知是每个人心中至善的本体的结论，无论圣人还是常人，其良知都是相同的，都是私欲无法遮蔽的。他对阳明点出作为“本体之知”的“良知”给予了极高的评价：“自姚江指点出‘良知人人现在，一反观而自得’，便人人有个作圣之路。故无姚江，则古来之学脉绝矣。”[4]他认为，阳明点出作为“本体之知”的“良知”，重新开启了“向内求理”路径，使人人都有了成贤作圣的途径，使儒家一度中断了的学脉也得以重新续接起来。他在这里从道统论的高度突出了作为“本体之知”的“良知”的重要意义，强调正是由于作为“本体之知”的“良知”的提出，才使得孟子以后的儒家学脉得以续接起来。

对于其他儒学派别对良知的非议，黄宗羲也从“本体之知”的层面为阳明进行了辩护。河东学派的吕柟（字仲木，号泾野，1479—1542）对阳明的“良知”的普遍适用性提出了质疑：

诏问：“讲良知者如何？”先生曰：“圣人教人，每因人变化。如颜渊问‘仁’，夫子告以‘克己复礼’，仲弓则告以‘敬’‘恕’，樊迟则告以‘居处恭，执事敬，与人忠’，盖随人

① 《明儒学案》卷十《姚江学案·文成王阳明先生守仁》，《黄宗羲全集》第7册，浙江古籍出版社2004年版，第223页。

② 《传习录上》，《王阳明全集》第1册，第4页。

③ 《传习录上》，《王阳明全集》第1册，第8页。

④ 《明儒学案》卷十《姚江学案》，《黄宗羲全集》第7册，第197页。

之资质学力所到而进之，未尝规规于一方也。世之儒者诲人，往往不论其资禀造诣，刻数字以必人之从，不亦偏乎？"①

吕柟在回答弟子章诏关于良知的问询时对阳明提出了批评，他认为孔子教弟子"仁"的时候总是根据不同的资质、造诣进行不同的指点，而阳明只是让弟子遵从"良知"二字过于片面。针对吕柟的批评，黄宗羲为阳明进行了辩护：

先生议良知，以为"圣人教人每因人变化，未尝规规于一方也。今不论其资禀造诣，刻数字以必人之从，不亦偏乎？"夫因人变化者，言从入之工夫也。良知是言本体，本体无人不同，岂得而变化耶？非惟不知阳明，并不知圣人矣！②

他认为，孔子根据弟子不同的资质、造诣从不同的方面指点"仁"是就入手工夫而言的，而阳明的"良知"是就本体而言的，每个人的本体都是相同的，不存在根据差别分别进行指点的问题，吕柟不但误解了阳明，而且误解了孔子。他在这里将本体和工夫加以区分，强调良知作为"本体之知"的普遍适用性，从本体的层面为阳明的"良知"进行了有力的辩护。

霍韬（字渭先，号兀崖、渭崖，1487—1540）批评阳明的"良知"混淆了"圣人之知"与"下愚之知"，他说：

---

① 《明儒学案》卷二《河东学案二·文简吕泾野先生柟》，《景印文渊阁四库全书》（以下简称《四库》）本，台湾商务印书馆1986年版；另见吕柟《泾野子内篇》卷十《鹫峰东所语》，《四库》本。

② 《明儒学案》卷二《河东学案二·文简吕泾野先生柟》，《四库》本。

圣人位育皆心性事，谓良知非与圣，非也。然而有圣人之知，有下愚之知，率下愚之知认欲为理、认利为义，曰吾良知、吾致吾良知，是圣跖混。

阳明之学，一言蔽之曰“致良知”，析曰“格物”，曰“知行合一”，均之“致良知”也。然有圣哲之知焉，有下愚之知焉。圣哲之知致焉，位育参赞良知也；下愚之知致焉，饮食男女亦良知也。①

他对圣人与愚人的认知加以区分，认为圣人的认知才称得上良知，愚人的认知只限于欲望和利益的满足，难以称得上良知，阳明笼统地提“良知”或“致良知”，是将圣人与愚人混为一谈。对于霍韬的批评，黄宗羲还是从“本体之知”的立场为阳明进行了辩护：

先生荐文成，谓“臣不如也”，而于文成之学不能契，大意以知有圣人之知，有下愚之知，圣人之知则可致，下愚之知则无所不至矣。夫文成之所谓良知，即人人所同赋之性也，性之灵处即是知，知之不息处即是性，非因下愚而独无也，致者致此也。先生之所谓知，乃习染闻见之知也，恶得良？故圣人与下愚相去倍蓰无算，如何致之哉？此真千里之谬矣。②

阳明所说的“良知”指的是人人生而共同禀受的天性，“性”的认识能力就是“知”，“知”的不停息的本源就是“性”。无论圣人还是愚

① 《明儒学案》卷五三《诸儒学案下一·文敏霍渭崖先生韬》，《四库》本。
② 《明儒学案》卷五三《诸儒学案下一·文敏霍渭崖先生韬》，《四库》本。

人，都具有这样本体意义上的良知。而霍韬所说的“知”只是人们后天在外部环境的影响与感应下形成的各种认识，根本称不上良知，圣人与愚人在此方面当然相去甚远。霍韬以此种具有差别性的“后天之知”来批评阳明具有普遍性的“本体之知”，无疑是一种很大的误解。

薛蕙（字君采，号西原，1489—1541）批评阳明的“致良知”只在事物上用功，未曾推究良知的“本体”，他说：“阳明言‘致良知’，大抵是就事物上说，如此只是‘致良知’之用，却不曾先推穷良知本体是如何，岂非得末而遗本？大本苟未理会得，末亦安得不差？”① 针对薛蕙的批评，黄宗羲强调良知是“一无所知之本体”，以此来为阳明的“致良知”宗旨辩护：

> 先生又曰：“阳明言‘致良知’，大抵是就事物上说，乃得末而遗本。”夫良知者，孟子之言也。孟子曰所以不虑而知者，其良知乎？夫不虑者，一无所知之本体也。不虑而知，可专以为事物而非体乎？②

阳明的“良知”来源于孟子的“不虑而知”，“不虑而知”就是不包含任何具体认知的“本体之知”，不可将“致良知”理解为专门在事物上用功而放弃了对“本体”的认识。

二、以未发之知阐释良知

对于孟子的“良知”，阳明还从“未发之知”和“已发之知”两

---

① 《明儒学案》卷五三《诸儒学案下·考功薛西原先生蕙》，《四库》本。

② 《明儒学案》卷五三《诸儒学案下·考功薛西原先生蕙》，《四库》本。

个层面进行了阐发。“良知”作为“未发之知”，其着重强调良知是在意念未发动状态下的至善本体；“良知”作为“已发之知”，其着重强调良知是在意念已发动状态下的认识主体。阳明去世后，在良知是未发之知还是已发之知这一问题上，阳明的弟子产生了很大的争论。

黄宗羲对此的态度很明确，他主张阳明“归之未发之知以为宗旨”[①]，也就是说，阳明的“良知”是“未发之知”。当然，他也承认阳明在已发和未发两方面都对良知有过阐发，但为了纠正阳明的多数弟子总在念头起灭上用工的失误，他强调未发之知是良知的根本义，已发之知只是良知的方便说：

> 阳明之良知，原即周子诚一无伪之本体。然其与学者言多在发用上，要人从知是知非处转个路头，此方便法门也。而及门之承其说者，遂以意念之善者为良知。[②]
>
> 良知常发而常敛，便是独体真消息。若一向在发用处求良知，便入情识窠臼去。然先生指点人处，都在发用上说，只要人知是知非上转个为善去恶路头，正是良工苦心。[③]

阳明的“良知”就其本体而言就是周敦颐的“诚体”，也就是“独体”。尽管阳明多从已发解说良知，但这只是为了让人从知是知非处入手体认未发的良知本体，只能算是一种方便说，如果一味地从已

① 《张母李夫人六十寿序》，《黄宗羲全集》第10册，第686页。

② 《明儒学案》卷一九《江右王门学案四·主事黄洛村先生弘纲》，《黄宗羲全集》第7册，第517页。

③ 《明儒学案》卷十《姚江学案·文成王阳明先生守仁》，《黄宗羲全集》第7册，第237页。

发体认良知，就会堕入情绪的支配中。而阳明的弟子承接了这种方便说，把意念中的善当作良知，这当然是一种误解，并非良知的根本义。黄宗羲强调良知就其根本而言应是未发之知，他说：

> 然阳明点出知善知恶原不从发处言，第明知善知恶为自然之本体，故又曰“良知为未发之中”。若向发时认取，则善恶杂糅，终是不能清楚，即件件瞒不过照心，亦是“克伐怨欲不行”也。①
>
> 阳明之所谓良知，不曰未发之中乎？以念头起处辨其善恶者，此在门弟子之失，而以加之阳明，不受也。②

阳明说“良知为未发之中”③ 就已表明良知是未发之知。他点出“知善知恶是良知”④，原本并不是从已发处说良知，而是为了说明良知作为未发的本体自然具有知善知恶的功能；已发时善念恶念交杂在一起，难以从中体认出良知，即便心体将所有的善恶分辨清楚，也不过是在发挥察识的功能，也就是孔子弟子原宪所说的“克伐怨欲不行”⑤，难以称得上是“仁体”。主张在已发的状态下发挥良知分辨善恶的察识功能，这是阳明弟子的疏失，不能将其加在阳明

---

① 《明儒学案》卷一四《浙中王门学案四·尚书顾箬溪先生应祥》，《黄宗羲全集》第7册，第338页。

② 《明儒学案》卷四二《甘泉学案六·文定王顺渠先生道》，《四库》本。

③ 原文为“良知即是未发之中”，见《传习录中·答陆原静书》，《王阳明全集》第1册，第65页。

④ 《传习录下》，《王阳明全集》第1册，第121页。

⑤ 《论语注疏》卷一四《宪问》，《十三经注疏》下册，第2510页。

身上。

基于上述认识，黄宗羲对主张良知是已发之知的张元忭（字子荩，号阳和，1538—1588，阳明二传弟子）提出了批评：

> 第主意只在善有善几、恶有恶几，于此而慎察之，以为良知善必真好、恶必真恶，格不正以归于正为格物，则其认良知都向发上，阳明独不曰“良知是未发之中”乎？察识善几、恶几，是照也，非良知之本体也。朱子《答吕子约》曰：“向来讲论思索，直以心为已发，而所论致知格物，以察识端倪为初下手处，以故缺却平日涵养一段工夫。”此即先生之言良知也。朱子易箦，改《诚意章句》曰：“实其心之所发。”此即先生之言格物也。先生谈文成之学，而究竟不出于朱子，恐于本体终有所未明也。①

他认为，张元忭只在善念、恶念初动时下察识的工夫，从已发上体认良知，而阳明的“良知”是未发的本体，察识善念、恶念只是良知的功能，并不是良知的本体，张元忭的主张仍未超出朱子的“察识端倪”的范畴，对于本体终究缺乏明确的认识。

对于主张良知是未发之知的罗洪先（字达夫，号念庵，1504—1564，阳明弟子），黄宗羲则给予了较高的评价：

> 是时阳明门下之谈学者，皆曰“知善知恶即是良知，依此行

① 《明儒学案》卷一五《浙中王门学案五·侍读张阳和先生元忭》，《黄宗羲全集》第7册，第369～370页。

之即是致知”。先生谓：“良知者，至善之谓也。吾心之善，吾知之；吾心之恶，吾知之，不可谓非知也。善恶交杂，岂有为主于中者乎？中无所主，而谓知本常明，不可也。知有未明，依此行之，而谓无乖戾于既发之后，能顺应于事物之来，不可也。故非经枯槁寂寞之后，一切退听，天理炯然，未易及此。”……先生于阳明之学，始而慕之，已见其门下承领本体太易，亦遂疑之。及至功夫纯熟，而阳明进学次第洞然无间。天下学者，亦遂因先生之言，而后得阳明之真。其哓哓以师说鼓动天下者，反不与焉。①

阳明的弟子大多从知善知恶的已发状态下体认良知，罗洪先对此提出异议。他并不否认知善知恶的“知”是良知，但认为良知指的是至善。在善恶交杂的状态下内心缺乏主宰，不可以说良知明莹而无遮蔽，依此处理事物也不可以说皆顺畅得当而不违背至善之理，所以必须在未发的状态下进行静修，使至善的天理在内心呈现，然后再依此良知行事。罗洪先的观点很明确，他反对阳明的多数弟子在已发的善恶交杂状态下体认良知，主张在未发的状态下体认良知。黄宗羲对罗洪先的观点予以称赞，认为天下的学者通过他对未发之知的坚持而掌握到了阳明的良知真传，而那些打着阳明的旗号鼓动风潮的弟子反倒在此方面没什么贡献。

同样，黄宗羲还基于此种立场对受到阳明众多弟子责难的聂豹（字文蔚，号双江，1487—1563，阳明弟子）给予了辩护：

---

① 《明儒学案》卷一八《江右王门学案三·文恭罗念庵先生洪先》，《黄宗羲全集》第7册，第446~447页。

阳明自江右以后始拈良知，其在南中以默坐澄心为学的，收敛为主，发散是不得已，有未发之中，始能有中节之和。其后学者有喜静厌动之弊，故以致良知救之。而曰“良知是未发之中”，则犹之乎前说也。先生亦何背乎师门，乃当时群起而难之哉！①

他认为，阳明在江西以后虽然提倡“致良知”，但仍主张良知是未发之中，这与前期默坐澄心以涵养未发意思相同，所以聂豹的体认未发的“归寂”主张并未违背阳明的宗旨，阳明众弟子对他的责难是不公平的。

三、以良知阐释致知

阳明在从本体之知、未发之知等层面对孟子“良知”进行深入阐释的基础上，又用“良知”来阐释《大学》的“致知”，由此提出了“致良知”。“良知”是就本体而言的，“致良知”则是将本体和工夫一起统括了进去，是对孟子“良知”的进一步拓展。从本体和工夫的角度而言，阳明的“致良知”大致有两层含义：一是通过去除私欲的遮蔽实现对作为本体的良知之理的体认；二是将作为本体的良知之理推至事物当中。关于第一层含义，如：

若良知之发更无私意障碍，即所谓“充其恻隐之心，而仁不可胜用矣”。然在常人不能无私意障碍，所以须用致知、格物之功

① 《明儒学案》卷一七《江右王门学案二·贞襄聂双江先生豹》，《黄宗羲全集》第7册，第428页。

胜私复理。即心之良知更无障碍，得以充塞流行，便是致其知。[1]

知是理之灵处，就其主宰处说便谓之心，就其禀赋处说便谓之性。孩提之童无不知爱其亲，无不知敬其兄，只是这个灵能不为私欲遮隔，充拓得尽，便完完是他本体，便与天地合德。自圣人以下不能无蔽，故须格物以致其知。[2]

这也就是"格物以致其良知"[3]。"良知"是本体，"致"的工夫体现在"格物"中。关于第二层含义，如：

若鄙人所谓致知、格物者，致吾心之良知于事事物物也。吾心之良知，即所谓天理也。致吾心良知之天理于事事物物，则事事物物皆得其理矣。致吾心之良知者，致知也；事事物物皆得其理者，格物也。是合心与理而为一者也。[4]

这也就是"致良知以格物"[5]。

黄宗羲对"致良知"的上述两层含义都有深刻的把握和阐发。他在评论阳明的"'先天而天弗违'，天即良知也；'后天而奉天时'，良知即天也"[6] 时说："大彻大悟。蒙又为先生转一语曰：先

① 《传习录上》，《王阳明全集》第 1 册，第 8 页。
② 《传习录上》，《王阳明全集》第 1 册，第 35 页。
③ 《博约说》，《王阳明全集》第 3 册，第 897 页。
④ 《传习录中·答顾东桥书》，《王阳明全集》第 1 册，第 48 页。
⑤ 《博约说》，《王阳明全集》第 3 册，第 897 页。
⑥ 《明儒学案》卷十《姚江学案·文成王阳明先生守仁》，《黄宗羲全集》第 7 册，第 240 页；《传习录下》，《王阳明全集》第 1 册，第 115 页。

生言致良知以格物，便是‘先天而天弗违’；先生言格物以致其良知，便是‘后天而奉天时’。”①“致良知以格物”就是将作为本体的良知之理推至事物当中，使事物皆符合天理，这便是《易传》所说的“先天而天弗违”②；“格物以致其良知”就是通过去除私欲的遮蔽实现对作为本体的良知之理的体认，这便是《易传》所说的“后天而奉天时”③。上述解说还显得比较简略，他在评价唐枢的“讨真心”宗旨时则对阳明的“致良知”的两层含义作了进一步阐发：

> 然真心即良知也，讨即致也，于王学尤近。第良知为自然之体，从其自然者而致之，则工夫在本体之后，犹程子之以诚敬存之也。真心蔽于物欲见闻之中，从而讨之，则工夫在本体之先，犹程子之识仁也。阳明常教人于静中搜寻病根，盖为学者胸中有所藏躲，而为此言以药之，欲令彻底扫净，然后可以致此良知云尔。④

阳明提出“致吾心之良知于事事物物”，但忽略了一个基本前提——如何把握作为本体的良知。黄宗羲为其作了有益的补充，提出良知作为本体可以自动显现，当良知自动显现时即以“致”的工夫加以保持，这就是“工夫在本体之后”，他所说的“致良知只是存天理之

---

① 《明儒学案》卷十《姚江学案·文成王阳明先生守仁》，《黄宗羲全集》第7册，第240页。

② 《周易正义》卷一《乾·文言》，《十三经注疏》上册，第17页。

③ 《周易正义》卷一《乾·文言》，《十三经注疏》上册，第17页。

④ 《明儒学案》卷四〇《甘泉学案四·主政唐一庵先生枢》，《黄宗羲全集》第8册，第226～227页。

本然"[1] 也是此意。有这一基本前提之后，阳明的"致吾心良知之天理于事事物物，则事事物物皆得其理"的致知、格物工夫就可以顺势展开了。本体是良知，"致"是工夫，格物是"致"的后续工夫，当作为本体的良知之理自动显现时，即以"致"的工夫加以保持并将其推至事物当中，以格物的后续工夫使事物皆符合天理，这便是"致良知以格物"，即"先天而天弗违"，也就是"工夫在本体之后"；而当作为本体的良知被物欲及外物遮蔽时，就需要以"致"的工夫将物欲及外物清除，使良知显现出来，这便是"格物以致其良知"，即"后天而奉天时"，也就是"工夫在本体之先"。黄宗羲从本体和工夫次第的角度对阳明的"致良知"的两层基本含义作了较为深刻的阐发，特别是提出了以"致"的工夫保持自动显现的良知，使阳明的"致良知以格物"的理论得以完备起来。

在"良知"学说的发展历程中，孟子是开创者，阳明是大成者，黄宗羲是维护者。阳明将"良知"与"本心""四端""天理"统一起来，并从"本体之知""未发之知""致良知"等层面对"良知"作了进一步阐发。黄宗羲对阳明点出作为"本体之知"的"良知"给予了极高的评价，强调正是由于作为"本体之知"的"良知"的提出，才使得孟子以后的儒家学脉续接起来；为了纠正阳明的多数弟子总在念头起灭上用工的失误，他强调未发之知是良知的根本义，并从本体和工夫次第的角度对"致良知"的基本含义作了较为深刻的阐发，从而使得这一理论完备起来。王阳明和黄宗羲都是孟子的信奉者，他们对"良知"的阐发和维护代表了孟子学在明清时代的新展开。

---

① 《明儒学案》卷十《姚江学案·文成王阳明先生守仁》，《黄宗羲全集》第7册，第218页。

张载思想中的孟学诠释[*]

中山大学哲学系　王　格

当代新儒家牟宗三曾将“中国正宗儒家”对“性”的规定分为两路：(一)《易传》《中庸》所代表的一路，中心在“天命之谓性”一语；(二)《孟子》所代表的一路，中心思想为“仁义内在”，即心说性。① 显然，这一脉络化的分判很可能来自宋明理学史上理学与心学两大流派对心性义理不同理解的反观和回溯，它有助于我们理清很多重要问题，尤其是理学的系统性论说与理学家的经典诠释之间存在的张力和互动关系。因此，无独有偶，劳思光虽然在中国哲学史尤其是理学史诸多问题上与牟持不同意见，对此分判却也极为类似。②

就其中所谓第二进路而言，深耕《孟子》心性文本的牟宗三曾

---

* 本文为国家社科基金青年项目“理学的早期西传及其影响研究”（18CZX037）之阶段性成果。

① 牟宗三《中国哲学的特质》，上海古籍出版社 1997 年版，第 54 页。

② 劳思光《新编中国哲学史》（三卷上），广西师范大学出版社 2005 年版，第 36～37 页。

指出孟子心性学的核心是“仁义内在，性由心显”①，徐复观也认为孟子人性论的进路是“以心善言性善”。② 由此可见，孟子学与宋明儒学传统中“心学”一系的关系特别密切。牟宗三在对王学思想的讨论中，曾断言“王学是孟子学”③；而在对朱、陆之争的义理疏解中，牟氏甚至认为朱熹与孟子学有隔阂，陆九渊才承续了孟子思想，尤其是“本心”之论。④ 这一分判在后来学者的研究中不断得到深入和强化，比如：黄俊杰就《孟子》中“知言养气”章等一系列具体诠释文本的案例，作出过一些具体而充分的论述，其中明显蕴含着理学偏离了孟子思想，而心学才是孟子学的正宗继承者的观点⑤；晚近现象学家耿宁（Iso Kern）更是给出若干心性哲学的现象学论述，认为王阳明良知学和孟子学一致，并足以造就一门心性现象学。⑥ 诸如此类具体而微的研究，从效果上进一步强化了这一哲学史叙事脉络。

宋代早期理学与《易传》《中庸》之关系固然密切，但与《孟子》的关系，受到上述脉络化哲学史叙事的影响，学者的重视程度似乎有所不足。我们知道，在思想史上，宋明新儒学的兴起与《孟

---

① 参看刘述先《孟子心性论的再反思》，收入江文思（James Behuniak Jr.）、安乐哲（Roger T. Ames）编《孟子心性之学》，梁溪译，社会科学文献出版社 2005 年版，第 174～195 页。

② 徐复观《中国人性论史》，李维武编《徐复观文集》第三卷，湖北人民出版社 2002 年版，第 160 页。关于这一问题，也可参看拙作《孟子学中的“端”喻诠释》（未刊稿）。

③ 牟宗三《从陆象山到刘蕺山》，上海古籍出版社 2001 年版，第 152 页。

④ 牟宗三《从陆象山到刘蕺山》，第 100 页。

⑤ 参看黄俊杰《中国孟学诠释史论》，社会科学文献出版社 2004 年版。

⑥ 耿宁（Iso Kern）《中国哲学向胡塞尔现象学之三问》，李峻译，《哲学研究》2009 年第 1 期。

子》升格运动同时，二者密不可分，这足以表明以上哲学史脉络化叙事可能带来了一些遮蔽效应。在聚焦观察某些问题时，遮蔽和脉络化是必要的，但我们应该同时自觉其局限与不足，并努力作出补充论述。具体就此问题而言，如果我们暂时抛开前贤对孟学与理学的种种叙事脉络，深入文本，会发现孟子对于理学的影响，尚存在许多未发之覆。本文以张载为例，做一个简单初步的尝试。之所以选择张载，不仅因为张载实为北宋理学的开拓者和奠基人①，而且晚近《张子全书》的重新整理出版，为本研究提供了绝佳的文献便利。尤其是《全书》的点校者林乐昌教授积十余年之力，辑出了《孟子说》一百多条，“除《滕文公章句下》外，《孟子说》对《孟子》其他各篇、卷皆有解说”②，这在很大程度上弥补了该书在历史上亡佚的缺憾。最近李敬峰以此文本为中心，用专文的形式较为全面地展示出张载孟学诠释各方面的表现，以及朱熹对张载孟子学的批判性扬弃等。③ 但就其中所体现的若干特色问题，以往研究尚显揭示不足。我们知道，任何经典诠释，首先是选择性聚焦，因为经典文本自身的特征决定了它们具有多向度、开放甚至不连贯的内容，在诠释者那里都是有选择性并追求连贯性的，这是一种不可避免的“窄化”。④ 因此，本文举以下三点内容做专门的探讨和阐述：（一）“大

---

① 文碧方《理学的开拓者与奠基人——张载》，《文史知识》2016 年第 2 期。

② 林乐昌编校《张子全书》卷首《点校说明》，西北大学出版社 2015 年版，第 6 页；并可参见林乐昌《张载佚书〈孟子说〉辑考》，《中国哲学史》2003 年第 4 期。《孟子说》辑佚内容收入《张子全书》卷一六《补遗三》。

③ 李敬峰《张载对〈孟子〉的诠释及朱子对其的扬弃》，《兰州学刊》2016 年第 5 期。

④ 黄俊杰《中国孟学诠释史论》，社会科学文献出版社 2004 年版，第 66 ~ 67 页。

心”说与孟子心学；（二）知礼、知类与孟子人性论说；（三）“圣人观”与孟学传统。前两项分别展示张载工夫论中“大心”和“知礼”两个重要维度在其孟学诠释中的体现①，第三项则是对其“圣人观”的补充论述。张载思想中有极富特色的圣人观，主要在其易学诠释中呈现和论述，笔者此前已有专文论说②，在此则补充其圣人观在孟学诠释中的一些表现，尤其是与孟学传统中“圣人观”的关系。

一、“大心”说与孟子心学

在北宋道学诸家中，张载哲学体系中的“心”尤其引人注目。这首先体现在其《正蒙·大心》篇为代表的工夫论论述具有后世心学的特征，尤其是为人熟知的这一段：

> 大其心，则能体天下之物，物有未体，则心为有外。世人之心，止于闻见之狭。圣人尽性，不以闻见梏其心，其视天下无一物非我，孟子谓尽心则知性知天以此。天大无外，故有外之心不足以合天心。见闻之知，乃物交而知，非德性所知。德性所知，不萌于见闻。③

这里，张载以“体知天下之物”之心来诠释孟子的“尽心”

---

① 关于张载思想中两个路径的“成性”工夫论及其之间的关系，可参看杨立华《气本与神化》，北京大学出版社 2008 年版，第 127 ~ 141 页。

② 参看拙作《略论宋代理学与易学之关系——以张载“圣人观”为主的探讨》，《鹅湖月刊》2013 年第 7 期。

③ 《正蒙·大心篇第七》，《张子全书》卷一，第 17 页。

说，并将此界定为“德性所知”，区分于“见闻之知”。显然，后世王阳明心学中的“致良知”说于此颇有异曲同工之处①，虽然王阳明在解说“尽心”时持“心—性—天”一致论②，与张载有所不同。无论如何，张载这段解说文本已非常直接地表明，其思想中的心学特质正是其所理解的孟子心学。对于孟子此章的理解，张载思想显然与程朱理学有所不同，这一分歧已被王夫之揭示：

> 朱子谓知性乃能尽心，而张子以尽心为知性之功，其说小异。③

进而，王夫之站在张载的立场，批判后世程朱理学家一味言“性”的凿空立论倾向。无论如何评价，张载的确是继承了孟子对“心”的丰富生动言说，这与程朱性理学那种庄穆的“性体”风格的确有所不同。类似地，张载还有这样的论说：

> 心能尽性，“人能弘道”也；性不知检其心，“非道弘人”也。④

与心学家一样，张载思想中表现出“心能尽性”的道德主体活跃之力量。尽管如此，张载只会在一定程度上接受后世心学家的工夫论，

---

① 参看拙作《王阳明“知行合一”义理再探》，《道德与文明》2015 年第 5 期。
② 黄俊杰《中国孟学诠释史论》，第 230 页。
③ 张载撰，王夫之注《张子正蒙》，上海古籍出版社 2000 年版，第 144 页。
④ 《正蒙·诚明篇第六》，《张子全书》卷一，第 15 页。

即在“存心养性以事天，尽人道则可以事天”[①] 的意义上接纳，同时强调道德修养中“整理其心”的重要性。[②] 也就是说，如果以后世陆王心学作为儒家心学之典范，张载并不足以归入其类，因为他所言用来体天下之物的“心”只是在工夫论意义上成立，只是在他所谓“天人本无二”的结构意义上呈现，并不构成至高无上的“心体”；另一方面，张载对“性体”仍然有明确的重视，他明确地要突出“性”的本原和本来地位，强调“性大于心”，“性，原也；心，派也”[③]，“性之本原，莫非至善”[④]，并认为“天性在人，正犹水性之在冰”[⑤]。但这些表述并未能让朱熹满意，朱熹对以上说法均提出过尖锐的批评。大体上，朱熹总是认为张载“不免有强探力取之意”[⑥]，即主动的人心方面太过于强势，未能足够尊“性”；与此同时，我们几乎找不到张载任何试图表明“心体”立场的文本。因此，在理学与心学的本体学说之间，或者“性体”与“心体”之间，张载显然还是偏向前者，虽然借助于对《孟子》的诠释理解，他可以很大程度上接纳心学家的工夫论主张，并且让程朱理学家大为不满。换言之，“天道性命”在张载那里是贯通为一的，这意味着张载在心体与性体之间试图维持某种略带倾向性的平衡。

尽管如此，在宋明理学中，工夫论从逻辑上还是会倒逼出与之

---

① 《孟子说》，《张子全书》卷一六，第 447 页。

② 《孟子说》，《张子全书》卷一六，第 441 页。

③ 《孟子说》，《张子全书》卷一六，第 447 页。

④ 《孟子说》，《张子全书》卷一六，第 445 页。

⑤ 《正蒙 · 诚明篇第六》，《张子全书》卷一，第 14 页。

⑥ 李敬峰《张载对孟子的诠释及朱子对其的扬弃》，《兰州学刊》2016 年第 5 期。

相适应的本体论，因此，在“本体”的方面，张载对心之善恶问题的辨析，偶尔也会与心学一系有些许相似之处。比如，他这样讨论“善”的问题：

> 不得已，当为而为之，虽杀人皆义也；有心为之，虽善皆意也。正己而物正，大人也；正己而正物，犹不免有意之累也。有意为善，利之也，假之也；无意为善，性之也，由之也。有意在善且为未尽，况有意于未善耶?①

这里张载强调“无意”之善的纯粹性和内在性之“无”；如果“有其善”，则不够纯粹，不足以为真正的“善”，也即出于善良意志的善。对此，我们很容易得到一种日常经验的理解，比如刻意倡导“学雷锋做好事”的行为中，不可避免夹杂了各种“有善”的私意，甚至功利和人欲，与善的价值背离。张载这样的论述距离心学家的“心体”论，尤其是王阳明“无善无恶”在工夫作用上“无意”的教义其实仅一步之遥，虽然他似乎并没有跨越这一步。

不过，如果将上段引文对照《孟子》相关文本，我们会发现，张载的言说与孟子强调“存心”的“心善”人性论述是一致的，强调“行其所无事”的主张在逻辑上也与孟子言性之说完全契合②；以“未尝有意为仁义”揭示孟子“由仁义行，非行仁义”，大体上也符合《孟子》文本的思路③；与此同时，张载这里很多语词表述，

---

① 《正蒙·中正篇第八》，《张子全书》卷一，第20~21页。

② 《孟子说》，《张子全书》卷一六，第443页。

③ 《孟子说》，《张子全书》卷一六，第442页。

比如“利之”“假之”与“性之”“由之”等，更是直接来自《孟子》文本。但另一方面，虽然孟子强调从“存心”的角度辨析善，但《孟子》文本中并没有深入地进行张载这样看似吊诡的玄学式解析，遑论后世心学家“心体”之本体论说。不过，晚近的出土文献表明先秦思想中已有这类讨论和论述，比如在郭店楚墓出土竹简文献《语丛一》中，发现有这样的语段：

> 为孝，此非孝也；为弟（悌），此非弟（悌）也。不可为也，而不可不为也。为之，此非也。弗为，此非也。[①]

这里，作者采用一些看似吊诡的表述，因为其所戒备的“为”，“乃是一种存心有意之为，为为而为，其心不诚，意不正”，因此，作者的主旨是“要人去除虚伪之为，而从其本真之为”。[②] 从思想史来看，此段出土文献应当与思孟学派有关，也就是说，它直接或者间接来自孟子学派。而在宋明理学尤其心学一系中，这方面的内容重新被深入讨论，虽然没有迹象表明二者之间有文本上的承续关系，而或许受到佛教及玄学思想的刺激和启发。但其渊源系谱上有孟子学的精神，在张载这里毋庸置疑。

由以上的探讨，我们看到，张载虽然重视“心”，并且在工夫论甚至关乎“本体”的某些方面都与心学家有高度相似之处，但仍然不足以归入心学一系，因为其并没有基于“心体”的立论，相反，他坚持“性大于心”。另一方面，作为张载工夫论另一翼的“知礼成

---

① 刘钊《郭店楚简校释》，福建人民出版社 2005 年版，第 182 页。

② 丁四新《郭店楚简思想研究》，东方出版社 2001 年版，第 234～235 页。

性”主张，更使得张载与“心学”一系有别。

二、知礼、知类与孟子人性论说

在张载工夫论中，除了“大心”，还有“知礼成性”一说。所谓“礼主别异”，礼会牵涉到“知”，尤其是“知类”，在先秦儒家典籍《孟子》和《荀子》中，均有不同的表现和争议。① 同样，在张载这里，礼学不仅是礼的问题，更与致知相关。② 张载对“执礼”有如下的表述：

> 今学者须是执礼，盖礼亦是自会通制之者。然言不足以尽天下之事，守礼亦未为失，但大人见之，则为非礼非义，不时中也。君子要多识前言往行以畜其德者，以其看得前言往行熟，则自能比物丑类，亦能见得时中。③

这里，张载将《孟子》中杜绝“非礼之礼”以求“时中”的方法落实为知识性的工夫，“多识前言往行”，进而“比物丑类”，前者出自《周易·大畜》，后者出自《礼记·学记》。一方面，张载认为“知德之难言，知之至也”；另一方面，张载并不具有任何反智识倾向：

---

① 李巍《“甚僻违而无类”：从荀子对孟子的批评看先秦儒家的“知类”观》，《哲学研究》2011 年第 8 期。

② 丁为祥《虚气相即——张载哲学体系及其定位》，人民出版社 2000 年版，第 257 页。

③ 《孟子说》，《张子全书》卷一六，第 441 页。

凡致思到说不得处，始复审思明辨，乃为善学也。若告子则到说不得处遂已，更不复求。①

张载这段话所要诠释的是《孟子·公孙丑上》所载孟子对告子“不得于言，勿求于心”和“不得于心，勿求于气”的评判，孟子认为前者“可”，而后者“不可”。虽然对《孟子》这段原文，历来有不同的理解，但无论如何，张载此处所论并不贴近原文。张载对“知类”更集中的表述，是在对《孟子·离娄下》“人、禽之辨”一章的解说中，我们先看《孟子》的原文：

孟子曰：“人之所以异于禽兽者几希；庶民去之，君子存之。舜明于庶物，察于人伦，由仁义行，非行仁义也。”

孟子的人、禽之辨强调人性是作为人之为人的特性，进而以此证成仁义内在，亦即其性善论。张载的诠释显然偏离文本原有的思路，他尤其重视其中的“明庶物，察人伦”之说。该说法在《孟子》文本中本来不具备特别突出的地位，但张载特别予以拈出，并反复论述和发挥，与之相关的解说主要有以下几条：

明庶物，察人伦，然后能精义致用，性其仁而行。

“别生分类”，孟子所谓明庶物、察人伦者与！

“明庶物，察人伦。”庶物，庶事也。明庶物，须要旁用。人伦，道之大原也。明察之言不甚异。明庶物，察人伦，皆穷

① 《孟子说》，《张子全书》卷一六，第438页。

理也。既知明理，但知顺理而行，而未尝有意以为仁义。仁义之名，但人名其行耳。如天春夏秋冬，何尝有此名？亦人名之耳。①

从这几条说解来看，至少有几点值得特别注意：（一）孟子“明庶物，察人伦”一句被张载特别提出予以强调，是因为这牵涉到理学中知识地位的问题；（二）张载知识进路的基本途径是“知类”，即知晓事物人伦之类别，其理学中的“穷理”主要在此途径和方式；（三）不论庶物还是人伦的知识，都被张载纳入仁义道德体系之中，或者说，张载的道德观等同于其宇宙论，这也是北宋早期理学的一项基本特征；（四）张载认为“明理”必然会带来“顺理而行”的道德行为，然后人们给道德行为命名，也就是说道德本身并非是以类别为特征的知识。由此可知，在张载看来，“明庶物，察人伦”是道德秩序的知识性基础，主要是通过归纳和类比、类推而获得，而不是“多闻”而“无所发明”的知识零碎累积②，也就是说，知类、知礼之知，并非纯粹的“见闻之知”。进而，如前所言，对于道德修养来说，“知礼”当然就是首要的“知类”了。

于此，我们可以看出，通过对孟子人性论文本的诠释，张载在“德性之知”与“见闻之知”区分之外，尚有“知类”“知礼”之知：有别于见闻之知，这是“穷理”的事情，而且导向仁义道德之实行；实行之后才有仁义道德之类目，实行之前只是知礼、知类。不过，张载似乎既没有说明“知类”“知礼”之知与见闻之知是否

① 《孟子说》，《张子全书》卷一六，第442页。

② 《孟子说》，《张子全书》卷一六，第447页。

存在关联，也没有足够说清“知类”“知礼”之知与道德行为或者德目之间关系如何——这一类问题在后世宋明理学史上引起了争议，并被充分讨论。无论如何，我们可以看出，在知识与道德的问题上，张载同样在理学与心学之间维持着某种平衡与张力，而这也是与他的孟学诠释密不可分的。

三、“圣人观”与孟学传统

以孔子为“圣人”，虽然早在《论语》所载孔门弟子言论中已经看出若干端倪，但从目前传世的文献来看，其全面确立大概还是与孟子有关。我们知道，孟子一方面赞颂孔子是“圣之时者”和“集大成”者（《孟子·万章下》），另一方面表示“乃所愿，则学孔子也”（《孟子·公孙丑上》），进而以道统传承的角度赞美孔子为圣学继承者，其中自然暗含了孟子自己的努力接续之意味（《孟子·尽心下》）。[①] 汉武帝以后，尊孔为圣在中国大概不再有大的异议。

可是，在宋明理学中，从周敦颐开始，由“寻孔颜乐处”而来的“学圣人”在逻辑上导出的“成圣”或“成性”[②] 之可能性的问题，却成为此后理学家所面对的一大热点议题。张载也面临这一问题，他的论述借助于对《周易》“乾”卦的诠释而进行。借助“飞龙在天”的卦象，他设置了三个级别：“始学者”（“有意于未善”）——“大人”（“有意在善”）——“圣人”（“无意为善”）。

---

① 杨海文《〈孟子〉末章与儒家道统论》，《国学学刊》2012 年第 2 期。

② 在张载那里，“成圣”与“成性”是等同视之的，参见《孟子说》，《张子全书》卷一六，第452 页。

其中，从“大人”到“圣人”是一步质的飞跃，所谓“不可阶而升”。笔者数年前曾通过细致的文献考察，论定张载所持的是一种超越的圣人观，即圣人可学而不可至；后世程朱理学对张载思想的道统叙事中，将此一特征有所扭曲。① 张载如此的“圣人观”中，实际上也蕴涵了本文前面两节所讨论的内容，首先是善恶的心学辨析，其次是仁义道德并非现有类目。毫无意外，张载也将此“圣人观”贯彻到了对《孟子》文本的诠释解说中。我们知道，《孟子·尽心下》有这样一段：

> 可欲之谓善，有诸己之谓信，充实之谓美，充实而有光辉之谓大，大而化之之谓圣，圣而不可知之之谓神。

这里分出善、信、美、大、圣、神五级，如果对照前述张载易学诠释中“成圣”的三级模式，可以看出：（一）善、信、美三级并没有得到张载特别的重视。（二）对于“善人”，张载甚至批评其只是“欲仁而未至于学者”，“不践成法”。② 相对于孟子心学所强调的心志存心，张载显然强调学习成法的重要性，这与其思想中知类、知礼的知识论路向密切相关。（三）在“大人”之前，张载一律以“始学者”概括之，这应当也是源自他“穷理知类”的知识学问进路，与孟子心学所展示的善、性、美这些描述用词明显有所不同。（四）在易学诠释中，张载特别拈出“大人”与“圣人”之别，显

---

① 拙作《略论宋代理学与易学之关系——以张载“圣人观”为主的探讨》，《鹅湖月刊》2013 年第 7 期。

② 《孟子说》，《张子全书》卷一六，第 452 页。

然也与《孟子》这段文本有关。（五）张载反对把圣与神分为两截，因此批评庄子“神人”之说。[①] 既然要强调“圣”之不可及，张载就将问题聚焦在如何理解“大而化之”，对此他有不遗余力地反复解说。首先是“气化”作为“化”之实质：

> 气有阴阳，推行有渐为化，合一不测为神。其在人也，知义利用，则神化之事备矣。德盛者，穷神则智不足道，知化则义不足云。天之化也运诸气，人之化也顺天时。非气非时，则化之名何有？化之实何施？《中庸》曰：“至诚为能化。”孟子曰：“大而化之。”皆以其德合阴阳，与天地同流而无不通也。[②]

张载基于气论解释“化”的实质，乃是“与天地同流而无不通”的万物和谐状态；在北宋理学中，天地万物一体的宇宙观和道德秩序往往是同构的。不过，对于张载来说，最重要的是“化”相对于“大”的作用，也就是“圣”之于“大”的飞跃意义，其次才是对《孟子》文本中“大”“圣”“神”的理解；虽然在张载看来，他的理解与孟学传统是一回事：

> 大可为也，大而化不可为也，在熟而已。《易》谓“穷神知化”，乃德盛仁熟之致，非智力能强也。
>
> “大而化之”，能不勉而大也。不已而天，则不测而神矣。

---

① 《孟子说》，《张子全书》卷一六，第453页。

② 《孟子说》，《张子全书》卷一六，第453页。

大几圣矣，化则位乎天德矣。

大而未化，未能有其大，化而后能有其大。

大亦圣之任，虽非清和一体之偏，犹未忘于勉而大耳。若圣人则性之天道，无所勉焉。①

张载紧紧扣住“化”进行诠释，简单地说，他认为“大”仍是“有”，是人为之伪，不免造作，而“化”则“无”，是一种自然而然的境界，是人性、天道的一体；后者境界“不测”，故可言“神”。在张载看来，“神”只是表述“圣”的不可致、不可知，也就是说，“神”只是对“圣”的赞颂描述，因此张载有如下表述：

无我而后大，大成性而后圣，圣位天德不可致思谓神，故神也者，圣不可知。

圣不可知者，乃天德良能。立心求之，则不可得而知之。②

尽管《孟子》文本里谈到了“圣人”之“化”的特性，但张载的诠释是基于新的系统性论述。经典本身的系统性是可疑的，这是经典时代文本写作及其传世历程所导致的特征，但理学家的哲学思想则是系统性的论述。明乎以上，我们也就可以理解张载引“不言而信，存乎德行”来讲孟子所谓“浩然之气”，诸如此类，都源自张载超越

① 《孟子说》，《张子全书》卷一六，第453页。

② 《孟子说》，《张子全书》卷一六，第453页。

的“圣人观”。[1]

结　语

由以上三方面的考察，我们可以看出，张载在“工夫”意义上接受孟子心学式论述，但在“本体”方面，则坚持“性”的绝对性。张载在孟子诠释中非常看重知礼、知类的知识性作用，这本是孟子人性论论述中有所忽略的方面，张载一方面表明德性之知不萌于见闻，另一方面又说明知礼、知类不同于见闻，它们对于道德修养非常重要。张载的圣人观继承了孟学传统中圣人可学而又不可及的表述，以此维持了工夫与本体之间的张力。

除此之外，我们知道，北宋理学的易学其实很大程度上吸收了玄学尤其王弼的思想，其中言、象、意的三层结构尤为突出，张载除了直接用《周易》来解读《孟子》，还大量采用了言意之辨的视角。张载的气论思想也于孟子“养气”之论多有诠释和发明，此无须多言。[2] 可以说，张载思想学说中的要点和所体现出来的特征，大都与其对《孟子》的诠释息息相关。

通过以上对若干细节文本的重新审视可以看出，在理学很多基本问题上，张载保留了张力，甚至可能的冲突与矛盾之处，这种保留很大程度上正是通过对《孟子》文本的诠释来完成的。张载哲学落实为“天道、性命相贯通”的模式[3]，这一模式决定了张载在心、性之间试图维持一个平衡关系。显然，这类平衡的维持并不全是来

---

① 《孟子说》，《张子全书》卷一六，第 438 页。

② 《孟子说》，《张子全书》卷一六，第 453 页。

③ 参看牟宗三《心体与性体》（上）第二部第二章《张横渠对于“天道性命相贯通”之展示》，上海古籍出版社 1999 年版。

自逻辑上，更重要的是来自《孟子》等经典依据的约束性；否则，我们也就很难理解作为更严谨的系统教理，程朱理学经常表现出对张载的诸多不满，而且这些不满多是对张载哲学系统之内在逻辑自洽性的质疑。

道德存在的普遍性维度及其界限

——朱熹对孟子道德哲学的“转戾”与“曲通”

上海财经大学人文学院　郭美华

朱熹之解孟子，有他自身一个完整的系统作为框架，此框架系统无疑逸出孟子哲学的范围，在此我们不能详究。本文只是就孟子道德哲学所蕴含的性与善之主题，以朱熹《孟子集注》为中心展开有限的讨论。简单看，朱熹解孟子，有一个鲜明的强认知倾向，从认知立场为孟子道德哲学做了深一步的廓清；同时，基于认知立场，他将性的普遍确定性加以空前凸显，认为人之为人的本质有一个客观、普遍、超越的性质，而非个体任性；由此，对于善的理解，也就主要显现为某种脱离现实过程的抽象性质。朱熹认知主义立场上的普遍与超越取向，就孟子哲学的心学色彩而言，无疑有许多彼此榫枘不合之处，与性和善的动态生成义也不吻合。但是，朱熹如此解释的背后，却也敞露了个体成就自身的一个基石问题，即个体性的生成本身必须有一个普遍主义的基础，悖于此，根本就不可能有属于人之本质的善，或者说，根本就没有人的本质可言。在朱熹看来，没有普遍之理的确定性，就无以在道德上断是非：“非心通于道，而无疑于天下之理，其孰能之?”① 在某种意义上，理性普遍性与超越本质的证成与呵护，作为个体道德存在的责任，意味着担当和牺牲，这是我们今天尤其要注意的。不过，朱熹或许忽略了，普遍性与超越性的本质与善，并非最终的目的，也非最高的存在，最高的、最为真实的存在，还是具体个体鲜活的自身成就。个体完善与普遍秩序及共同本质的理论合理阐释，迄今仍然在路上；而真实地在切己生存活动中融合二者而在，则更是不断地召唤着新的更为坚韧与自觉的践行。

一、性的理化——性作为确切无疑的理智普遍性及其问题

在《告子上》中，孟子与告子有“杞柳与杯棬之辩”“湍水之辩”“生之谓性辩”等几个争论，这是孟子关于“性”概念的集中讨论。对“生之谓性辩”，朱熹做了一个总结性的诠释：

> 性者，人之所得于天之理也；生者，人之所得于天之气也。性，形而上者也；气，形而下者也。人物之生，莫不有是性，亦莫不有是气。然以气言之，则知觉运动，人与物若不异也；以理言之，则仁义礼智之禀，岂物之所得而全哉？此人之性所以无不善，而为万物之灵也。告子不知性之为理，而以所谓气者当之，是以杞柳湍水之喻，食色无善无不善之说，纵横缪戾，纷纭舛错，而此章之误乃其本根。所以然者，盖徒知知觉运动之蠢然者，人与物同；而不知仁义礼智之粹然者，人与物异也。②

① 朱熹《四书章句集注》，中华书局1983年版，第233页。

② 朱熹《四书章句集注》，第326页。

这段话，可以说是朱熹诠释孟子道德哲学的纲领，其基本的理路就是理气二分架构。就人的实然存在而言，当然无所谓理气二分，理气二分仅仅是对于活生生的人之存在活动的静态的、逻辑的、理智的抽象理解。将人之性归为形而上之天理，将人之生归为形而下之气化，凸显着摒除纷繁杂多之牵扯、以在理智上准确地界划人之存在的目的。人自身作为合群性存在物，或类存在物，在每一个体自我确证之先，他必须先行确证自身归属于一个“类本质”，即一个普遍的规定性。朱熹的道德哲学，其突出之点就在于：在每一个体得以自为成就之先，确定清晰无误的作为所有个体或整个人之类（乃至于所有物）的确切无疑的“本质规定性”。将人的本质与人的生命彼此区分开来，生命整体存在的精神规定性以“天理”作为根据，意味着其超越性，此超越性强化了其普遍有效性——此一普遍有效的本质规定性，具有理性主义色彩，它排除个体性神秘主义的自圣化顿悟，只要运用理性之思，每一个体都能抵达对于此一普遍之理的领悟，亦即领悟“性者，人生所禀之天理也”①。

天理，在本质上意味着生命进程的某种悬置，即以纯粹理智思考确定自身之际的“止”：获得对于确切无疑的本质、秩序的领受（领悟与接受），以此为基，人生再行启程。如此悬置之止，是理智认知对于生命存在加以反思的必然环节，是心的明觉之思对于生命整体的本质构成性取得相对独立的形态。

在总体上，孟子道德哲学作为心学肇端，其所谓仁义礼智、良知、良能以及善等，在明暗之喻与机巧之辩的相互纠结中，不乏神

---

① 朱熹《四书章句集注》，第325页。

秘与晦涩不清之处。孟子对于理智之凿的反对①，以及强调思乃内在于生命活动之觉悟②，使得作为普遍道德规定性的人之本质晦暗不明。孟子突出思，是具有内容的内在领悟，而内容往往就是个体性的道德活动。如此而言，孟子的思，因其内容的个体性，而无法完全给出一个对所有人有效的普遍性。尽管在孟子的思考中，已经对于普遍性有着关注，但是孟子道德哲学中的普遍性，具有一些特殊的意义。一方面，正如戴震所指出的，孟子强调"心之所同然为理义"，这是突出普遍性，但是，如果以个体性为内容，这个普遍性根本就无法达成③；另一方面，孟子基于具体行事活动的普遍性，是一种具体普遍性或器用普遍性，其间充满了灵活性和不确定性，而非

---

① 孟子曰："天下之言性也，则故而已矣，故者以利为本。所恶于智者，为其凿也。如智者若禹之行水也，则无恶于智矣。禹之行水也，行其所无事也。如智者亦行其所无事，则智亦大矣。天之高也，星辰之远也，苟求其故，千岁之日至，可坐而致也。"（《孟子·离娄下》）智者之凿，如鲧之治水，在真实流动的水之外，用理智抽象地构造水的本质，结果与水的实情全不相侔；大禹之治水，即以真实之水的流动本身为本，而不在其外思辨地悬设一个第三者作为水的本质，如此则顺水而治。如此说法，具有一种文学或诗学的表达魅力，但并不具有理智思辨的清晰性。

② 《孟子·离娄上》："诚者天之道也，思诚者人之道也。"最为基本的涵义就是思以天道之诚为真实的内容，而非无内容的纯粹理智思辨。在《告子上》中，孟子为了表达内容对于思的先在性，频繁使用了否定性的语句（"弗思"）来表达思（如"仁义礼智，非由外铄我也，我固有之也，弗思耳矣""拱把之桐梓，人苟欲生之，皆知所以养之者，至于身，而不知所以养之者，岂爱身不若桐梓哉？弗思甚也""耳目之官不思而蔽于物，物交物，则引之而已矣。心之官则思，思则得之，不思则不得也。此天之所与我者，先立乎其大者，则其小者弗能夺也。此为大人而已矣""欲贵者，人之同心也。人人有贵于己者，弗思耳"等），以达到在突出思的同时又不穿凿而自私用智，本质上就是强调思是内在于生存活动并以生存活动本身为内容的领悟。

③ 参见郭美华《"一本"与"性善"——论戴震对孟子道德本体论的圆融与展开》，《哲学研究》2013年第12期。

理智抽象的确切无疑的普遍性。[1]

同时，当活生生的生命存在被理智静观地加以剖析之际，精神规定性归之于天理，相应地，人的物质规定性便归之于气化。天理是理智思辨的形式本质，气化则是理智思辨的质料本质。表面上，理才是对于人的普遍本质的界定。但实质上，气和理是理智对于人自身加以普遍化的同一进程的两个方面，是相伴相生的两个方面。气本身作为理解人之生命的质料本质，也是普遍性的。恰好在此值得注意：孟子具有内容的普遍性必须以不定之气为基底，因此其普遍性无法抵达确切无疑的理智确定性；而朱熹以气为普遍而确定性的质料，则剔出了其具体性内容，使得理的确切无疑的理智确定性得以可能。而在朱熹看来，理的确切无疑性，则只具有抽象形式性而非具体内容性。

因此，理气二分以及个体性内容的剔出，使得朱熹能通过理智抽象，在确切无疑的普遍性意义上确定人的本质，并归之于天理。如此理智的抽象剖析，在理气的逻辑架构中，活生生的人本身是暂时被悬置而隐匿的。

然而，朱熹理气二分对于性的解释，引出一个比较棘手的问题，即理智抽象的普遍本质，如何诠释人物之别？

这个问题，在朱熹是有一些复杂的纠缠。人与物的区别，从孟子开始就是儒家道德哲学的一个前提性问题。在朱熹，对这个问题的解释，一方面是本体论上的同异之辩（二者的根据同异问题，可以说是体上的同异问题），一方面是道德/价值—工夫论上的同异之辩（在人的行动中如何差别对待的问题，这可以说是用上的同异问题）。人与禽兽乃至草木等，其本体论上的根据都是相同的“理”与“气”，本体

---

① 参见郭美华《政治儒学与普遍主义》，《思想与文化》第20辑。

论上根本无以区别。但是人与包括禽兽在内的万物之事实区别，又不能不加以理论的解释。因此，朱熹以为人与动物在“气”上相近（知觉运动相似），而在“理”上不同（人有仁义礼智，禽兽则无）。① 实

---

① 在《答黄商伯》中，朱熹有一个说法，更可以见其搅扰：“论万物之一原，则理同而气异；观万物之异体，则气犹相近而理绝不同也。气之异者，粹驳之不齐；理之异者，偏全之或异。”（《晦庵先生朱文公文集》卷46，《朱子全书》第22册，上海古籍出版社、安徽文艺出版社2002年版，第2130页。）在《孟子集注》里面许多其他说法，也可以显示朱熹在此问题上的搅扰：“盖人之于禽兽，同生而异类。故用之以礼，而不忍之心施于见闻之所及。”（《四书章句集注》，第208页。）“盖天地之性，人为贵。故人之与人，又为同类而相亲。是以恻隐之发，则于民切而于物缓；推广仁术，则仁民易而爱物难。今王此心能及物矣，而其保民而王，非不能也，但自不肯为耳。”（《四书章句集注》，第209页。）“盖骨肉之亲，本同一气，又非但若人之同类而已。故古人必由亲亲推之，然后及于仁民；又推其余，然后及于爱物，皆由近以及远，自易以及难。”（《四书章句集注》，第209～210页。）实质上，朱熹忽略了孟子哲学中的真正本体论基石（即具体行事活动的本体论意义），从而没有看到在孟子中，人性本身基于一个能动的自觉选择及其行动而得以区别人与禽兽、人与人。比如，其一，孟子认为，人之能自觉地选择其性是人之本质的更为关键之处。孟子说：“口之于味也，目之于色也，耳之于声也，鼻之于臭也，四肢之于安佚也，性也，有命焉，君子不谓性也。仁之于父子也，义之于君臣也，礼之于宾主也，智之于贤者也，圣人之于天道也，命也，有性焉，君子不谓命也。”（《孟子·尽心下》）朱熹没有看到其中蕴含的自觉能动的选择本身是人之更为本质之处，反而以天赋气禀为说，说明他未曾自觉到理智的抽象不能解释人与禽兽、人与人之间相区别的困境。其二，人之性，在基于人自觉自主的行为，自主选择其自身的内容，并以此内容而与禽兽和他人相区别。孟子说：“君子所以异于人者，以其存心也。君子以仁存心，以礼存心。仁者爱人，有礼者敬人。爱人者人恒爱之，敬人者人恒敬之。有人于此，其待我以横逆，则君子必自反也：我必不仁也，必无礼也，此物奚宜至哉？其自反而仁矣，自反而有礼矣，其横逆由是也，君子必自反也：我必不忠。自反而忠矣，其横逆由是也，君子曰：此亦妄人也已矣。如此则与禽兽奚择哉，于禽兽又何难焉？是故君子有终身之忧，无一朝之患也。乃若所忧则有之：舜人也，我亦人也，舜为法于天下，可传于后世，我由未免为乡人也。是则可忧也。忧之如何？如舜而已矣。若夫君子所患则亡矣。非仁无为也，非礼无行也。如有一朝之患，则君子不患矣。”（《孟子·离娄下》）这一章，朱熹的《孟子集注》几乎忽略了。人的本质以及相应人与动物、人与他人之间的区别，只有根据行动与觉悟相统一的具体行事活动及其展开，才能得以说明。朱熹从抽象理智虚构的理—气世界来解释现实人性，不但不能合理地诠释其差异，而且抹灭了真正个体性差异的可能性。

质上，朱熹这个说法，根本无法解释人为什么会有仁义礼智的道德，而动物则没有道德。而且，在人与动物区分的意义上，还得进一步对人与人加以区分。在某种意义上，朱熹在本体论上对人与物的无以区分，与在道德/价值—工夫论上的截然划分，含蕴着更为曲折的隐义。

孟子本来有一个说法："人之所以异于禽兽者几希，庶民去之，君子存之。"(《孟子·离娄下》)孟子将禽兽、庶民与君子放在一起来加以区分、比较，其间涵着很多复杂的义理分疏。朱熹的解释，可以说就是一个对此加以清晰化的尝试："人物之生，同得天地之理以为性，同得天地之气以为形。其不同者，独人于其闻得形气之正，而能有以全其性，为少异耳。虽曰少异，然人物之所以分，实在于此。众人不知此而去之，则名虽为人，实无以异于禽兽。君子知此而存之，是以战兢惕厉，而卒能有以全其所受之理也。"① 理智抽象所得的理、气，本来是去除了现实多样性的普遍之物，指向"万物之所同"；但是，普遍而同的抽象规定性，却又要解释万物的现实差异性。所以，在人性问题上，朱熹的理气架构，就是以牺牲现实差异性、多样性为代价，而追求普遍确定性和理智纯粹性。归根结蒂，朱熹理气架构的人类生存解释，无疑是一种"精致化的天命论"——一方面，无论现实具体之物多么纷繁复杂，不管知与不知，它们的最终本质都是同一个"理"；另一方面，现实的一切差异与多样性，都是气化而成，而且气化还是依理而行，只有对理的知与否的区别，没有有理与无理的区别。本质上，朱熹所谓气化，不过是"理化世界"的反面表述而已。如此，人与动物的区别是"天理如

---

① 朱熹《四书章句集注》，第293～294页。

此”，人与人的区别也是“天理如此”。

“生之谓性辩”显明的主题是生命自身与生命本质之间的内在关联。朱熹通过将性理化，从而使之与生命本身脱离。由此，他所理解的生命活动本身，就成为没有本质的纯粹动物般的本能性活动：“生，指人物之所以知觉运动者而言。告子论性，前后四章，语虽不同，然其大指不外乎此，与近世佛氏所谓作用是性者略相似。”① 朱熹反对心学乃至以陆九渊为告子，都是基于“作用是性”的看法。所谓作用是性，即以为日用常行之举手投足的活动本身，或者所谓知觉运动就是人的本质所在。朱熹认为，这种举手投足的身体性知觉运动，人和动物本没有什么差别。心的活动，即使是思，也是一种气化性身体活动，它不能就是人的本质。心、性、理的关系上，朱熹强调性即理，而反对心即理。在道德哲学领域，从逻辑上说，他要突出的是：认识活动本身与其所确认的确切无疑的普遍性本质是相互区别的，在“存在”或“实存”的意义上是相区别的——认识活动总是个体性的，羼杂各种偶然性、不确定杂质的现象性事物，而理则是纯净无染的、剔除了各种个体性杂质的、超越的普遍性精神。简言之，在道德认识之域，能觉与所觉具有本质的不同。能觉是个体性的活动，所觉是超越的普遍性本质。个体的本质只有以理为源才能得到确定，而不能以自身杂乱的知觉运动为据，此为性即理而非心即理。唯有如此，理才能持存其确切无疑的普遍性。

不过，必须看到，朱熹强调性即理而非心即理，当他简单地断定心即理是“作用即性”时，则是一种对于心学道德立场的歪曲。就道德哲学而言，更为重要的是如何道德地行动，具体道德行动本

---

① 朱熹《四书章句集注》，第326页。

身具有决定性的意义。没有任何道德行动的道德哲学本身就是不道德的。从重视行动出发，任何作为人之本质的规定性，如果不由道德践行活动实现、显露出来，都是不真实的虚假之物。因此，当心学的极端以为良心或良知或本心就是当下活动，而易于陷入以作用为性时，朱熹对作用即性的批评是有道理的。尤其当有些自我珍视者，进而自圣化，以一己之心为天地之心，朱熹的批评尤为值得重视。但是，朱熹批评一切作用，脱离一切现实活动而彰显天理本质的做法，在逻辑上却陷入自相矛盾：没有心的灵明觉知的认识，普遍超越的天理如何显现自身？心的灵明觉知，显然是超越而普遍的天理作为本质得以显现的前提（朱熹并不认可那种天理自行显现、实现自身的绝对之说）。我们需要意识到：朱熹自己是一个特殊“个体”，所谓“超越而普遍的本质之物”是“朱熹”那个“特殊个体”“觉悟到”的某种天理。在此意义上，朱熹所谓性即理，简单而片面地排斥“作用”，可以说是转化了的、更强意义上的隐秘的心即理。实质上，心学的立场，较为平实的说法，是“作用见性”而非“作用即性”。朱熹以告子为“作用即性”，摈弃了一切现实的活动，而走向理智抽象的超越精神规定，反而以不同通道走向了与告子相同的立场——脱离现实生存活动而虚构人的本性（尽管告子虚构的是自然本性，朱熹虚构的是逻辑或理智本性）。

要言之，在孟子那里，他与告子关于“生之谓性”的辩论，不是要与告子一样离生言性，而是坚持即生言性，只是孟子所理解的人之生，不同于犬牛羊之生。人与动物的不同，不是理智抽象的本质性不同，而是现实的生存活动、生命存在活动不同。人的性，恰好就要在人之生命活动与犬牛羊的动物活动不同之处显现、实现出来，此即为作用见性。

性之走向理性普遍性与确定性，是与朱熹突出知的优先性相适应的。孟子说自己“我知言，我善养吾浩然之气”（《孟子·公孙丑上》），知言与浩然之气之间的具体关系，本来应该是内外本末交相培养而一体不分的，但朱熹解释为，知言是知道义，养气是配道义，从而知言作为知，就先于养气之作为行：“盖惟知言，则有以明夫道义，而于天下之事无所疑；养气，则有以配夫道义，而于天下之事无所惧，此其所以当大任而不动心也。”①

对于自任心性之流弊，朱熹有清醒的自觉。比如他针对《论语》关于“三年之丧”的出名讨论，这样解释：“其曰安则为之者，乃深责而痛绝之辞也，岂使之真以为安而遂为之也哉！若如其言，则圣人之所以垂世立教者，初无一定之则，直徇世俗情意之厚薄，使人之自为礼，而不虑夫坏法乱纪之原自我始也。”② 突出道德礼仪（以及其后之理）的普遍性、确切无疑性，这是道德之为道德的崇高性与尊严性的重要之处。单纯地自任其心，往往易于引向自任其情意而悖理乱行。

二、道德原则的普遍有效性及其超越性走向

在一定意义上，将人性抽象地加以理化，与将仁义抽象地天理化，是朱熹注重普遍规定性的两个统一方面。朱熹说：“天者，理而已矣。”③ 这就是将人性的理化与仁义的理化统一起来。朱熹强调义作为道德原则是天理的表现，而与人欲对立起来，突出了义的超越

① 朱熹《四书章句集注》，第231页。

② 朱熹《四书或问》，上海古籍出版社2001年版，第383页。

③ 朱熹《四书章句集注》，第215页。

性："义者，天理之所宜。利者，人情之所致。"① 并且，他将仁义视为天生固有的"公"，而利则是基于形体的人欲之"私"。朱熹注释《孟子》开篇孟子回答梁惠王"何必曰利"章有个概括性的说法：

> 此章言仁义根于人心之固有，天理之公也。利心生于物我之相形，人欲之私也。循天理，则不求利而自无不利；殉人欲，则求利未得而害已随之。所谓毫厘之差，千里之缪。此《孟子》之书所以造端托始之深意，学者所宜精察而明辨也。②

将人欲归结为"物我相形"，实质上就是说人欲属于现实生存之需；而将仁义抽象为天理之公，与将人之性理化，二者是完全一致的。如此，通过将人性理化与将仁义天理化，以抽象普遍的人性与抽象普遍的理二者"本质一致"的方式，解决了普遍道德原则与个体道德主体之间的合一问题。

在朱熹看来，善就是一种天下普遍之物。他解释孟子"大舜有大焉，善与人同"说："善与人同，公天下之善而不为私也。"③ 善的本质含义，根基于具体行事活动的自为肯定与自为实现，内涵着个体性自我成就之意。朱熹以"公天下之善而不为私"，抑制了善的个体性实现的一面，而特别突出了善的普遍有效性的一面。而且，朱熹在将孟子的人性与仁义"理化"的过程中，突出天理与人欲的

---

① 朱熹《四书章句集注》，第 73 页。
② 朱熹《四书章句集注》，第 202 页。
③ 朱熹《四书章句集注》，第 239 页。

对峙，也将孟子政治哲学中对于一般人（庶民）的物质财富保障与对治国者的仁义要求混而为一，将存天理灭人欲当作了对于所有人的普遍要求：

> 盖钟鼓、苑囿、游观之乐，与夫好勇、好货、好色之心，皆天理之所有，而人情之所不能无者。然天理人欲，同行异情。循理而公于天下者，圣贤之所以尽其性也；纵欲而私于一己者，众人之所以灭其天也。二者之间，不能以发，而其是非得失之归，相去远矣。故孟子因时君之问，而剖析于几微之际，皆所以遏人欲而存天理。①

孟子突出的是好货、好色“与民同之”，要求国君（齐宣王）能使民众得到物质财富的保障（养生丧死无憾），而政治上的仁义，就是民之得财色而自遂其生。朱熹则将遏制物质欲望的满足作为一种普遍性的要求，不单单是对国君、士，而且指向所有人，包括民众，并以天理作为超越的根据。如此指向，强调“善与利，公私而已矣”②，就其实际效果而言，无疑使得在上者“以理杀人”（戴震语）——表面上以天理作为普遍要求制约民众的合理生活要求，而自身却不受监督地满足自己的私欲。

义作为道德原则或道德规范，朱熹强调：“义者，人心之裁制。”③ 但是，人心裁制的能力，实现于具体情境或具体行动之中，

---

① 朱熹《四书章句集注》，第219页。
② 朱熹《四书章句集注》，第356页。
③ 朱熹《四书章句集注》，第231页。

往往受具体性因素的影响，使得具体行事活动出现灵活性。灵活性本身可以说也是“义”的一种表现，不过，在朱熹看来，作为人心裁制的义，具有对于任何具体行事的先验性，他以此先验性来担保义的普遍性。朱熹解释孟子的“集义”时说：“集义，犹言积善，盖欲事事皆合于义也。”① 使得具体的每一事、每一行动合于“义”，表明义是在任何具体行动、做事之先的规范，从而是先验之物。就此而言，朱熹这里所谓“人心之裁制”，并非现实活动，而是一种抽象的理智设定。朱熹在解释“知言”时说：“人之有言，皆本于心。其心明乎正理而无蔽，然后其言平正通达而无病……非心通于道，而无疑于天下之理，其孰能之？”② “道者，天理之自然。”③ 可以看出，心、义、道、理本身都被理解为脱离了具体行事的抽象之物：“义者，宜也，乃天理之当行，无人欲之邪曲，故曰正路。”④ 在此，朱熹又将义理解为敬：“义主于敬。”⑤ 敬是富于情感的精神觉悟状态，朱熹将敬与天理合起来理解“义”，作为道德规范的义，脱离了孟子“从兄事亲”的具体生存活动，而越发走向超越性了。进而，孟子哲学中与“动”一体的“诚”“善”⑥，也被朱熹引向了超越性：“诚者，理之在我者皆实而无伪，天道之本然也；思诚者，欲此理之

---

① 朱熹《四书章句集注》，第 232 页。

② 朱熹《四书章句集注》，第 233 页。

③ 朱熹《四书章句集注》，第 231 页。

④ 朱熹《四书章句集注》，第 281 页。

⑤ 朱熹《四书章句集注》，第 287 页。

⑥ 《孟子·离娄上》中孟子强调的是明善诚身而动，明、善、诚、动四者一体不分：“诚身有道：不明乎善，不诚其身矣。是故诚者，天之道也；思诚者，人之道也。至诚而不动者，未之有也；不诚，未有能动者也。”

在我者皆实而无伪，人道之当然也。”① 本来，思在孟子哲学里不过就是明之得以实现的活动，诚、思/明与善、动是浑然一体的，但在朱熹这里，通过将诚与思理化，而实现了“人道之当然”与“天道之本然”的超越性和确定性。

这显然是在追求道德主体、道德法则的纯粹性与确定性。对于纯粹性和确定性的追求，可通过柏拉图《斐多》篇的一段话来理解：

> 一个人观察事物的时候，尽量单凭理智，思想里不搀和任何感觉，只运用单纯的、绝对的理智，从每件事物寻找单纯、绝对的实质，尽量撇开视觉、听觉——一句话，撇开整个肉体，因为他觉得灵魂有肉体陪伴，肉体就扰乱了灵魂，阻碍灵魂去寻求真实的智慧了。②

在一定意义上，单纯思辨地理解肉体和灵魂的二元对立本身就是理智的抽象了，因为肉体和灵魂统一的真正根基是真正的“必有事焉”。脱离具体行事活动而追求纯粹性与确定性，就会把肉体与理智分开：

> 我们追求的既是真理，那么我们有这个肉体的时候，灵魂和这一堆恶劣的东西搀和一起，我们的要求是永远得不到的。因为这个肉体，仅仅为了需要荣养，就产生没完没了的烦恼。肉体还会生病，这就阻碍我们寻求真理。再加肉体使我们充满

---

① 朱熹《四书章句集注》，第282页。

② 柏拉图著，杨绛译《斐多》，辽宁人民出版社2000年版，第16页。

了热情、欲望、怕惧、各种胡思乱想和愚昧，就像人家说的，叫我们连思想的功夫都没有了。①

孟子所谓“不忍人之心”，其真实的含义，与“乍见孺子将入于井”的具体情境浑然不可分离。朱熹为了突出其超越性，就赋予了一个“宇宙论”的意味：“天地以生物为心，而所生之物因各得夫天地生物之心以为心，所以人皆有不忍人之心。”② 脱离了具体行动情境的不忍人之心，一方面获得了摈除偶然性因素的必然性，一方面却蕴含着从抽象跨入具体的困境。在孟子，仁就是一种具体生存处境及其内在的生动选择：“孔子曰：‘里仁为美，择不处仁，焉得智?’夫仁，天之尊爵也，人之安宅也。莫之御而不仁，是不智也。”（《孟子·公孙丑上》）朱熹为了突出仁自身的理性确定性，便引向抽象的理解：“仁、义、礼、智，皆天所与之良贵。而仁者天地生物之心，得之最先，而兼统四者，所谓元者善之长也，故曰尊爵。在人则为本心全体之德，有天理自然之安，无人欲陷溺之危。人当常在其中，而不可须臾离者也，故曰安宅。”③ 脱离具体存在之境的理智抽象物，具有某种超越性，也就是由此而有其普遍有效性。但是，这种普遍有效性是纯形式意义的确定，就其实质而言，反而毫无有效性。

因为与具体情境浑然不可分，所以在孟子道德哲学中，作为“普遍性”之表达的是“规矩”：“规矩，方员之至也；圣人，人伦

---

① 柏拉图著，杨绛译《斐多》，第16～17页。

② 朱熹《四书章句集注》，第237页。

③ 朱熹《四书章句集注》，第239页。

之至也。”（《孟子·离娄上》）规矩本身是一种具体性器具，因为它以人的行事活动为基，规矩可以说是器具普遍性或具体普遍性。圣人也是因为其“行事”之切己而昭示每一个体的反求诸己，而不是圣人成为千篇一律的模子。但在朱熹的解释中，规矩成为方圆之理的载具，圣人成为人道的载具，由此湮没了具体性的规矩与圣人，突出了超越而普遍的道或理：“规矩尽所以为方员之理，犹圣人尽所以为人之道。”① 每一个体的具体生存活动，并非“普遍性”所能囊括，但是，在朱熹这里，为着消解个体任性而追求普遍确定性的认知努力走向了另一个极端，即消解了活生生的具体生存活动本身。

三、善的先天性及其推扩困境

孟子关于人的善，通常的诠释，就是点出孟子强调人有先天或天生的四端之心，而此四心的实质的内容都是道德上的善，因此，将天生或先天的善端，在后天的实际人生活动中实现出来，就是人的善。这种理解，实质上就是以理智抽象的先天之善，作为后天经验活动的规定性和标准。其间的难题在于：如何从先天精神性过渡为经验性现实活动？这里面无疑有一个理论上的鸿沟难以跨越。这种困境也就是朱熹以认知取向诠释孟子哲学的困境。

实质上，基于具体行事活动而理解孟子道德哲学，其核心概念性和善都具有“动词性意义”，从而孟子哲学中的推扩问题，就能得到自然而然的理解，即从现实性展开与实现来理解。但朱熹理解性

---

① 朱熹《四书章句集注》，第 277 页。具体可参见郭美华《认知取向的扬弃——〈孟子·告子上〉“生之谓性”章疏解》，《中山大学学报》（社会科学版）2018 年第 4 期；《儒学政治与普遍主义》，《思想与文化》第 20 辑。

善，突出认知的超越性与普遍性，推扩就成为一个大问题，即其中蕴含着一个先天之性、抽象之善到现实之性与善的跨越鸿沟。朱熹的解释导致了一个更大的难题：抽象的普遍人性与抽象的普遍之理，如何具体而现实地实现在现实行动之中？基于形体的现实存在，与抽象的理世界之间，如何在实践之中彼此融合？换言之，具体现实之人在其切己行动中如何引用普遍原则，何以可能？

在心学系统中，善被理解为一种“动态”的东西。这在孟子以及大程、阳明乃至王夫之和戴震那里都是如此。但在朱熹这里，性明显被理解为一种理智抽象物，相应地，善就成为一种形容词性质的东西。善仅仅是性的性质，亦即对于一种理智抽象的超越精神实体（性）而言，它具有善的性质。

如上所述，朱熹将性理化指向超越之物，相应地，也就将善理解为了超越物的性质：“性者，人所禀于天以生之理也，浑然至善，未尝有恶。”[①]“性即天理，未有不善者也。”[②]“人有是性，则有是才，性既善则才亦善。人之为不善，乃物欲陷溺而然，非其才之罪也。”[③]“盖气质所禀虽有不善，而不害性之本善；性虽本善，而不可以无省察矫揉之功，学者所当深玩也。”[④]善作为抽象之天理的“性质”，完全脱离了人的具体行事活动，但又要实现于人的具体行事活动之中。纯善无恶的天理，或天理的纯善无恶，如何实现在具体行事活动之中？这就是朱熹性善论乃至于一切抽象人性论理解中很大的一个困境。对“湍水之辩”，朱熹解释说：“此章言性本善，

---

① 朱熹《四书章句集注》，第251页。
② 朱熹《四书章句集注》，第325页。
③ 朱熹《四书章句集注》，第328页。
④ 朱熹《四书章句集注》，第329页。

故顺之而无不善；本无恶，故反之而后为恶，非本无定体，而可以无所不为也。”[①] 表面上看，性本善，顺之而为善，很简单、容易的样子。但问题在于，为什么人不能顺性呢？顺性与逆性的根据，不在那个被抽象为先天之善的性里，即活生生的现实生存活动本身并不囿限在抽象理智的先天性理世界之中。

在孟子哲学中，有一个推扩的问题。《孟子·梁惠王上》有一段孟子与齐宣王讨论行仁政的问题，其中关于“善推”有一个经典的讨论：

> 老吾老，以及人之老；幼吾幼，以及人之幼，天下可运于掌。《诗》云：刑于寡妻，至于兄弟，以御于家邦。言举斯心加诸彼而已。故推恩足以保四海，不推恩无以保妻子。古之人所以大过人者无他焉，善推其所为而已矣。今恩足以及禽兽，而功不至于百姓者，独何与？权，然后知轻重；度，然后知长短。物皆然，心为甚。王请度之。

齐宣王不忍见牛之觳觫发抖而以羊易之，这个“以羊易牛”的行为本身究竟具有什么意义？齐宣王舍不得杀牛，但何以舍得杀羊呢？齐宣王本人不知道其间的道理。百姓只是见牛大而羊小，所以觉得齐宣王是吝啬。孟子却觉得齐宣王这不是吝啬，而是“仁心”或不忍之心。但齐宣王什么舍得杀羊而不舍得杀牛呢？孟子解释说：“是乃仁术也，见牛未见羊也。君子之于禽兽也，见其生，不忍见其死；闻其声，不忍食其肉。是以君子远庖厨也。”（《孟子·梁惠王

① 朱熹《四书章句集注》，第326页。

上》）就根本义理而言，孟子的意思就是要引出一个仁心或不忍人之心的真实存在状态，即仁心或不忍人之心只有在“见在”——与他物共在的具体情境之中，才能自然而然地实现在他物身上。具体的共在情境，是仁心或不忍人之心的本体论前提。

面对如此具体性情境，朱熹简单地抽象为：“王见牛之觳觫而不忍杀，即所谓恻隐之心，仁之端也。扩而充之，则可以保四海矣。故孟子指而言之，欲王察识于此而扩充之也。”① 将具体性情境抽象化为单一的精神规定性，这是普遍主义认知进路的基本手法之一。而真正的道德生存论，如此具体性情境是不能化约的。朱熹将“见在”的具体性情境化约为“单一的精神性之端”，这在他解释孟子的四端之心时，将善理解为先天性的存在物（抽象的超越规定性），有突出的说明：“端，绪也。因其情之发，而性之本然可得而见，犹有物在中而绪见于外也。”② 端本来就是已有所萌发之状（是已然现实的存在状态），朱熹理解为“绪”，也是可以的。但是，恻隐、羞恶、辞让、是非等被视为绪，是“已发之情”或“情之已发”，是现实性的“作用表现”，由此表现，逆推了一个“端绪”后面的本善之物。也就是说，孟子讨论人的善，是从人的萌芽生发状态开始，而朱熹从萌芽之现实生存状态，回溯逆推了一个“种子”作为善之本体。种子之善是一种从萌芽“逆推”而有的善，但种子之善被视为萌芽之善的本体。在此意义上，种子之善，就是先天之善；朱熹即以此先天种子抽象之善取代了孟子后天现实之善。

本来，在孟子看来，“能而不为”的困境，恰好在于有心而不在

① 朱熹《四书章句集注》，第208页。

② 朱熹《四书章句集注》，第238页。

其境，就是心脱离了其应当处身其中的具体情境（这在孟子与告子不动心的区别之中、心与气二者关系的讨论中确定）。[1] 朱熹不能看到孟子所说的“见在之境”对于道德行动的本质性意义，从而陷入从内在精神规定性推扩到外在经验行动的动力难题。

实际上，由于羊不“见在”而牛“见在”，所以齐宣王就“以羊易牛”了。当孟子诘问“今恩足以及禽兽，而功不至于百姓者，独何与”，恰好突出的是齐宣王自身没有处在与百姓一体而在的具体之境中。因此，所谓“善推其所为”，明明是“推所为”，而非推行其心。也就是说，善推其所为的意思，不是从内在或先天精神性推到外在或后天经验性，而是具体见在活动中的“由此及彼”“由浅及深”，是具体活动内容因随具体情境的变化而变化。

朱熹对“以羊易牛”的解释，显然走向了脱离具体行动及其具体情境的方向：“盖杀牛既所不忍，衅钟又不可废。于此无以处之，则此心虽发而终不得施矣。然见牛则此心已发而不可遏，未见羊则其理未形而无所妨。”[2] 在此，朱熹的这个说法，可以引出很荒谬的结论——未见羊杀羊无妨，那么，未见人杀人岂非也无妨？将人与禽兽的区别理解为抽象的理智规定，再将人自身理解为理智抽象的本质，在纯粹抽象的理智规定性世界里打转，如此简单的问题，反而错谬百出。

而朱熹在解释“善推其所为”之际，则说：“故古人必由亲亲推之，然后及于仁民；又推其余，然后及于爱物，皆由近以及远，自

---

① 参见郭美华《境界的整体性及其展开》，《中国哲学史》2011 年第 3 期。

② 朱熹《四书章句集注》，第 208 页。

易以及难。”① 由近以及远、自易以及难，抽象说没有问题。但是，深入看朱熹的说法，由亲亲→仁民→爱物的推导中，实质上不是真实的行动的展开，而是纯粹逻辑的说明。而且，“必由亲亲推之”的说法，也并不是以亲亲作为源初的具体生存活动境域，而含有一个将“心或理”先由“亲亲”而“行之”之意。

所以在此章之末，朱熹总结性地说：“此章言人君当黜霸功，行王道。而王道之要，不过推其不忍之心，以行不忍之政而已。”② 朱熹的解释，明显就是“推心”而非“推行”。孟子说“举斯心加诸彼”，不是孤立无内容的心，而是老吾老之心用于幼吾幼，是亲亲之心行于众人以及邦国，即“善推其所为”，朱熹引杨氏之语，只是片面地突出“举斯心加诸彼”，便把心视为抽象的、超越于具体行事活动的存在物了。朱熹这个解释，以君王领悟其自身仁心为仁政之本，不但昧于孟子以性善作为现实政治之批判的意义，而且，陷于政治上幼稚的道德理想主义而不自知。

与“推”这个说法相类似的是“充”这个概念，所以“推扩”也可以说为“扩充”。孟子说：

> 凡有四端于我者，知皆扩而充之矣，若火之始然，泉之始达。苟能充之，足以保四海；苟不充之，不足以事父母。（《孟子·公孙丑上》）

朱熹解释说：

---

① 朱熹《四书章句集注》，第209~210页。

② 朱熹《四书章句集注》，第212页。

扩，推广之意。充，满也。四端在我，随处发见。知皆即此推扩，而充满其本然之量，则其日新又日新，将有不能自已者矣。能由此而遂充之，则四海虽远，亦吾度内，无难保者；不能充之，则虽事之至近而不能矣。①

在这个四端之心的叙述之中，孟子前面说“人皆有不忍人之心。先王有不忍人之心，斯有不忍人之政矣。以不忍人之心，行不忍人之政，治天下可运之掌上”，这个说法成为很多所谓孟子政治哲学以善心担保善政的依据，并以为扩充就是把先天精神实现到经验现实中，其实不然。孟子提出这个说法，是一个“待证”的命题，其证明就是后面“所以谓”的内容。证明的关键在哪里呢？就是“乍见”而排除一切理智的考虑（即排除纳交、要誉、恶其声的理智反思原因），突出其自然、油然之意。由此，孟子提出四端之心“人皆有之”的主张。这意味着，不忍人之心作为善心的绽现，是人自身存在不受外在扭曲而如其自身的绽露（孟子提到的纳交、要誉、恶其声三种因素，实际表征着被扭曲的行动境遇，而最大的境遇就是政治及其制度）。恻隐之心的绽露，他人已然先在；羞恶之心的绽露，自身生命活动已然先行开启；辞让之心的绽露，基于外物的人与人的关系已然先在；是非之心的绽露，心思活动已然先行展开。端是已然萌发的源初浑然整体，而不是一个孤零零的精神实体无依无靠地自存在那里。当孟子强调“充”的时候，就是以此已然开启、展开的道德生命活动，自觉以力行而完善自身。简言之，孟子的“不忍人之心”与“乍见孺子将入于井”是浑然一体而显，是不可分割

① 朱熹《四书章句集注》，第238页。

的。在朱熹的理解中，所谓扩充，突出了“四端在我”“本然之量”“四海在吾度内”等，使得整体性的具体境域仅仅成为被内在精神加诸其上的消极之物。从而，外物或环境何以与内在道德规定性具有一致性的问题，以及经验活动之心如何引用先天道德规定而行动的问题，便成为无法解决的困难。

深入地看，朱熹的如此思路，蕴含着一个明显的“逆转”——即他先从人的具体现实性抽象出一个先天的善；然后又从这个先天的善出发来论证、担保后天的善。朱熹解释“不忍人之心”（四端之心）时说：“恻隐、羞恶、辞让、是非，情也。仁、义、礼、智，性也。心，统性情者也。端，绪也。因其情之发，而性之本然可得而见，犹有物在中而绪见于外也。”[①] 显然，所谓“本”并非直接呈现物，而是基于直接呈现物的理智追溯与推定——这是从现实进行的理智抽象，如此得出的先天之善（本体或天理），实质上后于人的具体现实之在。朱熹总结说：“此章所论人之性情，心之体用，本然全具，而各有条理如此。学者于此，反求默识而扩充之，则天之所以与我者，可以无不尽矣。”[②] 与前面的反推设定不同，在此，朱熹以先天本体作为现实存在的根据和担保——以先天之善或本体作为人的现实存在的根据，这就颠倒了前面的顺序。从具体现实之在到先天之善的本体，这可以说是认识论顺序；从先天之善的本体到人的具体现实存在，这可以说为本体论顺序。两种顺序的逆转，可以说奠基于同一个生存论过程。以生存论过程本身为基础，本来，推扩与反求诸己在孟子或心学传统中可以理解为同一个过程的两个相伴

① 朱熹《四书章句集注》，第238页。
② 朱熹《四书章句集注》，第238页。

并生的方面，但是，如果在恻隐、羞恶、辞让、是非的“端绪”之外，另行设定一个精神实体，反求诸己就成为仅仅是立体的工夫，从而与推扩的践行活动成为两橛，更有甚者，推扩的践行活动反而易于引向单纯的思辨或觉悟活动——仅仅是将先天实体通过反思醒悟的方式加以把握，失去活生生的身心一致之具体行事活动之意。尽管推扩向内求的转化具有确立理性确定性的一面（见下文），但是，推扩从事到事、从行至行的“活动绵延”之意，无疑是从根底上被勾销掉了。

朱熹解释孟子所谓“浩然之气”乃“集义所生”的“集义”，有一个特别的说法：“集义，犹言积善，盖欲事事皆合于义也。”①积善，本来就字面意思而言，可以指在切己的现实活动中，不断点滴生成、积累、凝结而成善。但是，朱熹则明确认为，积善就是以普遍性的义之规定来统摄、范导一切事为。在道德生存的一定阶段，义当然具有先导性，但是，就道德生存的整体过程而言，善和义并不具有先在性。

《论语·学而》有若说：“孝弟也者，其为仁之本与！”明确以孝悌之行是“仁”之基础和内容，朱熹解释的时候，强分“行仁之本”和“仁之本”，这从孟子“一本”的立场来看，显然就是错谬了。孟子将仁义理解为“事亲从兄”之具体行事活动，其意在于突出“善性发见，始于事亲，是之谓孝，而推之为百行”②。黄震之言就注意到了孟子性善之论，不是精神到行为的推扩，而是行为到行为的推扩。

---

① 朱熹《四书章句集注》，第232页。

② 程树德《论语集释》第1册，中华书局2006年版，第28页。

在个体自身的道德生成以至其最终境界的抵达，孟子有一个经典表述："可欲之谓善，有诸己之谓信，充实之谓美，充实而有光辉之谓大，大而化之之谓圣，圣而不可知之之谓神。"（《孟子·尽心下》）朱熹以理的普遍贯通性来消解了这个内蕴丰富的过程："天下之理，其善者必可欲，其恶者必可恶。其为人也，可欲而不可恶，则可谓善人矣。"并引尹氏的话说："自可欲之善，至于圣而不可知之神，上下一理。"① 以普遍之理在抽象理智世界的"融贯"来勾销先天之性善与现实经验生存活动之间的鸿沟，这是朱熹以认知路向理解孟子的逻辑终点。

因此，在朱熹对孟子道德哲学的阐释中，真正的推扩，即经由行事活动的展开而实现性善，被转化为一种与实际生存活动无关的精神静养。孟子说："故苟得其养，无物不长；苟失其养，无物不消。孔子曰：'操则存，舍则亡；出入无时，莫知其乡。'惟心之谓与？"（《孟子·告子上》）操存舍亡，突出的是实际具体活动。所谓养而无物不长，就是在具体行事活动的整体中，人的心、身、情以及外物都相融一体。但朱熹的解释则说："孔子言心，操之则在此，舍之则失去，其出入无定时，亦无定处如此。孟子引之，以明心之神明不测，得失之易，而保守之难，不可顷刻失其养。学者当无时不用其力，使神清气定，常如平旦之时，则此心常存，无适而非仁义也。"② 而所谓"平旦之时"，则是"未与物接之时"——"平旦之气，谓未与物接之时，清明之气也"。③ 在某种意义上，就工夫修

① 朱熹《四书章句集注》，第370页。

② 朱熹《四书章句集注》，第331页。

③ 朱熹《四书章句集注》，第331页。

养而论，静时涵养心性是可取的；但这只有相对的意义，因为真实的人生根本不可能有“不与物接之时”。朱熹将性与善引向先天论，最后走向玄秘的精神静养，而非“推扩”，就具有一定的必然性。

四、认知在道德哲学中的相对独立性意义及其局限

朱熹从认知角度理解孟子哲学推扩的失误在于，使得具体道德行动产生巨大的困境。但是，在人的整体存在中，无论类还是个体，认知都具有极端重要性，乃至于在一定意义上说，认知本身的深刻程度，决定着人（类与个体）存在的深度。朱熹基于强调知，引入理以诠释孟子哲学，有多重积极性意义。

最为醒目之处在于，朱熹突出认知方式、通过引入理诠释孟子，一方面使得孟子的诸多重要概念得以清晰化、明确化，一方面使得孟子哲学的模糊之处条理化、有序化。孟子在《尽心上》第一章有一段经典的表述：“尽其心者，知其性也。知其性，则知天矣。存其心，养其性，所以事天也。夭寿不贰，修身以俟之，所以立命也。”朱熹解释说：“心者，人之神明，所以具众理而应万事者也。性则心之所具之理，而天又理之所从以出者也。人有是心，莫非全体，然不穷理，则有所蔽而无以尽乎此心之量。故能极其心之全体而无不尽者，必其能穷夫理而无不知者也。既知其理，则其所从出，亦不外是矣。以《大学》之序言之，知性则物格之谓，尽心则知至之谓也。”“尽心知性而知天，所以造其理也；存心养性以事天，所以履其事也。不知其理，固不能履其事；然徒造其理而不履其事，则亦无以有诸己矣。知天而不以夭寿贰其心，智之尽也；事天而能修身以俟死，仁之至也。智有不

尽，固不知所以为仁；然智而不仁，则亦将流荡不法，而不足以为智矣。”① 可以看出，其一，朱熹以《大学》格物致知的认知顺序来诠释孟子尽心知性知天，使得其更具清晰性与可理解性；其二，“尽心”的主体是心之自身，朱熹以“神明”（认识或明觉）为心之能力，区分于性或理，并将理的根源归之于天，在“心具理”与“理源自天”之间进行了明确的界分（实质上就是二者的认识论含义与本体论含义的划分），使得心、性、天概念经过理的引入而获得了条分缕析；其三，朱熹以知行关系来理解整个“尽心”章，并以知为先，行为后，“‘尽心、知性、知天’，此是致知；‘存心、养性、事天’，此是力行”②。“‘尽其心者，知其性也。’所以能尽其心者，由先能知其性，知性则知天矣。知性知天，则能尽其心矣。不知性，不能以尽其心。‘物格而后知至’。”③ “知性，然后能尽心。先知，然后能尽；未有先尽而后方能知者。盖先知得，然后见得尽。”④ 这是以认知的明确性与清晰性来担保行动（践履）的确定性与真实性。其实，在仁智统一的基础上，朱熹将事天与立命理解为认知对于道德生存的某种有限性领悟，这是值得注意的。

船山对朱熹以《大学》格物致知来解释尽心知性，有一个很大的肯定。船山说：

> 朱子以“物格”言知性，语甚奇特。非实有得于中而洞然见性，不能作此语也。孟子曰“万物皆备于我矣”，此孟子知性

---

① 朱熹《四书章句集注》，第349页。
② 黎靖德编《朱子语类》第4册，中华书局1986年版，第1427页。
③ 黎靖德编《朱子语类》第4册，第1422页。
④ 黎靖德编《朱子语类》第4册，第1423页。

之验也。若不从此做去，则性更无从知。其或舍此而别求知焉，则只是胡乱推测卜度得去，到水穷山尽时，更没下落，则只是以此神明为性。故释氏用尽九年面壁之功，也只守定此神明作主，反将天所与我之理看作虚妄。是所谓“放其心而不知求”，不亦哀乎！①

船山认可朱熹将能灵明觉知的心与作为其本质的理相区别。单纯的灵明觉知或领悟不能成为人的本质，人的本质是富有内容的。内容才是本质，心只能灵明觉知，灵明觉知总是有所觉知，其所觉知才是其内容。此所觉知就是理。如果抛掉具体内容，纯粹地把捉一个单纯的“灵明觉知”之心，保持一种毫无内容的“空灵之知”，这就是把“作用”当作了“性”（人之本质）。同时，船山也有一个批评，认为心作为“神明”与“神明之舍”，是朱熹自已也没有搞清楚的：

新安意，以心既是神明，则不当复能具夫众理，唯其虚而为舍，故可具理。此与老子“当其无，有车、器之用”一种亿测无实之说同。夫神明者，岂实为一物，坚凝窒塞而不容理之得入者哉！以心与理相拟而言，则理又为实，心又为虚，故虽有体而自能涵理也。者个将作一物比拟不得。故不可与不知者言，须反求始得。②

---

① 王夫之《船山全书》第6册，岳麓书社1991年版，第1105页。

② 王夫之《船山全书》第6册，第1104页。

船山的这个理解，指出心的神明（灵明觉知）与理，都不能当作“如有一物焉”之物。朱熹的混杂在于，灵明觉知（心）对于理的领悟与身体对于物的感觉，在根底尚未完全分析清楚。

具体道德行动的展开，一方面有类的历史，一方面有个体的时间性绵延，两者都要求着行动自身内容的不断升华与凝结。孟子说：“权，然后知轻重；度，然后知长短。物皆然，心为甚。王请度之。”（《孟子·梁惠王上》）他本身是将权度之思与具体内容融为一体而言，但可以在“方法论”上相对抽象地理解为“凡物皆以心思之权度以得其性质，而心通过权度物之性质而实现其性质”。朱熹便于此进一步说“本然之权度”，而这就是一个普遍而共同的规定性。理智之思在此意义上具有的相对独立性便呈现出根本性的意义：“物之轻重长短，人所难齐，必以权度度之而后可见。若心之应物，则其轻重长短之难齐，而不可不度以本然之权度。”[①] 物和事都是千变万化的，没有确定性可言，只有经过心思的权度然后才能得以确定。心思的权度，就要撇开事物自身的轻重长短多样性与差异性，而把握其确定不移的尺度（本然之权度）。

心思的具体活动，当然包含着无法完全概念化、理性化、秩序化的纷繁复杂的内容（诸如情感、意志、体验、直觉、本能、欲望、潜意识、喜好、偏向等），但是，相对而言，思总是能够概括出能与具体丰富性相区别的某些普遍性与共同性的东西。因此，心思就与明察相应。孟子说：“舜明于庶物，察于人伦，由仁义行，非行仁义也。”（《孟子·离娄下》）朱熹就直接将明察之思在认识论意义上引向对于理的把握：“明，则有以识其理也。……察，则有以尽其理之

① 朱熹《四书章句集注》，第210页。

详也。”① 道德行动经过思之明察，而注重对于确定不移之理的认识和把握，这是道德活动过程中的必经环节。

察识或认识人自身的本性，有一个从人自身的“既有过程”来推溯的认知过程。朱熹解释“天下之言性也，则故而已矣，故者以利为本”（《孟子·离娄下》）说：

> 性者，人物所得以生之理也。故者，其已然之迹，若所谓天下之故者也。利，犹顺也，语其自然之势也。言事物之理，虽若无形而难知；然其发见之已然，则必有迹而易见。故天下之言性者，但言其故而理自明，犹所谓善言天者必有验于人也。然其所谓故者，又必本其自然之势；如人之善、水之下，非有矫揉造作而然者也。若人之为恶、水之在山，则非自然之故矣。②

故，作为已然之迹，不单单指个体自身既有存在过程的已然展开，而且指向作为类的历史展开。人对自身本质之性的认识，就基于个体与类的双重经验之“故”，由此进行理智的思考、探溯，抽象出确定之理。就道德认识论而言，朱熹基于类和个体的双重“生命经验”而认知“人性”，并且，如此获得的自觉性认识，对于后续生存活动具有引导意义，这是人自身道德生存活动中认知相对独立性的表现。朱熹对于孟子作为道德之本体的端，有一个认知过程的回溯：“端，

① 朱熹《四书章句集注》，第 294 页。

② 朱熹《四书章句集注》，第 297 页。

绪也。因其情之发，而性之本然可得而见，犹有物在中而绪见于外也。”① 黄勇教授说：

> 它从观察人的两个经验事实开始：（1）人生而具有恻隐、羞恶、辞让、是非之心，它们在其他传统中可能有另外的叫法；（2）凡是人，无论他有多坏，都能成为有德之人；而动物无论表现得多么好，都不可能成为有德的动物。为了解释这两个经验事实，朱熹提出了儒家的人性形上学。②

这是朱熹对于孟子道德本体论的认识论理解，无疑使得笼罩在孟子道德本体论上的疑云吹散不少。

不过，朱熹将认知的相对独立意义，夸大成了绝对的独立意义。因此，他对孟子所反对的“自私用智之凿”，作出了恰好相反的解释。孟子说：“所恶于智者，为其凿也。如智者若禹之行水也，则无恶于智矣。禹之行水也，行其所无事也。如智者亦行其所无事，则智亦大矣。”（《孟子·离娄下》）智之不凿的意思，就是智不能脱离人自身的具体行事活动去虚构一个理智世界，也就是“必有事焉而勿正”（《孟子·公孙丑上》），也就是“智之实，知斯二者弗去是也”（《孟子·离娄上》）——所谓二者，就是“事亲从兄”之活生生的仁义活动。朱熹却说：“事物之理，莫非自然。顺而循之，则为大智。若用小智而凿以自私，则害于性而反为不智。”③ 以理智对已

---

① 朱熹《四书章句集注》，第238页。

② 黄勇《朱熹的形而上学：解释性的而非基础主义的》，《社会科学》2015年第1期。

③ 朱熹《四书章句集注》，第297页。

然之故进行抽象而认识的理，作为性，朱熹强调的不是不能用此抽象的性—理束缚具体行事活动，而是说不能有害于这个抽象的性—理。这就将认识论上的相对独立性之物，夸大为本体论上的绝对独立之物了，并疏离了生命本身。

人性基于成长过程的既有展开而被认识，这也意味着道德本身是一种成长。在一定意义上，道德与学问的展开过程是一个逐渐凝结恒定精神规定性的过程。朱熹解释孟子的“恒心”说：“恒心，人所常有之善心也。士尝学问，知义理，故虽无常产而有常心。民则不能然矣。”① 求学问、知义理以获得心的独立性，这是道德性提升的基本步骤。如果依然陷于物质之欲的缠缚之中，显然，道德水准就处于相对低下的状态。

道德成长过程，相应于认知深化过程。在此过程中，认知的主体是心，对于心在认知中的建立，朱熹在诠释孟子道德哲学之际，有多方面的分析。

个体之心作为道德行动的根基，在彻底的理性确定性追求看来，并不是充足的，还需要一个更为坚实的根基。朱熹在解释孟子“人皆有不忍人之心”时说：“天地以生物为心，而所生之物因各得夫天地生物之心以为心，所以人皆有不忍人之心也。”② 道德总是处理人与人之间的关系，不忍人之心是对他人的同情（怵惕恻隐），单纯在一个孤立的道德个体那里，无法合理说明同情心何以牵涉他者的问题。而以天地整体的生物之心内化为个体之心，一方面就为人与天地整体之间奠定了本体论基础，一方面也为人与人之间的道德关联

---

① 朱熹《四书章句集注》，第 211 页。

② 朱熹《四书章句集注》，第 237 页。

奠定了本体论基础。“天地生物之心”的说法，是仁的内容的一个突出方面，这是道德本体论与宇宙本体论黏合融合的重要方面。①

道德行动的主体是“心”，心的实际展开是一个浑融的整体，但理智地分析，则包括诸多可以相对分别的方面。孟子所谓四端之心，有一个说法：“恻隐之心，仁之端也；羞恶之心，义之端也；辞让之心，礼之端也；是非之心，智之端也。”（《孟子·公孙丑上》）朱熹用了心、性、情三个彼此分别的概念来加以解释：“恻隐、羞恶、辞让、是非，情也。仁、义、礼、智，性也。心，统性情者也。”② 对于一个具体的道德行动而言，情是所以能动者，性是所以能如此者，心则是二者的“统”一。统有统合与统帅的双重含义。在人充满情感/情绪的道德行动中，一方面分离出相对独立的性作为普遍确定性的因素，一方面抽象出确定的道德规范或道德原则，这是认知在道德哲学中的重要表现。而尤其重要的是，与之相应的是作为能动主体的心之确立。这个确立不同于心学式的情感、认知、规范一体浑然不分，而是三者厘然相分的分别确立：“白马白人不异，而长马长人不同，是乃所谓义也。义不在彼之长，而在我长之之心，则义之非外明矣。”“长之耆之，皆出于心也。”③ 表面上一看，朱熹强调义在心之明觉领悟中，与心学极为接近。实质上，正是在此，一般对心学与理学理解的错谬得以呈现。在王阳明那里，所谓内在，是内在于“必有事焉”的具体活动；所谓良知良能，并非孤立的抽象存在。朱熹在与认识对象、情感、规则相区别的意义上，突出心之独

① 参见陈来《仁学本体论》，生活·读书·新知三联书店2014年版，第29～99页。

② 朱熹《四书章句集注》，第238页。

③ 朱熹《四书章句集注》，第327页。

立的灵明觉知，这是纯粹认知主义的进路，也是其坚持性即理而非心即理的根源。

如上所说，朱熹将心、性、理区别开来，相应地，确定一个作为与对象、情感和规范/原则相分别的认识主体之心，这是朱熹理解孟子哲学的一个重要之点。在不动心的解释中，朱熹就引程子的话说："心有主，则能不动矣。"① 而心之有主，就是守理勿失："孟施舍虽似曾子，然其所守乃一身之气，又不如曾子之反身循理，所守尤得其要也。孟子之不动心，其原盖出于此。"② 不动心作为一种境界，往往具有一些神秘的体验意味，朱熹以理来加以规定，无疑是其追求理性确定性的一贯之旨。将孟子浑沦一体的境界清晰加以剖析，以心、理、气相分，彼此在各具确定性的基础上，心对气依理而主宰之，心对理依理而认识之，这是力图经过认知的条分缕析而获得道德确定性。在解释"义内"时，朱熹这个条分缕析十分明显："所敬之人虽在外，然知其当敬而行吾心之敬以敬之，则不在外也。"③ 敬的对象、敬的认知、敬之理（当敬之理），三者的厘然相别，使得道德行动的内在构成得以清晰化。在道德上，这种良心的自我确定，尤其需要排除一般欲恶之情："欲生恶死者，虽众人利害之常情，而欲恶有甚于生死者，乃秉彝义理之良心。"④ "羞恶之本心，欲恶有甚于生死者，人皆有之也。"⑤ 将道德之心与一般欲恶之情区别开来，使之得以清晰化，这是朱熹以认知取向诠释孟子道德

① 朱熹《四书章句集注》，第 229 页。

② 朱熹《四书章句集注》，第 230 页。

③ 朱熹《四书章句集注》，第 327 页。

④ 朱熹《四书章句集注》，第 332 页。

⑤ 朱熹《四书章句集注》，第 333 页。

哲学的突出之点。孟子在界定仁、义与人心之际，有些模糊不清之处，比如他说："仁，人心也；义，人路也。"（《孟子·告子上》）朱熹的解释就清晰化了，使得作为道德主体的心与道德原则二者分别显露出来："仁者心之德……仁则其生之性，是也。然但谓之仁，则人不知其切于己，故反而名之曰人心，则可以见其为此身酬酢万变之主，而不可须臾失矣。义者行事之宜，谓之人路，则可以见其为出入往来必由之道，而不可须臾舍矣。"[①] 仁是心之德、生之性或理，而不就是心，孟子说"仁为人心"是为了突出道德主体之心——强调仁义与心在道德践履中的切近相融。朱熹在解释孟子"大体与小体之分"时，引入心、物、理三者的区分，使得心作为道德主体而被真正建立起来："心则能思，而以思为职。凡事物之来，心得其职，则得其理，而物不能蔽……此三者，皆天之所以与我者，而心为大。"[②] 通过心与理（性）的分离，并以理作为心之灵明觉知的对象，在确立理的同时，也就确立了心本身。

心作为认知主体，其认知能力的一个突出之处是其能"反求自省"以获得自身确定性。孟子已有多处强调"反求诸己"，但具体含义在孟子那里还是含混的，朱熹则明确将反求自省理解为在理智自身之内，精神自身确定自身："人之性情，心之体用，本然全具，而各有条理如此。学者于此，反求默识而扩充之，则天之所以与我者，可以无不尽矣。"[③] 道德行动依赖于外在情境的多样性，便有其不确定性，如果反求默识而得其本然全具之理，则是消除了外在情境的

---

① 朱熹《四书章句集注》，第 333 页。

② 朱熹《四书章句集注》，第 335 页。

③ 朱熹《四书章句集注》，第 238 页。

多样性影响，而在精神自身范围内获得了确定性（将自身的道德规定性视为天之所与的完满之物），如此，也就使得行动可以保持其一贯规定性。即在于人自身而言，也具有内在多样性，比如身心二者之不同以及由此滋生的多样性欲望和爱，这些也需要反省之思，以确定不同欲望的轻重、善否之本质："人于一身，固当兼养，然欲考其所养之善否者，惟在反之于身，以审其轻重而已矣。"① 反求诸身的具体含义，实质上就是获得关于理的认识。朱熹解释"万物皆备于我"说："大则君臣父子，小则事物细微，其当然之理，无一不具于性分之内也。""反诸身，而所备之理，皆如恶恶臭、好好色之实然。""万物之理具于吾身，体之而实，则道在我而乐有余；行之以恕，则私不容而仁可得。"② 以反求诸己为获得理的确定性，这是认知取向的要求。

本来，在孟子哲学中，天命主要指向政治约束，但经过朱熹的理化诠释，就成为一般的天命论了。孟子说："莫之为而为者，天也；莫之致而至者，命也。"（《孟子·万章上》）天命之论，针对的本来是禹传天下于启而私相授受的政治困境，昭示的是孔子的德—教事业超越于、疏远于政治的本质（不管是禅让还是继世而有天下，对于开启区别于政治之域的德—教之域而言，并无本质之异）。朱熹解释说："盖以理言之谓之天，自人言之谓之命，其实则一而已。"③ 将天、理、命、人四者视为本质一致之物，这显然消解了德—教之中的能动性生存本身。在《孟子·滕文公下》，滕文公欲见孟子而受

---

① 朱熹《四书章句集注》，第 334 页。

② 朱熹《四书章句集注》，第 350 页。

③ 朱熹《四书章句集注》，第 309 页。

阻于臧仓，孟子有一个说法："行或使之，止或尼之。行止，非人所能也。吾之不遇鲁侯，天也。臧氏之子焉能使予不遇哉！"朱熹解释说："言人之行，必有人使之者。其止，必有人尼之者。然其所以行所以止，则固有天命，而非此人所能使，亦非此人所能尼也。"[①] 在道德自修与自我完善上引用天命，这实质上在孟子那里是要受到严格限制的，朱熹的泛化使用，标志着道德与政治混淆为一。

与性善相关，在教化问题上，朱熹也有着一定的转换。在孟子，每个人都能自成其善，尧舜作为"范例"，喻指每个人的自成其身。所以"孟子道性善，言必称尧舜"（《孟子·滕文公上》），并且"人皆可以为尧舜"（《孟子·告子下》）。但是朱熹的解释可以分为三个层次，从而将善与每一个体的自我成就的直接关联加以分离。其一，朱熹说"古今圣愚本同一性"；其二，"仁义不假外求，圣人可学而至"，"人能有为，则皆如舜也"；其三，"人与尧舜初无少异，但众人汨于私欲而失之，尧舜则无私欲之蔽"。[②] 如此，朱熹一方面使得每个人不再能自以为善，一方面使得圣人取代善成为一般人学以成就的目标。以圣人取代善，并以圣人为天理的实现而众人为人欲的实现，这是朱熹对孟子进行理学化诠释而产生的相互适应的两个后果。而在其极端化的"天理人欲，不容并立"[③] 的表述中，则显示出圣人与众人的对峙。由此可见，戴震所批评的"以理杀人"就不是虚无所指了。

当认知的相对独立性臻于其极时，人的内在自然，即身体性存

① 朱熹《四书章句集注》，第226页。
② 朱熹《四书章句集注》，第251页。
③ 朱熹《四书章句集注》，第254页。

在，也被理解为一种“自然之理”。朱熹解释“形色，天性也”（《孟子·尽心上》），说：“人之有形有色，无不各有自然之理，所谓天性也。”[1] 因为脱离了活生生的具体行事活动，关于道德生存的心、理、气、善追求确定性与普遍性而走向超越性，最后，人的身体存在本身，也以“超越的理化”来加以解释。孟子所谓知，有一个“当务之急”，就是切于“爱亲悦贤”之实事（《孟子·尽心上》），朱熹解释为：“君子之于道，识其全体，则心不狭；知所先后，则事有序。”[2] 把“急亲贤之为务”理解为“认识道”，由此，人之具体性的生存本身便荡然无存了。

如上所说，孟子哲学中有所谓“扩充”之意，而其扩充是“知皆扩而充之”，已经蕴含着对知的强调，即道德展开的扩充活动，是自知自识的一个“自觉”过程。道德的生存或者说生存论的道德，是道德主体的自觉与道德教化相得益彰的统一体。就道德教化而言，教化所以可能的基础，不能单单诉诸某种神秘的自我领悟，而必须诉诸历史典籍的阅读与基于语言的道理传—教。基于语言的教化必须具有某种确定性，如此，它才能由过去传—承而至现在，由现在传—承而至于将来。而且，就道德生存总是牵涉人—我之际或共在而言，也必有着超越于单纯个体之上的某种普遍性与确定性意义。如此，才能由他者或社会而传—达至于我，由我而传—达至于他者或社会。历史的维度与共在的维度，使得道德生存在其根基上就必须具有认知性的普遍性与确定性。当然，其问题在于，如此普遍性与确定性不能湮没、扼杀道德生存本身的个体深刻性与具体灵活性。

---

① 朱熹《四书章句集注》，第 360 页。

② 朱熹《四书章句集注》，第 363 页。

认知的确定性总是伴随着某种窄化，即认知确定性的代价在于它将被认知之物限制于此确定性之域[①]，从而抹灭了物的多样性与生成性。而且，经由认知赋予一个事物以确定性，也遮蔽了此物从人之有所劳作于其上的整体性[②]，如此整体性，蕴含着存在的丰富可能性，而一般的认知主义进路，关注于普遍确定性，就将一切理解为现成既有之物，而抹杀了存在的多样可能性。[③] 在一定意义上，朱熹对认知普遍性的关注，严重削弱了存在的丰富可能性并碍阻了个体多样性。而且，就道德哲学的根底而言，纯粹概念的理性思辨并无绝对独立性，而总是与践履行动或修行以及内在的领悟与体验浑然一体。[④] 朱熹对孟子哲学的诠释较为突出地彰显了理性思辨的纯粹性与独立性，他对于心作为主体的确立，无疑以理智的冷酷剖分了人自身的整体性存在。

> "我"这个字只能被理解为一种非实质性的形式符号（a non-committal formal indicator），标示在存在的特定现象性情境中，某物能揭示自身为其相反之物。如此情形，绝不是说"非－我"（not-I）等于根本上丧失"我－性"（I-hood）的一个实体，而

---

① 关于认知确定性对于物之显现的窄化，可以参见 *Being and Time*, Martin Heidegger, translated by John Macquarrie & Edward Robison, Harper Perennial Modern Thought, 2008, pp. 196－197。

② 从 ready-to-hand 的整体性到 present-at-hand 的遮蔽，可参见 *Being and Time*, pp. 200－201。

③ *Being and Time*, p. 203.

④ 卢国龙认为抽象理性思维与修养体验的相涵关系主要是道家特色，参见《宋儒微言》，华夏出版社 2001 年版，第 156～157 页。

是存在的确定样式，在此样式中，“我”自身拥有着对自身的丧失。①

在生存论视野中，我以与自身相反对、自我丧失自身的方式绽露自身。这并没有某种知性的确定基础。“人的‘实体’不是作为灵魂（soul）与肉体（body）之合成的精神（spirit），而是生存（existence）。”② 在此意义上，用认知方式条分缕析的人，并非一个存在着的存在者，或存在者的存在活动，而仅仅是一些符号（尽管它们具有一些确定的涵义）。但是，对于人之本质及其善的理解，如果最后不再回置于具体个体的活生生的生存活动，那么，相对独立与确定的普遍规定性，就会走向人自身存在的反面。

朱熹对孟子道德哲学的诠释，忽略了一个根本的存在论实情，即人之先行存在与先行理解的源初浑一：“我们总处于对存在的某种领会中展开自身的活动。由此领会，产生出对存在之意义的明确追问和引领我们朝向存在之概念的倾向。”③ 作为道德主体的人，不能简单还原为逻辑抽象的生物性存在（气）与精神性存在（理）的“牵合”，真正的起点是人的有着觉悟的活动或活动着的觉悟，即觉悟与活动二者源初非反思性的浑融为一。因此，由认知的相对独立性而达致道德法则的普遍确定性，尽管有着克服随意性与主观性的积极意义，但同时具有走向忽视具体生存本身的超越主义危险。在

① *Being and Time*, pp. 151－152. 中文译文可参见陈嘉映修订《存在与时间》，生活·读书·新知三联书店2000年版，第134～135页。

② *Being and Time*, p. 153. 中文译文可参见陈嘉映修订《存在与时间》，第136页。

③ *Being and Time*, p. 25. 中文译文可参见陈嘉映修订《存在与时间》，第7页。

朱熹哲学的后续衍化中，如戴震所批评的那样，生存本身并未被真正地实现。生命需要理智的反思，但首先是我们内在于生命本身：

> 有生命之物事实上绝不可能被对象意识、被企图探究现象法则的理智努力所真正认识。有生命之物不是那种我们可以从外界达到对其生命性理解的东西。把握生命性的唯一方式其实在于我们内在于它。①

让生命存在于其自身而得以展开，这成为超越并克服朱熹孟子哲学诠释的一个基本方面。在此意义上，朱熹似乎呈现为另一种意义上的告子之学，而非孟子之学。

---

① 汉斯－格奥尔格·加达默尔著，洪汉鼎译《真理与方法》，上海译文出版社1999年版，第325页。

山鹿素行对《孟子》人性论的诠释

中国社会科学院哲学研究所　张　捷

前　言

山鹿素行（1622—1685）是日本江户时代初期古学派的代表人物之一。出身武士世家，自幼修习四书五经，少年时代又拜师学习兵法、日本歌学等。早年以山鹿派兵法闻名于世，中年因提倡古学，批判官学朱子学而被幕府流放，晚年回到江户开馆讲授儒学与兵学，是一位博闻多识、著作颇丰的思想家。古学派倡导复古之学，主张不依靠后儒特别是宋儒的注解而直接回归儒学经典原意，批判理学家空谈心性而不切实际，对理学家所构建的性理之学进行改造与重建。《四书句读大全·孟子》①（以下简称《大全·孟子》）是山鹿晚年思想成熟时期的著作，亦是江户时代较早较全面注释四书的代表作之一。山鹿晚年对四书进行了全面、系统的注释，其中对《孟子》人性论的诠释体现出与程朱理学较大的不同，提出能感通、知识者

① 山鹿素行《四书句读大全·孟子》，（东京）国民书院，1920—1921 年。

为性，性善以内部的道德情感与外部的行为准则为基础，同时强调后天扩充、推致的重要性。

在中外哲学中，人性问题一直是争论较多的议题。《孟子》首倡性善论，对于人存在的意义与是非善恶的根据提供了理论路向。经过后代儒家特别是宋明理学在理论上的阐发与完善，人性与天道关联起来，构成较为宏大、完备的体系。在四书向域外传播的过程中，人性论与输入国本土文化相融合，产生出新的理论内容，对原有思想发生不同程度的扬弃与改变。

山鹿素行《四书句读大全》的写作主要参照朱熹《四书章句集注》中的注释，成书于山鹿四十六岁时。此时江户时代正处于“武断”政治向“文治”政治的转换期，社会逐渐趋于稳定，各种思潮随着社会的发展而兴起。山鹿本人由于批判朱子学而被幕府流放，谪居于赤穗。作为武士，山鹿所面临的时代困境是和平年代武士阶层的存在意义问题。而要探究武士的人生价值所在，首先须从经典中寻找先哲对人性的思考。先行研究中以山鹿的朱子学批判与山鹿对《大学》的诠释为视角的讨论居多。

山鹿在《大全·孟子·读孟子法》中说：“某所句读，文义训解，专宗《集注》，不动一字。但至言其性善四端。与《集注》背驰。”明言他在人性论上和朱子观点不同。以下尝试以《孟子》诠释为考察对象，系统地梳理山鹿的人性论，以期揭示这一儒学核心理论在日本受容的某些侧面。

一、人性的内涵

山鹿素行在描述人性时多认为“能感通、知识”（《大全·孟子·公孙丑上》）者就是人性，它的形成源于阴阳五行的交互作用。

山鹿并未明确界定人性主要指的是人的自然属性还是社会属性，只是笼统地说人性是理气相互作用形成的诸如听觉、视觉、嗅觉、味觉、触觉等能感觉、认知外部事物的天赋能力。这里山鹿所指的气主要指阴阳五行这类物质性存在，理是气的条理。① 他在《大全·孟子·滕文公上》中说："人之性，唯感通、知识而已。其间人禀天地之正气，其知长万物。而其所感，尤速于善也。……凡人人所有之性者，非人力为之而所能得也，理气交感之妙用，所谓所禀于天也，万物皆然。之间唯人者得二五之中，以禀天地之正气，其知长于万物。耳目鼻口之于声色臭味，人人皆同其美恶，共欲其善。"人性是一种天赋予的与生俱来的对外部世界的感知能力，此能力并不是通过人力得到的，而是理气交感作用下自然形成的。感通的对象最主要的是人伦日用中的事物："知而不及日用，则不得其全。故平日彝伦之间，家国天下之事物，推以充塞之来也。"（《大全·孟子·公孙丑上》）人性本身是不能直接经验的，其存在依据是发于外的情："言人之生，金木水火相因，其精以为情。故此四者，人人固有。无此四者，则非人。凡物皆偏塞，而不全此四者也。"（《大全·孟子·公孙丑上》）人生来有此形体，得此气血，有此性心者，是由金木水火②相互作用所产生的。只有人这四种物质都禀得，其他物则未能全部具有这四者，故物可以说禀气有偏，因此感通、知识能力虽个别物有特出之处，但总体而论其能力不如人。人为万物之灵，金木水

① 参见拙文《简析山鹿素行对朱子心性论的批判》，《中国哲学史》2012 年第 1 期。

② 此处山鹿援引朱熹对"土"的注解，在《大全·孟子·公孙丑上》中说："朱子曰：'四端之信，犹五行之土，无定位，无成名，无专气。而水火金木，无不待是以生者。故土于四行，无不在；于四时，则寄王焉。其理亦犹是也。'"

火其精粹发于外就是人的恻隐、羞恶、辞让、是非四种情感。鸟兽草木因为未能完全禀受此四行，因而产生偏塞，故并不有此四情。在山鹿看来，无此四情非人，圣人即以此通而有之的不得已之情为根据，立不得已之准则。圣人所由之情、所立之则无丝毫私意妄作，无丝毫恣意矫情。

山鹿在《大全·孟子·公孙丑上》中还说："人为万物之灵，而性能感通知识，其情速动如此。"在山鹿看来，乍见孺子入井，人皆会产生恻隐之情，此情为自然而然不得已之心。在森罗万象之中，人为万物之灵，人优越于万物之处在于其能感通、知识：感即对于外物的反应；通即整体性的感觉；知即对于外物的知觉；识即对外物的表象，知道其为何物。人接触外物而发生感通、知识是很迅捷的，尤其是对于具有善恶属性的伦理相关事、物的感通比对于一般事、物的感通更加迅速。

山鹿提出，四端是人共同的情感，此情感即人性在外部的体现。人性本身并不能被体察，通过观察显露出的情可知天下所同然之人性。《孟子·离娄下》曰："天下之言性也，则故而已矣。故者，以利为本。"对此，山鹿着重解释"利"，以利为人性的内容，但以公利、私利来区分君子、小人：

> 故者，其已然之迹也。利，宜也，通也。言性无形而可知。然见应其事物之迹，则其性可以知也。今以其故求之，所其本在利也。凡人之性，好生恶死，好好色、恶恶臭，天下所同然。是各以利为本。小人私其利，故反害其身；君子公其利，故利以亨。

这里山鹿对性的内容的解释不同于朱熹。朱熹对这一句的解释是："故者，其已然之迹……利，犹顺也，语其自然之势也。"即顺着人本有的善性去做；人之为恶，恰是违背了人的自然本性。山鹿对利的解释不同于朱子，而由故以知性、由已然之迹知无形之体的方法，与朱子是一致的。"故"作为已然的形态，是人性的表露。"已然之迹"，指的是应对事物时所产生的踪迹。人性是形而上的，其本身不能用耳目经验来知，但在日常应事接物的过程中会显现痕迹，从中可推知人性。人性的内容首先是好生恶死，是好好色、恶恶臭。"利"即顺着这一本性。君子小人皆可从"利"上见出。君子的表现是公，小人的表现是私。私即只看到自己的利益，其结果是害其身；公即公有、共享利益，其结果是亨通。二者的差别在满足人性中所采取的公与私的不同手段上体现出来。

二、人性之善恶

在山鹿素行的诠释中，人性首先是人本来具有的感通、知识的能力。这种能力发挥作用时，便包含了主动的意愿与扩充的行为。人性究竟是善还是恶？中国古代一般来讲有四种看法，即性善论、性恶论、性有善有恶论、性无善无恶论。山鹿主张性善论，他在《大全·孟子·滕文公上》中说："言性不为善，则非人之性。人不法尧舜，则非人之道。性以为善，则尧舜也。人以为尧舜，则性善也。"山鹿认为，性善即人性有向善而趋、追求为善并落实于行动的天生意愿。已经完满的善性，只有尧舜那样的圣人才天生具备，所谓"尧舜性之"。一般人虽无完满的善性，但有趋向善的天然倾向。性善的唯一判断标准是体现于外的追求善的行为，而非理学家所主张的那样人有本然之善性，向外推致的就是此本然之性。在山鹿这里，人所禀受的只是好善恶恶的趋势，就像好好色、恶恶臭那样的天生情感："孟子自解性善，谓'可以为善'。言天下之性，为'以利为本'。是人之性，皆扩充推达，则可为仁义之谓也。善者利之亨也，性以利为本。故知以致之，可以为善。"（《大全·孟子·读孟子法》）这是说，孟子所说的性善，指的是人趋向善的本能。顺着这个本能，把这个本能扩充广大，就是仁义。而人向善是以四端为基础的；人所发于外的，就是这四端。四端是人心之所同然，无人不好善恶恶。扩充四端的结果，就是善。

山鹿认为一般人的人性是感通、知识，他肯定这种人性的存在，认为人的本性基本相同，人之性来自天命的自然造就，人人具有感觉认知的能力。而这种能力在动物身上也有所体现，这部分能力本身不应以善恶论："性以善恶不可言，孟轲所谓性善者，不得已而字之，以尧舜为的也。后世不知其实，切认性之本善立工夫，尤学者之惑也。"① 这是说，感通、知识这种人性，本身不能以善恶言，即它无所谓善与恶，孟子说性善，指的是趋向于善，愿意成为尧舜那样的人，而不是性已经完善了。后世人不知此意，以为一般人人性皆善，并以此种"性善"作为一般人的通性，这是错误地理解孟子。人有向善的能动性，能动性所内含的扩充和行动的意愿是善的。而这连续的动态扩充过程正是人贵于其他物的所在。可以用善恶言说的是人在日常生活中的待人接物、应对外物的实践活动。人的感通、知识的能力是天赋的、本然的，不能以善恶名，感通、知识与外界的一致即发而中节才是善，所以山鹿说："人之性是天命也。天地之命唯生生无息，不可以善恶论。……性唯感通、知识。其本然不可

① 山鹿素行《山鹿素行全集》第十一卷，（东京）岩波书店 1942 年版，第 49 页。

以善名之，其发而中节皆善也。”[1] 其行为中节则为善，不中节则为恶。而所谓“中节”，在山鹿看来就是符合公利，所以性善有其标准，即符合公利。而不善，亦非从内在的道德方面评定，而是将感通、知识用于不正确的地方。山鹿在《大全·孟子·离娄下》中清楚说明了这一点：

> 或问“以利为本”，曰：孟子明说人之性是“乃若其情，则可以为善也”。天下之人，谁不好善恶恶？好善是以利也。人好善，以汤武兴作；人恶恶，以桀纣灭亡，是天下之通情也。耳目之于声色，四支之于安佚，人皆欲之。是欲其宜、其通之性，天下皆然。故曰：以利为本。……利是一，而君子小人之所利不同。君子之利，悠久而不迫；小人之利，专迫切而在眼前。……人之性好利，凡天下同然。不因道，以私利，乃其利不亨。圣人哀之，立其道，使人好利之性以亨。是乃不得止也。四端者，人之情，不充则不足以事父母，故使其情为善，以至仁义是也。……禽兽不知好恶，不知利害，只饮食、淫佚之情而已，故竟无可为善。人性以利为本，故其情则可以为善也。善是利也，可欲之谓善。

“利”在这里指顺循自然趋势。山鹿认为，孟子所说的人真实的自然趋势是好善恶恶。人有顺此好善恶恶之趋势的本能。好善，所以汤、武这样的明君才能兴起；恶恶，所以桀、纣这样的暴君才会灭亡。这是事物的一般法则。人耳目好声色，四肢好安逸，这是人

---

① 山鹿素行《山鹿素行全集》第十卷，第202页。

共同的欲望。顺循人的自然欲望，这是君子、小人皆同的；但君子顺循的是众人的长久利益，小人顺从的是眼前的短期的个人利益。君子喜好的是天下人共同喜好的，所以不必另立法则；小人追求的是个人私利，所以终究不会亨通。圣人哀悯小人，所以为之立应该遵行的法则，使人共同意欲的东西得以实现，这是不得已的。四端是人本有的，但如不能扩充，则不能事奉父母，所以扩充四端，就可以一步一步地达到仁义。禽兽不知好善恶恶，也不知利害关系，只按照饥食渴饮这样的本能去行动，所以不知为善。人性以顺循自然趋势为基本法则，所以可以为善。为善是人的自然趋势，这就是孟子所说的“可欲之谓善”。一般“好生”“好好色”皆是以利为本，是天下之通情，孟子性善论的根基就是“以利为本”。

对于与“利”相关的概念“欲”，山鹿的诠释也建立在其自然人性论之上：

> 欲者性之发而感于外之技也，无此心者非人。凡有知识者皆有欲心。尤其人之知过万物，其欲心亦过万物，因此有欲心亦可至圣人矣。更非不好欲心也，欲之过者，云惑也。但饮食男女，人之大欲存焉。其欲偶薄、其偶不欲者，宜云气质。此圣人称不欲之故也。然圣人不以欲为惑也。①

山鹿认为，性是人的感通、知识的本有能力，欲望是此能力感通外物时产生的某种自然心理欲求。凡人皆有欲望，无欲望即非人。人的心理能力超过其他生物万倍，所以人的欲望也超过其他生物万

① 山鹿素行《山鹿素行全集》第十二卷，第53页。

倍。欲望是人的正常需求，故孔子说“饮食男女，人之大欲存焉”。有欲望不妨碍人成为圣人。欲望本身无所谓好坏，欲望的过度才是不好的。正常欲望人人皆有，有的人欲望寡淡，这是偶然的、个别的禀气问题，非普遍情况。圣人提倡无欲是因为人往往欲望过度，无欲并非以欲望本身为不好。以上这些话表明，山鹿对人性的看法大体基于自然人性论，人的不得已之情。人欲概念亦如此，指人类本性的体现，是最基础的身体需求。此种欲望，圣人亦不禁止。山鹿的伦理观与朱子以“主敬”为中心的“克己复礼”的伦理思想不同，对情欲表现出较为宽容的态度。山鹿亦认为人对欲望的满足应有节制，但在普遍价值认可的行为规范内，人欲是不应也不能被抑制的。

山鹿所说的至善，即圣人根据天下人共有的情感而制定的道德法则。他在《大全·孟子·读孟子法》中说：

> 人皆有好善恶恶之良心。而不尽好善之道，习其近利而常役役，违禽兽不远，是岂人之情也哉？……君子扩充好善之道，而居是安宅，位是尊爵，路是大道，所为皆止其至善。好善之充，为善之极，故其所性善也。圣人率人之好恶相同之性，以立仁义之道。所谓仁义者人所欲，善之至也，故使人人享所其欲之教。

人本有的，只是好善恶恶的良心。良心本身还不算性善。不依循良心去做，而按照追求利益的心去做，习为常行，则是欲望的奴隶，已经离禽兽不远了。但这不是人的本心良知。按照孟子的说法去做，将此好善恶恶之心不断扩充，就会如孟子所言，“居天下之广居，立天下之正位，行天下之大道”，扩充至极，才是性善。故性善是结果，不是开端；是修养工夫带来的，不是先天本有的。圣人给人指出人皆有好善恶恶的本心，使人按照好善恶恶的修养之路去做，以达到仁义的结果，这就是圣人之教。山鹿这里用了《中庸》的“率性之谓道，修道之谓教”，但性善不是天生的、本有的；仁义礼智是修养的结果，不是“根于心”的；性善是个通过修养工夫向完满的善归趋的过程，这是与孟子不一样的。

三、人性之扩充

如上所言，山鹿认为性善是修养的结果，所以他非常重视修养方法、修养过程。他指出，若想做到尽心知性，必须下功夫将人性扩充开来。因为上天赋予人的，只是仁之端，还未达到仁的圆满状态：“不忍之心者，仁之端也。言人禀二五之中以生，故扩充则有可至五常之根。孟子先就其易知之地，以示一端矣。”（《大全·孟子·公孙丑上》）在山鹿看来，“端”指的是其起首、其始发处，并非有物在中而端绪见于外。所谓不忍人之心，指的是感通于物而心不堪其严酷。人心中产生此种情感，将之充盈、扩大、穷尽、极致之后，方可到达仁的境界。天地之间，无穷多的事物无不由二气五行组合生成，然而万物所禀之气偏，故终究于条理上不通贯，只有人禀受了二气五行之中正，得其灵秀，故扩充其端，可以达到仁义礼智。不忍人之心，是孟子就人最容易体察到的情感展示端倪，而重要的是扩充：“言众人虽有仁之端，不能扩充修养，而尽其实。唯古昔圣人尽诚以推人物，故有其心，则有其政也。”（《大全·孟子·公孙丑上》）山鹿首先区别众人与圣贤，认为虽然众人天生具备善端，但不知扩充，则不能到达性之善。唯有古之圣人不仅自觉地扩充端倪而达到性善，并且能推致到别人身上、其他生物身上；不但能得到伦理方面的美德，而且能得到政治方面的善政。这仍然是吸收了孟子“先王有不忍人之心，斯有不忍人之政矣”（《孟子·公孙丑上》）、“老吾老以及人之老，幼吾幼以及人之幼”（《孟子·梁惠王上》）的“善推”思想。

山鹿在《大全·孟子·公孙丑上》中还说：“此言恻隐、羞恶、辞让、是非之心，扩充则可以至仁义礼智。端，首也。言人有恻隐之心，扩而充则可得仁之实。三者亦然。以恻隐、羞恶、辞让、是非而直非为仁义礼智也。”在山鹿这里，心与情并不分别，恻隐、羞恶、辞让、是非有时称为心，有时称为情。人人固有恻隐之心，无此四者非人。将恻隐之情穷尽至极致，才会得到仁之实体。这里把仁义之性说为“实体”，就是强调它是修养之后得到的实然结果，不是天然具备的。光有端倪，不加扩充，则不能够达到仁义礼智信的理想境界。因此四端并非直接等于五常，而只是它的呈现、发露于外。山鹿反复强调的是扩充端倪的实修工夫。

山鹿也注重扩充与具体事物的关系。他解释孟子的“知皆扩而充之”说：“知者，致其知也。扩，推广之意。充，满也。言凡四端在我，于此致四者之道，广及于事物，则为仁义礼智，而无不通，无不行。故四端至仁义礼智而后始可以行之，若水火始达、始然，而有其用也。苟能知皆扩充，则四海之大可以保焉；不扩充之，则父母之近不可以事焉也。”

这一段话可注意的是，在山鹿看来，人须推致四端到事物上去，人在应对事物的过程中得到仁义礼智。推致四端的事才是应该做的。微弱的善端如火之始燃、泉之始达，但它是有用的，它为人提供了修养为仁义的基础。仁义礼智不是已成的，而是在推致到做事做人上实现的。这里实际上强调心与物、内与外二者的兼顾，而这一过程即“格物致知”，他在《大全·孟子·尽心上》中说：

> 孟子所谓性者，性善之谓。心是修之、思之之谓。知皆扩充，是尽其心也。《中庸》之天、命、性，自修道之教以上达来。故不尽心，则性竟不可知也。是尽心者，物格也；知性知天者，知至也。……性乃思而得，求而正，尽其道以为仁义。

山鹿把《孟子》《中庸》《论语》《大学》统合了起来。性善是扩充四端的结果，也就是尽心的结果，尽心是知性的工夫，这是《孟子》。而《中庸》的“天命之谓性”“修道之谓教”，修道即扩充四端，这是《论语》的“下学”，也是达到“天命之性”的工夫和依据；天命之性是上达，是从“下学”来。所以，“不尽心，则性竟不可知”。尽心的下学工夫就是《大学》的格物，尽了心则“物格”。知性知天即《大学》的“知至”。扩充、尽心、下学、格物、修之、思之是工夫，知至、性、天是结果。山鹿强调的是“性乃思而得，求而正”，强调的是“尽其道以为仁义”，确实和孟子的“仁义礼智根于心”的性善论不同。他看重的是过程，是结果，而不是本有。

> 此言君子之所性。根者，犹有木之本根而养之，则可以长之谓也。言有四端于心，而扩充则为仁义礼智也。生色，仁义礼智之生长发见也。睟然，清和润泽之貌。盎，丰厚盈溢之意。……盖君子所性是善，故其所发，乃仁义礼智也。思久积盛，则其效如此。所谓从容中道，圣人也。

这段话是对《孟子·尽心上》“君子所性，仁义礼智根于心”一段话的解释，山鹿强调的仍然是性乃修养而成，不是天然即有的。犹如树有根，须养之，才能长成大树。同时描绘了修养成五常之性后在体貌上的表现：有清和润泽的面貌，充实轻盈的体态。修养成后总体曰性善，表现为仁义礼智。工夫长久，积累丰厚，就会有“睟然见于面，盎于背，施于四体，四体不言而喻”的体貌表现。最高的表现是“从容中道”。

对于人的自然欲望，如告子的“生之谓性”“食色性也”，山鹿解释说：“生，指人之有生气知觉运动而言。”“食色者，甘食悦色也。”山鹿认为，告子以人的生气、知觉运动为性之体，以好好色、嗜美食为性之用，只是道出人性的一个侧面，而非人性之全体。以自然欲望如食色等为人性，是没有把人和动物的区别讲出来，没有把孟子“人之所以异于禽兽者几希”的地方强调出来：“愚谓运动食色，非亦不性，而必之则不尽所以人之异于物之实。”

山鹿先肯定人的自然本性，然后强调人后天修养的必要性。这也表现在他对“性”“命”这一对重要范畴的解释上。如在解说孟子那段有名的话语“口之于味也，目之于色也……”时他说：“性者，人人所固有也；命者，自然所定之则也。言五者之欲，性也。然各有其则。君子谓其则而不谓之性也。”（《大全·孟子·尽心上》）“今以天下之人，试其所性，而后人之性可以言也。是圣人之道，至大至公，不以一人之臆说也。”（《大全·孟子·离娄下》）人性主要指人天生的自然趋向，“好恶所同然”的部分，就像人天生皆有感通、知识能力一样。这是山鹿一贯的观点。命主要指理气交互作用形成的不可避免的必然性，人对此只能顺受，无法改变，无可逃避：“凡不致而至者命也，故从其则。以不可求，是命也。性，分定在我，求之得，舍之失，故可学而尽。是性也。”（《大全·孟子·尽心下》）这也是说，命是必然的、定然的，不能求而得，只能顺从，所以叫作“命”。而性虽是天生具备的，但后天可以对之扩充，努力则能实现，不努力则不能实现，这就是“性”。在山鹿看来，人与禽兽的区别不在视觉、听觉、嗅觉等自然能力方面，因为禽兽也具备这些能力。但人性所具有的扩充的意愿与行为才是人区别于禽兽的关键所在，山鹿强调的是人后天的实践，这就是他所说的“践形”。他在《大全·孟子·尽心上》中说：

> 形色者，自然而以见其性，是所谓天性也。践如践言之践，履行之也。盖天之于万物，各有天性之形色。人得天地之精秀而生，故其形色具自然之正则，与万物不同。既为人，须尽其形色之实，然后以为人。众人不知，故不异乎禽兽几希。独圣人能践之，以尽为人之道而已。
>
> 万物之形色，皆见其天性，一草一木、一禽一兽皆然。人禀天地之正气，而其形其色，自有这正底。是乃人之形色，全具此天性之精也。耳目口鼻，物亦有之，而其全体不正；一颦一笑，物亦有之，而因其形而其色亦不全。故此所谓形色，指人之全体以言之也。

耳目口鼻之形，一颦一笑之色，皆自然之物、天然之物，非人力所造成。因人人禀赋，不容已而有，故为天性。天生万物各有其天然之形色，从大化流行产生万物这一自然过程言，人与物并无本质的不同。不过，人禀赋自然之精秀，由正气化生而成，人之形色全而正。这里所讲的天性主要指人的自然属性，与自然界的生物拥有同样的本能。虽然人的自然属性优于其他生物，但这并非人存在的根本意义与价值所在，人的价值在实践，在扩充而“践形”的过程中。他在《大全·孟子·公孙丑上》中说：

> 若以此（乍见之心）为仁，乃仁形而下者也。凡乍见有不忍之心，以不致尽之，则陷恻怛之情。……此情时时触事物以发见，亦不知、不扩充，乃无得其道也。
>
> 凡人之生生，五行相因以成，故各发五行之精，有此四情。知以修之，扩以充之，则可得五常之实。不然则人人不知道，纵欲妄行，与禽兽不异。

人与禽兽最本质的区别体现在人天生具有四端，将之扩充可达到仁之德。物禀气有偏，虽然具有各种生存本能，但是未有理智。人为天地间最灵秀之物，懂得孟子“推恩足以保四海，不推恩无以保妻子。古之人所以大过人者，无他焉，善推其所为而已矣”（《孟子·梁惠王上》）这句话的意义，能将四端推至事事物物而扩充，不仅可以到达仁义礼智之性，而且可以在扩充于外部事物的过程中，获得理智的锻炼与知识水平的提高。反之，不知扩充，就会遮蔽四端，导致恣意妄作，伤生败德，与禽兽无异，并且失去了学习和掌握外部事物提升知识水平的机会。山鹿非常重视“践形”工夫，把它作为扩充至完满之善的根本途径。

结　论

山鹿素行是日本古学派的代表。古学派的一个显著特点就是较少形上学的哲学发挥，而倾向于在实践上用功；较少心性问题的理论论证，而倾向于对实践的必要性进行阐述。山鹿的人性论也体现出这一点。他与孟子不同，孟子是以四端为出发点，认为“今人乍见孺子将入于井，皆有怵惕恻隐之心”就可证明人性是善的；但山鹿认为四端只是人心本有的一种情感，必须将其扩充，达到相当高的程度才算是到达善性。性善不是天赋的、原有的，而是实践、行动的结果。他重视的是实践，是人与外部事物的关系，而不是内省性知识。同时，山鹿是一个兵学家，对事物的论述侧重于经验性的质实描述，而不是像朱子学那样心性学的形上思辨。这反映了日本古学派的总体特点。

山鹿所说的人性，指上天赋予人的能够感知外部客观事物并对它进行知觉表象的能力，其中对于日用人伦中的善恶尤其敏感，这一点优越于万物。人性感应外物就会产生价值性的情感好善恶恶，这种对善行、美德的喜好也是不假外力自然而然的，且人人心向往之，每个人道德情感相近，天下人“心同此情”。但如若不经过后天的扩充与推致，所发之情只是原发性的，它便小而私。只有经过格物致知，将它扩大、充盈至圆融，此情才大而公。唯有圣人生而知之，不待后天的推扩即可达到至善；也唯有圣人才能顺应、因循人性而制定道德规范与行为准则。因此，一般人所需要做的工夫是遵循圣人制定的准则，在日用人伦中格致体认。人不需要如理学家所提倡的在恢复本然之善性上下功夫，因为一般人并不本然具备善性，只具备好善恶恶的道德情感，但这会驱使人为善，人人具有行善的内在意愿。自觉行善正可以说明性善，道德情感是道德行为的内在根源，二者具有因果关系。性善指两方面，一从道德情感上说，人之本性好善恶恶，在此语境下性善指的是顺应、因循好善恶恶之情感；一从道德行为上说，性善指符合外在规矩准则，在此语境下善指的是言行举止皆符合中正之道，不善指行为不中节、违背圣人之规范，并非指人性本身有善恶之分。人与禽兽具有本质的区别，即人性为善，而禽兽只是具有感官等生理能力，既无道德情感，亦无道德行为的准则。人若不扩充道德情感，则与禽兽无异。

综上所述，山鹿素行对孟子人性论的诠释呈现出以下特色：

第一，性善的本质在于为善，是动态的、相对的，不同于理学将本然之性设定为静态的、绝对的、与气质之性截然两分的道德本体。为善就是顺应、因循人本身固有的好善恶恶的本性、趋利避害的本性；善指的是扩充、推致而达到仁义等的标准，是依据结果所做出的价值判断，不同于理学就根于心的本然所做的诠释。

第二，“利”“欲”等关键概念的内涵发生了转变。传统解释中“利”多指私利、个人利益，“欲”多指过度的欲望、贪欲，皆属于恶的范畴。山鹿主张人性以利为本，“利”具有推己及人、公共的属性，其含义转化为“顺循”“扩展”等内容。利的行动即扩充推达。由于其公共属性，利的结果便是实现仁义。在山鹿的释义中，“欲”的内涵多指的是人性中为善的意愿，是一种自觉的好的情感。

第三，人性皆可以为善的必然性是建立在人人有相同的情感即“人同此心，心同此理”之上的，山鹿人性论的理论前提是人性具有公共性，而其评判的标准亦是公共性。公共性保证了人皆可以通过格致、尽心与模仿圣人而扩大、充盈人性，使之最终达到完善。

山鹿对《孟子》的诠释一直影响到幕末，比如维新志士吉田松阴（1830—1859）在所著《讲孟余话》中说道：“自幼以山鹿氏之兵学为业，心念武士道。”[①] 山鹿提倡的扩充之重要性亦被吉田所继承：“扩充二字，是孟子教人之良术。”[②] 这样，山鹿对人性的诠释尤其是善端的涵养方面，可以说对幕末志士的行动理论产生了积极影响。

① 吉田松阴《吉田松阴全集》第二卷，（东京）岩波书店 1936 年版，第 466 页。
② 吉田松阴《吉田松阴全集》第二卷，第 291 页。

性活说：梁漱溟对孟子性善论的阐释与发展*

苏州科技大学　李　昕

一般认为，人性论自先秦以来一直是中国古代先贤最关注的问题，它是道德的根源。孟子以善言性，开启儒学人性论的主脉。孟子所论之性善，是人之为人，人异于禽兽的根本特征①，但“性”较难表述清晰，大体上，性不是一种已完成的或前定的固定形态，也不是必然的（命），而是“端”（恻隐——仁、羞恶——义、辞让——礼、是非——智）。端一般解释为“萌芽”，是一种可能性，但这种可能性不是外在的、偶然的，而是潜在的，极易丧失，故需“扩充”之。孟子并不孤立谈性，他也谈心，心的职能是思。就心性关系而言，性与心关系紧密，性在于心②，“尽心，知性，知天”。

---

* 本文系江苏省高校哲社项目“梁漱溟生命哲学中的情理问题研究”（2015SJB546）、江苏省社科基金项目“梁漱溟的情理及其体认学说研究”（16ZXC001）的部分研究成果。

① 杨泽波认为更准确的表述是“人之所以为人的道德特质”，参见杨泽波《孟子性善论研究》（再修订版），上海人民出版社2016年版，第31页。

② “性在于心”这句话也比较含糊，并不必然等同于性的根据是心。各大哲人对心性关系的不同理解会产生不同的解释体系。

后世哲人跟随孟子的思路，贯通荀、告以及道家的人性论思想，提出了更复杂的阐释，但性善之大主旨不变。然而，在传统社会秩序中，儒家性善论及其道德往往与王权纠缠不清，道德理想的实现存在诸多困难，既有理论上的，也有现实上的。[①] 近代以来，在西学冲击以及传统社会结构解体的时代大背景下，现代新儒学开创者梁漱溟先生在性善论这一总立场上与前人一致，但他赋予了性善论全新的阐释和发展。他以一种基于生命哲学的性活说阐释性善思想，并在如何实现性善的问题上，将性善论从传统社会严格的三纲秩序中偏于个体但个体又隐没不显的修身推至整个礼俗生活世界中人与人相互之间的信任与切磋商讨，体现了宇宙生命性活之感通。可以说，梁漱溟的这一思想是具有历史意义的。然而，现有的研究并未给予应有的关注。本论试图做出一定的说明，以期更多更深入的研究。

梁漱溟对这一问题的探讨有很多，较为集中讨论的部分主要有早期的《孔家思想史》[②] 和晚年的《人心与人生》[③]，另外《礼记大学篇伍严两家解说》中也包含一些讨论。值得注意的是，在这一漫长的思考过程中，梁漱溟的思想经历了“理智—本能”二分到“理智—本能—理性”三分的转变，其实质是对“无私的感情”的来源从“被压抑的本能直觉”转变为“被遗忘的人心”，即“心”概念位置不断提升，而“性”概念不断弱化的过程。这种转变主要体现

① 详细说明可以参考朱贻庭主编《中国传统伦理思想史》的绪论部分，本文赞同该书相关论述。

② 《孔家思想史》是梁漱溟在北大任教时，学生自行记录的讲义，但梁漱溟并没有真正确认这本讲义的流通。由于讲义观点很重要且不违梁先生思想本义，故而引用。

③ 梁漱溟在《人心与人生》绪论中也称该书为《人性论》。

在心的定义发生了很大的变化。在早期的《孔家思想史》中，梁漱溟以直觉言心，依然是在传统认知的框架下理解心，尽管直觉较“思”而言具有更多非理性成分。就心性关系而论，梁漱溟是在性的基础上再论心。而到《人心与人生》时，心指的是人的全部活动能力，而非停留在知觉、思功能。可以说，后期他对心的定义也超出了传统儒学范围。这个心的定义，既有唯识学阿赖耶识缘起说中由识心变现万法的形而上之创生维度，也有经过乡村建设实践后从个体身心和谐的觉知到对群体之大心的觉悟。而“性”成了展现心的一个方面。在晚年《礼记大学篇伍严两家解说》中，则以心为主，心性一体了。所以，我们讨论性的时候，依然不能孤立离开心去探讨。总体上，梁漱溟对性的定义一直是稳定的，梁漱溟和孟子一样，也是在人之为人、人异于禽兽意义上谈论性，而具体到性的内涵时，性一直被定义为“倾向”，更确切地说是“活倾向”。早期性指的就是生命的活倾向，后期是情感意志的倾向。这一活倾向又可以用通或滞来衡量。这一套言说看似与前人心性论言说差别并不大，但两相结合起来最终形成的结论极大地超出了前人的思想，也是现代新儒学之为新的一个范例。

一、从宇宙生命之性到人性

梁漱溟对性善论的阐释在逻辑上首先依托于对整个宇宙生命之体及其本性的断定。这种断定与前人的最大差异在于他受西方近代认识论转向的影响，不是直接独断宇宙本体，而是首先考察人的认识能力是否能够认识本体。梁漱溟结合自己的唯识学以及当时最前沿的柏格森生命哲学和分析哲学进行一番探究后，得出了一个结论，代表西方理性主义哲学传统的分析哲学无法把握本体，柏格森生命哲学触碰到了生命这一主题，“直觉”却似是而非，而唯识学则不仅到达了本体“空”，而且名相严谨，带有浓厚的认识论色彩，可以作为研究东方哲学的工具。在这套理论的参照下，梁漱溟认为，传统儒道学问虽然在本体论上不如佛教彻底，但它具有相对的合理性，即保留了作为创生及流变的生命在本体层次的相对合法性，是一种不同于西方和印度以静体为主的生命哲学。①

梁漱溟所论之生命并没有一个非常确定的定义，他用活形势来描述。这一活形势不仅要与“物体”相区分，还要与日常所论之“生物”相区分。生物实际上还是依托于形体来表述生命，亦即以一种描述“物体”（死物）的方式言说生命，这不足以揭示生命作为一种活倾向的特质。生命之为生命，不仅在于第七识上的我取，而且在于一种不可隔绝性，即一种溢出个体形体之外的整个世界，以“根身、器界——正报、依报”为一整个宇宙。另外，理解生命还要引入一种非机械时间的真正的生命时间向度，这种时间并不是外在的时间，而是当下的我的这一瞬间和此前的我所构成的定局之间的紧张。只有生命才有真变化，才具有真正的时间向度，当下的我即一心，而此前的我已然成物。从而，精神（心）和物质并不是孤立的两种不同的东西，而只是在作为整体生命活动中的两种对立倾向。所以，理解这种活形势，要在活动中、事件中确立心或物，也要从作为整体的活动之活性发展方向上去看待。综上，梁漱溟谈论的宇宙生命本体，实际指宇宙、生命与心②三者为一整体，它们皆为生命

① 这方面思想详见于梁漱溟对儒佛异同的阐释，由于与本文主题无直接关系，不展开。

② 梁漱溟所论的心有强烈的唯识学色彩，尤其是在生命与心的问题上，阿赖耶识既是生命也是心，只不过在转识成智的过程中，心代表着生命创化的顶端。

创生活动中的不同面向。宇宙生命之性从根本上讲就是生命活性，这种活性是一种不断打破局限，求通的灵活性，即灵通，同时也是一种冲破必然性的主动创生性。试摘其思想前后期几段原文为证：

> 生命之所贵在灵活无滞；滞而不活，失其所以为生命矣。生命之所贵在感应灵敏，通达无碍。有隔碍焉，是即其生命有所限止。①
>
> 寂，像是顶平静而默默声息的样子；感，最敏锐而易感且很强。②
>
> “寂然不动者，诚也；感而遂通者，神也；动而未形，有无之间者，几也。”大约合天即诚；天理流行便神；其“几”字本于《易经》“几者，动之微，吉凶之先见者也”而来，大约是指天然萌动的意。伍先生曾说，身心合一慢慢惯熟了才迫近“几”，亦即指此。先生又曾说，“慎”与“几”两字是有密切关系的；“慎”是就功夫言之，“几”则从本体一面而言其用也。看来诚、神、几，只是一事。③

从宇宙生命本性到人之性，从根本上只是一个性，更确切地说，人性将宇宙生命本性展现得最彻底，尽管并非最完善。梁漱溟在《人心与人生中》更是受柏格森生命创化论的影响。柏格森认为生命体或者生命形式是传送生命的通道，可以说生命趋向于最大可能性

---

① 梁漱溟《梁漱溟全集》第7卷，山东人民出版社2005年版，第154页。

② 梁漱溟《梁漱溟全集》第1卷，第455页。

③ 梁漱溟《梁漱溟全集》第4卷，第126页。按，标点符号略有校改。

的行动，而生命体则宁愿做出最轻微的努力。这二者之间存在一种极大的张力。在进化路上出现很多分支，但其中除两三条大路之外，还有许多死胡同；而在这几条大路当中，只有一条路，即从脊椎动物向人类的那条路，其宽度允许自由地通过生命的全部呼吸。柏格森的创化论中，植物代表麻木，动物代表本能，人类代表智能，这三个分支所体现的正是生命不断争取自由与灵通的倾向，在人类这里体现得最彻底。而正是因为这种彻底性，也使人性呈现出非常不稳定的状态。梁漱溟用过很丰富的词汇来形容这种不稳定性，比如在谈身心关系的时候引入两个词来形容这种不稳定性，即身大于心的盲动，和心大于身的枉动；又，认为人是最易犯错的，所谓“知错能改，善莫大焉”；及，理智对浑然一体的本能的打断而执为我，脱离了宇宙生命浑然一体性，而陷入孤立中；或，沉溺于人心在对象化世界投射物、模拟物，如以动物心比拟人心，遗忘本心。

二、以性活释性善

由于人性的不稳定性和杂多的表现形式，如何在价值上给予其善恶判断？梁漱溟在《孔家思想史》中详尽地探讨了这个问题。传统有关人性的讨论中，观点也很多，如性善、性恶、性善恶混杂、性三品及性无善无恶等。梁漱溟始终坚持性善论，认为讨论这个问题需要一种研究方法：确立思考的角度，即说话者的立足点。在传统争论中，关于性的看法众多，梁漱溟首先从方法上辨明自己的立场，他说：言说性善的立场是主观的，而非静观的，否则就无所谓善恶。①

这种包含说话者立场的带有主观色彩的判断能否构成普遍的知

① 梁漱溟《梁漱溟全集》第7卷，第951页。

识？梁漱溟在《人心与人生》中给予了说明，并区分了两种知识。梁漱溟对“知识”的定义可以以柏格森的理智的认识能力作为参照。柏格森认为理智是一些关系性的认识，并不具备内容，需要与本能的认识能力结合构成知识。梁漱溟在此基础上更进一步，认为知识是本于生命立场，“要识得其与我（生命—主体）之关系意义如何，各事物彼此间之关系意义如何（包涵其相关规律）。凡此关系意义未明者，即其观念、概念未明，未成其为知识；而其关系意义既明者，亦即接纳到我固有知识系统中来了”①。在这里，梁漱溟实际区分了两种知识，一种是与我之关系意义的知识，还有一种则是类似于柏格森的理智的认识能力构成的知识。比较值得注意的是与我之关系意义的知识，这种知识同样也是以理智作为认识能力，但它重在与“我”的关系意义上，换言之，没有“我”，这种知识就无法得到。他认为，这两种知识的表达形式也不同，关于物与物之间关系意义如何的知识，就是物理的知识，其表达形式是“如果……那么”；而关于我与事物之间关系意义如何的知识，是情理的知识，表达形式是“你应当……”。物理的知识具有真假性，却对行动没有力量；真正有力量的反而是情理的知识，它直接作用于意志。这样一种知识，其实也就是良知良能，它不是一种对象化的知识，而是自觉、自知。这种自知自觉与其说是增加外部知识，毋宁说是觉悟到自身的真实的甚至带有绝对意义上的喜怒哀乐，类似“如好好色，如恶恶臭”。这种觉悟按他早期的说法可以包含两种直觉（附于感性的直觉，附于理智的直觉），按后期的说法是理智减之又减后的无私的感情。因其无私，所以具有“公”性。然而，在情理的知识何以“理之同

① 梁漱溟《梁漱溟全集》第3卷，第566页。

然”的证明上面，梁漱溟并没有证明完全。

这种必须带有主观判断的性善与性恶究竟指的是什么呢？梁漱溟在《孔家思想史》中详尽回答了这个问题。我们不能一开始就对善、恶做出规定，但可以对具有客观色彩的性进行解释。“孟子所说的性善，不是已然的善……且不是未然的善。……而只是一个将然的善。……将然即是指性，即指此活的倾向。”① 梁漱溟认为，一般提到孟子式的性善，都以为性善是一呆板的东西、不可改变的局面，这实际上是对性善最大的误解。真正的“性善”只是一活的倾向，即它不是已然的善，也不是抽象的未来趋向的善，而是当下就包含着善的倾向，此一倾向是将然与已然的统一，这就是活形势的真实含义。

由此，为善就是顺此活倾向扩充。扩充并非一空间逻辑的观念，而是柏格森式的时间概念，就是生命的当下显现，也就是心。这可以与颜回式的“不懈”功夫结合。不善则是不顺这个活的倾向，梁漱溟引《孟子》中的话，“若夫为不善，非才之罪也。……求则得之，舍则失之。或相倍蓰而无算者，不能尽其才者也”②，将“才”作倾向解释。然而，更进一步讲，为善或不为善并不是人多出一个心有意为之，也不是毫无作为的自然，梁漱溟用“自然勉强”来形容。生命的本性是当下的活动性对已成的呆定局面的努力 跃。“善不但是由自然，而实在非自然不行。只能从活泼发出，从容自在，不能勉强。一为斟酌损益，即不是也。因由生命出来，本是活泼自

① 梁漱溟《梁漱溟全集》第7卷，第951页。
② 梁漱溟《梁漱溟全集》第7卷，第952页。

然，所谓鸢飞鱼跃者是也。”[1] 但另外一方面，所谓自然也包含了奋勉不懈。“不带力气也不好，多费力气也不行，必须是由极灵活的心发出来的东西，一面则从容自在，一面则带有力气……我们说一个善，自都具备两个条件。”[2]

梁漱溟再论善恶，善是一种可爱的活动，是有生命的时候发出来的。活就是善，善是自由。生命彻底消失则无所谓善恶，或者说是彻底的无机材料世界与死。恶，不是善的对立面，恶是生命的缺乏和偷懒，生命的不足（偷懒）不是发端，而是一个结果，是不自由。为恶只是无力发出善，是生命无力呈现出那一活的倾向。当小恶越积越多，则成恶的定局，这种恶，实际上不来自内，而完全是被动且外在了。所以，恶没有自性。性恶论只是一种结果的体现，它没有真正的来源，没有从“端”处寻求。

梁漱溟的这一从性活论言性善的总体风格至此成型，在日后的思考中，虽然在具体表述上有所变化，但主旨不变。梁漱溟后期思想中用更加具体的情感意志的倾向表述“性活”。情在东西方的思想传统中都是被贬抑的，中国传统对“情”态度十分谨慎，情总体需要节制或者被超越[3]，西方传统更是高扬理性主义而视情为感性大加排斥。在这一点上，梁漱溟可以说较前人更为大胆地肯定了情的存在及作用，即使这种情在梁漱溟这里也仅就“无私的感情”而论，依然是道德情感，并且被他同时代思想家所批评。

---

① 梁漱溟《梁漱溟全集》第 7 卷，第 969 页。

② 梁漱溟《梁漱溟全集》第 7 卷，第 969 页。

③ 虽然中国礼乐传统尤其是乐教对人的情感给予了合适的疏导，但参考《中庸》“喜怒哀乐之未发谓之中，发而皆中节谓之和”可以推测，乐教的目的并不为情本身而积极存在。

关于情，梁漱溟在《孔家思想史》中认为是生命舒展出的一点活气。这是一个比较粗略的说法。实际上就梁漱溟的唯识学知识背景来看，情相当于附在心王的心所，它和知、意一同构成了心，亦即构成了心的创生性，并处于转识成智中。就体用关系来看，情是心的表露，是形于外的，但始终与体不相离，所以梁漱溟在追溯道德的来源时，需要通过对"无私的感情"来探讨。就修身工夫来看，情是人己关的枢纽，而意是身心关的枢纽。所以作用到意的工夫是慎独、毋自欺，而作用到情的工夫是情理感通；作用于意的工夫是隐蔽的，而情的感通则是形于外可见可学的。这大致与早期的"自然勉强"类似。

三、性活说的发用

梁漱溟以性活论阐释性善论的重点不单是要阐明义理，更重要的是寻找改造人类生活的契机。也正是在这个意义上，性活论的特性才表达完全。《孟子》一书言性善，有关性善的篇幅并不多，更多的篇幅留给了仁政。仁政取决于君主的良知良能和老百姓的安分守己。这大致也是传统儒学的共同目标。而梁漱溟所处的大变革历史环境则迫使他不得不超出前人。他的性活说除了保持性善论体系的一贯性，还有两处显现出时代新意：一是对"信"的高举；一是在群体中，在具体的情理—礼俗形成过程中提出了"切磋商讨"原则。

梁漱溟对"信"的高举实际上是延续儒家"唯信能立"的传统，但他言及信时，强调的是无条件的信，绝对的相信。梁漱溟在《朝话》中就提及信任问题，认为社会太死是因为私意太重。信任是合作及整个社会启动的根本。有关信任的基础，一般观念不外乎理智判断、历史经验积累，相反，感性意义上的信是最不可靠的，但梁漱溟认为情谊相通方才是信任与合作之本。在《人心与人生》中他进一步强调，人与万物之间的感召中，唯人与人之间感召力最强。这意味着人与人的情谊是最为相通的。这种情谊相通，不仅是一种善良的愿望，而且是复归于生命之活性最近的途径。情谊相通并不需要做特别大的努力，而只要人人决定走出有私小我，去相信当下，则全局可通、可以活。

梁漱溟在乡村建设中所形成的团体中的诚心“切磋商讨”原则形成一条条具体的情理，这样的情理才是真正具有生命力的，也是性活说的现实发用。梁漱溟走出了圣人替万民设教的传统思路，回归到具体的生活情境中，让一个个个体都能充分表达自己的心之同然，甚至可以达到你替我说出我的心思，我替你说出你的心思的高度默契的理想程度，从而再一次情谊相通，复归于宇宙生命性活之大体。

梁漱溟先生对传统性善论的系统阐释到此结束，其现实发用部分梁漱溟先生个人身体力行并为之奋斗大半生。在中国大变革的转折处，历史并没有选择梁漱溟的学说，也许由于人类社会的复杂性与多面性，这套理论也难真正实现，但在某个历史的瞬间，或对于某个个体人生，这一理论还是极为智慧且具有价值的。

《四书集注》流传形态与《孟子》升经的动力

——兼驳《集注》起初以学论孟庸为次之说

北京大学儒藏编纂与研究中心　李畅然

一、四书著作分《学》《庸》、《论》《孟》二组的传统与《孟子》升经动力之归属

朱熹《四书章句集注》影响深远。此书版本一般以《学》《庸》《论》《孟》为次，但《四库全书总目》认为起初次第是《学》《论》《孟》《庸》，后来书坊为了刷印装订方便，始将篇幅较小的《中庸章句》提到紧随《大学章句》之后：

> 原本首《大学》，次《论语》，次《孟子》，次《中庸》，书肆刊本以《大学》《中庸》篇页无多，并为一册，遂移《中庸》于《论语》前。明代科举命题又以作者先后移《中庸》于《孟子》前。然非宏旨所关，不必定复其旧也。（卷三五，文渊阁《四库全书》本，以下简称“四库本”）

《四书集注》原本次第之说并非四库馆臣首创。笔者对《四书集注》的版本没有研究，以管见所及，明初永乐间官方编纂《四书集注》衍生著作——《四书大全》，尽管其原始编次是《学》《庸》《论》《孟》，且为后世大多数版本所沿用，然而确有万历间（1573—1620）周士显校正留耕堂周誉吾刻《周会魁校正四书大全》十八卷本、清刘孔敬较阅梦松轩本和四库本即依此为序，可见此说至晚到明万历年间就有了。那么问题是，朱熹当年的《四书章句集注》是否即依此编次，抑或采用别种不同于《学》《庸》《论》《孟》的编次？

我们的答案是否定的。因为《四书章句集注》无论成书还是早期流传，都是《大学章句》《中庸章句》为一组，《论语集注》《孟子集注》为一组，因而不可能出现两组之间的交叉关联。至于读书次第，自然可以与藏书之编次区别开来。如果认为读书只能按版本的编次依次读下来，那是荒谬的，完全经不起推敲。即便是一本书，读者也可以从任何一页或者一个篇章开始读。何况四书的目录学性质始终界乎丛书和单部著作之间，甚至丛书的性质是主流。而丛书的编次始终是松散的，特别是早期。即便时至今日，一个人得到一套《四库全书》，难道第一部只能读《子夏易传》，而《中原音韵》则必须留到最后？其机械迂阔有不待言者。

当然《大学》居《中庸》前，与《礼记》中的篇第恰好相反，应该还是跟《大学》属入门读物、《中庸》比较难有关，也即照顾到了朱熹关于《学》《庸》难易程度的判别。至于《论》《孟》的顺序，无论依内容重要程度、作者时代先后，还是朱熹关于四书研习次序的论述（包括阅读难易），都起不到区别作用，结果都是《论》先而《孟》后。

关于分两组的问题，已有许家星撰文，根据朱熹的生平资料论证得很清楚，例如说“朱子此时对四书的处理是《学》《庸》并提，《论》《孟》并提，并无四书合刻”①。本文主要从目录学和版本学的角度做一点补充和申发。②

其实从朱熹《四书章句集注》分两组，各组子目的书名一属“章句”，一属“集注”，即已很能说明问题。与《章句集注》配套的先导著作，《论》《孟》有《精义》（或《集义》等），而《中庸》是与石墩《集解》相对的《辑略》，《大学》则无相应的成熟编纂③，也能看出《学》《庸》与《论》《孟》在内容关联度上联系不强。从非正文构件看亦然，朱熹于《学庸章句》俱有淳熙十六年己酉（1189）序，于《论孟集注》则皆为序说，而二书共享的《读论语孟子法》则更加证明《论》《孟》二书在写作上即属于一组。类似地，朱熹于《论孟精义》也有统一的乾道八年壬辰（1172）序，有统一的《论孟精义纲领》，后者区别于《论语精义纲领》和《孟子精义纲领》。

早于或同时于朱熹的学者，而且不限于二程学脉，其四书范围的著作也常常以《学》《庸》为一组，《论》《孟》为一组。例如现存最早的私藏目录，南宋尤袤（1127—1202，一说1127—1194）《遂初堂书目》于“礼类”载“玉泉（当即喻樗④）《中庸》《大学》、

---

① 许家星《朱子四书学形成新考》，《中国哲学史》2013年第1期。

② 值得注意的是许文也利用了《朱子全书》本《四书或问》的整理说明所涉及的版本目录情况。

③ 朱熹四十岁前有《大学集传》或《集解》，详见许家星文。

④ 《直斋书录解题》卷三载其《论语学》十卷（中华书局编辑部编《宋元明清书目题跋丛刊》第1册，中华书局2006年版，第548页）。顾宏义《“四书”释名》文末据《经义考》著录有喻氏《四书性理窟》，更早的证据只查到明初县志，载《哲学与时代：朱子学国际学术研讨会论文集》，华东师范大学出版社2012年版，第393页。

朱氏（朱熹）《中庸》《大学》①、四先生《中庸大学解》”②，于“论语类（孝经孟子附）”载“王逢原（王令）《语孟解》、程氏《语孟说》……颍滨（苏辙）《论孟拾遗》、五峰（胡宏）《论孟指南》……《语③孟集义》”④。

晁公武（1105—1180）《郡斋读书志》衢州本于卷四“论语类”载程颐“伊川《论语说》十卷”、尹焞“尹氏《论语义》十卷”，于卷十“儒家类”载程颐“伊川《解孟子》十四卷”。⑤

淳祐九年（1249）赵希弁《（郡斋读书志）附志》卷上（载袁州本《昭德先生读书志》卷五）“经解类”于礼⑥载朱熹“《中庸章句》一卷《或问》二卷、⑦《中庸辑略》二卷、《大学章句》一卷《或问》二卷”⑧，于语孟载朱熹“《论语精义》十卷、《孟子精义》十四卷”、朱熹“《论语集注》十卷、《孟子集注》十四卷”、张栻“《论语说》三卷、《孟子说》七卷”⑨。

陈振孙（约1183—?）《直斋书录解题》卷二“礼类”载司马光（1019—1086）“《中庸大学广义》一卷”、张九成（1092—1159）“《中庸大学说》各一卷《少仪解》附”、朱熹“《大学章句》一卷

---

① 四库本《遂初堂书目》作“朱氏中庸说”。

② 中华书局编辑部编《宋元明清书目题跋丛刊》第1册，第477页。

③ 四库本“语”作“论”。

④ 中华书局编辑部编《宋元明清书目题跋丛刊》第1册，第479页。

⑤ 中华书局编辑部编《宋元明清书目题跋丛刊》第2册，第574、575、634页。尹书因陈振孙著录有《孟子》，故亦举出。

⑥ 赵氏《附志》既无经史子集那样的一级类目，也未立三级类目。下文仿此。

⑦ 条目中有顿号表示换行，没顿号即没换行。余仿此。

⑧ 中华书局编辑部编《宋元明清书目题跋丛刊》第2册，第134页。

⑨ 中华书局编辑部编《宋元明清书目题跋丛刊》第2册，第136页。

《或问》二卷《中庸章句》一卷《或问》二卷”[1]、朱熹“《中庸辑略》一卷”[2]，卷三“语孟类”则载王令“《王氏论语解》十卷《孟子解》五卷”[3]、尹焞“《尹氏论语解》十卷《孟子解》十四卷”、张九成“《张氏论语解》二十卷《孟子解》十四卷”、张栻“《南轩论语说》十卷《孟子说》十七卷”、朱熹“《语孟集义》三[4]十四卷”[5]、朱熹“《论语集注》十卷《孟子集注》十四卷”、朱熹“《论语或问》十卷《孟子或问》十四卷”、戴溪（1141—1215）“《石鼓论语答问》三卷《孟子答问》三卷”、陈耆卿（1180—1236）“《论语纪蒙》六卷《孟子纪蒙》十四卷”[6]。

元代仍然可以看出。如元胡师安《西湖书院重整书目》载“《语孟集注》”。[7] 马端临《文献通考》于卷一八一“礼”类著录张九成“《张无垢中庸说》六卷、《大学说》二卷”、朱熹“《大学章句》《或问》《中庸章句》《或问》各三卷”、朱熹“《中庸辑略》二卷”[8]，于卷一八四“论语”类载王令“《王令论语》十卷”[9]、程颐“《伊川论语说》十卷”、尹焞“《尹彦明论语解》十卷”、张九成“《张氏论语解》二十卷”[10]、张栻“《南轩论语说》十卷”、朱熹

① 中华书局编辑部编《宋元明清书目题跋丛刊》第1册，第533页。

② 中华书局编辑部编《宋元明清书目题跋丛刊》第1册，第534页。

③ 中华书局编辑部编《宋元明清书目题跋丛刊》第1册，第547页。

④ 四库本同书作“二”。

⑤ 中华书局编辑部编《宋元明清书目题跋丛刊》第1册，第548页。

⑥ 中华书局编辑部编《宋元明清书目题跋丛刊》第1册，第549页。

⑦ 中华书局编辑部编《宋元明清书目题跋丛刊》第3册，第1页。附及，同页载有“《文公四书》”一条，可证临漳所刊四子非《章句集注》。

⑧ 中华书局编辑部编《宋元明清书目题跋丛刊》第3册，第84页。

⑨ 中华书局编辑部编《宋元明清书目题跋丛刊》第3册，第102页。

⑩ 中华书局编辑部编《宋元明清书目题跋丛刊》第3册，第103页。

“《论语集义》三十四卷”①、朱熹“《论语集注》十卷”、朱熹“《论语或问》十卷”、戴溪“《石鼓论语答问》三卷”、陈耆卿“《论语纪蒙》六卷”②，于“孟子”类载程颐“《伊川孟子解》十四卷”、王令“《王逢原孟子解》五卷”、尹焞“《尹氏孟子解》十四卷”、张九成“《张无垢孟子解》十四卷”、张栻“《张南轩孟子说》十七卷”、朱熹“《晦庵孟子集注》《或问》各十四卷”、戴溪“《石鼓孟子答问》三卷”、陈耆卿“《陈寿老孟子纪蒙》十四卷”③。值得注意的是马书自“《张无垢孟子解》十四卷”至“《陈寿老孟子纪蒙》十四卷”的五个条目只有一条总注：“说并见‘论语’条下。”足证马书虽然依其类目将《论语》《孟子》著作分开叙述，然而著作内部的关联无从抹杀。《宋史·艺文志》（卷二百二，四库本）于“礼类”著录“吕大临《大学》一卷又《中庸》一卷”“司马光等《六家中庸大学解义》一卷”“（朱熹）《大学章句》一卷《或问》二卷《中庸章句》一卷《或问》二卷《中庸辑略》二卷”“张九成《中庸说》一卷《大学说》一卷”“司马光《中庸大学广义》一卷”“陈尧道《中庸说》十三卷又《大学说》十一卷”“谢兴甫《中庸大学讲义》三卷”。“论语类”和卷二百五子部“儒家类”从略。

四书类著作两组书写作时间可以不同，当然也完全可能只撰写四书两组中的某一种；但在作者和收藏者的意识当中，《学》《庸》一组，《论》《孟》一组，观念一直如此；只要作者注解其一，就有倾向注同组的另一部书（当然可以注意，宋代仅发生过只注《中庸》不注

---

① 按，此卷数疑乃马端临将《孟子集义》移出而忘记修改。马书下文并未载《孟子集义》或《孟子精义》。

② 中华书局编辑部编《宋元明清书目题跋丛刊》第3册，第104～105页。

③ 中华书局编辑部编《宋元明清书目题跋丛刊》第3册，第106页。

《大学》而没有相反情况，这与《大学》属入门读物，比较简单有关）。这种《论》《孟》一组的著述习惯，已经造成了《孟子》在目录学上由子升经的升格运动；四书的推动力，至此则尚未形成。直到朱熹后学有关四书的系列著作大规模出现，始渐次造就出牢固的四书观念。这种新观念的首要特征，是于四书不再分拟“章句”“集注”那样不同的书名，而是使用统一的书名；甚至不再为四部书分别作序，而是统一撰一个序（跋）。约明代以后，这种观念又有了新发展，即不少四书学著作于各卷通题“四书某名卷第一”至“四书某名卷第几”，其下再分《学》《庸》《论》《孟》，而不像宋元那样于四书分别题“大学某名卷第一”至“大学某名卷第几”、“中庸某名卷第一”至“中庸某名卷第几”、“论语某名卷第一”至“论语某名卷第几”、“孟子某名卷第一”至“孟子某名卷第几”等。直到此时，四书作为丛书的地位才遗失殆尽，变成纯正的单一著作，这是四书观念发展的极致。倘囿于后世的四书观念来套在古人头上，就会框住历史，出现认识上的偏执。

然而宋元时期的朱熹后学即便使用统一的书名，也可以看到他们依然有二组分撰的倾向。如真德秀生前只编写了《中庸集编》《大学集编》，而《论语集编》《孟子集编》则是后学据《西山读书记》等资料补辑（详四库提要）。蔡模今传《孟子集疏》十四卷，但据赵顺孙《四书纂疏》，著有《大学演说》《论语集疏》《孟子集疏》（详四库提要），可见蔡氏著书也是《学》《庸》一组，《论》《孟》一组。金履祥既有《论语集注考证》十卷、《孟子集注考证》七卷，又有《大学章句疏义》一卷。① 其《论》《孟》著作名“考证”，是

① 详顾宏义《朱门后学〈四书〉著述与晚宋理学的发展》，《朱子学刊》2013年第1辑。

避赵顺孙《四书纂疏》之名（详四库提要），则其疏《大学》时或许尚未见到赵疏，情况与蔡模未必相同。

二、《四书集注》早期流传形态以《学庸章句或问》一组，《论孟集注》一组

今天比较容易见到的朱熹四书著作，是以《四书集注》《四书或问》《中庸辑略》《论孟精义》的形态流传。但早期的流传形态，却是《大学章句、或问》《中庸章句、或问》，甚至还有《中庸辑略》一组，《论孟集注》一组。[①] 从本文前一部分所引宋元书目有关的著录，已经非常明显。当时的史料也可以证明。如端平元年“十月丁卯，翰林学士知制诰兼侍读真德秀奏乞进读文公朱熹《大学章句》《或问》，从之”（《宋史全文》卷三二，四库本）。真德秀《劝学文》亦谓“南轩之《论孟说》、晦庵之《大学中庸章句》《或问》《论孟集注》则于学者为尤切”（《西山文集》卷四十，四库本）。[②] 像现存最早的宋当涂郡斋刻大字本《四书章句集注》，尽管不含《或问》，但同样是先刻了《论》《孟》（嘉定十二年，1219），然后又刻了《学》《庸》。其《大学》后有淳祐十二年壬子（1252）马光祖识语：“当涂郡斋旧有文公《语孟集注》。……光祖竭来假守，依仿规制，取《中庸大学章句》并刊之，足成四书。《语》《孟》岁月浸久，间有漫灭，就加整治。”既然识语在《大学》卷末，文中叙述亦以《中庸》《大学》为序，足以确认刊行者是认为《中庸章句》居《大学

---

① 这一点许家星《朱子四书学形成新考》也已意识到。

② 以上参见顾宏义《朱门后学〈四书〉著述与晚宋理学的发展》，《朱子学刊》2013 年第 1 辑。许家星《朱子四书学形成新考》则引了魏了翁《朱文公五书问答序》。

章句》前的，这恐怕是因为《礼记》中《中庸》居第三十一，《大学》居四十二所致，与朱熹二《章句》原本的次序无关。这尽管与马光祖等人于朱子学不够熟悉、深入有关①，但还是能说明丛书中的次第不是那么要紧。

至于《论孟集注》何以未与相应的《论孟或问》一组流传，是因为朱熹在世时很早即顾不上同步修订《论孟或问》，因此后来一直向友人及学生说明《论孟或问》已与《集注》不相对应，可以不看。这一方面是因为《论》《孟》篇幅较大，修订一遍大费周章；另一方面则是因为《论孟精义》在不断补充扩大。今传本只限于二程学脉，但朱熹后来已经把采择范围大大扩大了②，从而大大增加了同步修订《或问》的难度。而《学庸或问》篇幅较小，尤其是注解《大学》者鲜，写作时需要照顾到的羁绊较少，所以朱熹生前一直与《学庸章句》保持同步。这种篇幅上的对比，典型的例子是宋代有人刻行了《大学或问》二卷、《中庸或问》二卷、《论语或问纂要》□卷、《孟子或问纂要》一卷。③ 朱熹《晦庵集》里凡涉及《或问》之书信，绝大多数都是讨论《学》《庸》，尤其是《中庸》的。而《论孟精义（集义)》未与《论孟集注》一组流传，则主要是卷帙较大之故。像前引宋元目录著录可以看到，《大学或问》是紧跟《大学章句》,《中庸或问》仿此，而《论》《孟》则永远是《集注》一组、

① 郭齐认为“应该不是没有根据的”，与本文的认识相左。参见郭齐《朱熹〈四书〉次序考论》,《四川大学学报》（哲学社会科学版）2000 年第 6 期。

② 参见钱穆《朱子之四书学》,《朱子新学案》中册，巴蜀书社 1987 年版，第 1361 ~ 1362 页。

③ 载《中国古籍善本书目 · 经部》三三二〇号，上海古籍出版社 1990 年版。当然这或许也有编者对《论孟或问》已跟不上修订、需严加筛汰的考虑。

《精义》一组，而非《论语》一组、《孟子》一组。

明永乐编《四书大全》时，《学庸章句》就是采用了带有《或问》的原始版本，所收解说除陈祥道、二程、谢良佐、朱熹外，尚有蔡渊、陈淳、程若庸、真德秀、卢孝孙、赵顺孙、黄渊、陈栎、倪士毅、东窗李氏等很多家。这些人未必都注过《或问》，只是因为他们注《四书集注》时会倾向于把《或问》、朱熹文集、《朱子语类》等材料都用进去，所以会存在相关内容。但的确存在注者把《学》《庸》二《或问》作为单独的解说对象。如宋熊禾《四书章句集注标题》二十一卷，就包括《大学或问》和《中庸或问》各一卷（《中国古籍善本书目·经部》三三一九号，下文引同书只注编号）。元张存中《四书通证》于《大学》即题《大学章句或问通证》，《中庸》仿此。《四书大全》前身元倪士毅《四书辑释》分别于《学庸辑释》后各列《朱子或问》一卷（三三四三号）；许家星《朱子四书学形成新考》则注意到倪书两大来源之一胡炳文《四书通》“收入《学庸或问》”（不过笔者于四库本胡书中尚未找到相应内容①）。这些是《四书大全》带有《学庸或问》最直接的历史动因。

这种带《学庸或问》的《四书集注》，直到明代依然不鲜见。有明确年代的版本至晚到嘉靖。今天能见到的带《或问》的《四书集注》版本中，最早的是两个元刻本。一为至正二十二年（1362）沈氏尚德堂刊本（三三〇二号），含《大学章句或问》一卷、《中庸章句或问》一卷、《论语集注》十卷、《孟子集注》七卷；一本具体

---

① 胡书卷首《朱子四书引用姓氏》末云“《庸学或问》不敢分析，失朱夫子本意，编附于《章句通》后”，但末署天历二年（1329）张存中（四库本，第七页），然则所谓《章句通》殆指张氏《通证》而言。陈栎和胡炳文的书都是以简明著称的，详《四书大全》四库提要。

年代不详（三二九七号），是《大学章句》一卷、《或问》二卷、《中庸章句》一卷、《或问》二卷、《论语集注》十卷、《孟子集注》十四卷。明代版本除年代不详者外，均晚于永乐（1403—1424）。最早的是正统十二年（1447）司礼监本（三三〇〇号），为《大学章句》一卷、《或问》一卷、《中庸章句》一卷、《或问》一卷、《论语集注》十卷、《孟子集注》十四卷。又有成化十六年（1480）吉府刻本（三二九八号），分卷同司礼监本；嘉靖（1522—1566）应槚刻本，《论语集注》分二十卷（三二九八号）；嘉靖吉澄刻本则《孟子集注》分七卷（三二八七号）；嘉靖四十三年（1564）益藩乐善堂刻本《四书集注》仅存《学》《庸》部分，分卷亦同司礼监本。此外《中国古籍善本书目·经部》著录的明本尚有三三〇一号，分卷亦同司礼监本；三三一六号、三三一八号，分卷同应槚刻本；三二八九号，分卷同吉澄刻本。徐德明[①]认为明代带《学庸或问》的《四书集注》刻本俱出司礼监本，单从分卷看似无太大问题；认为明司礼监本出永乐《四书大全》，而《四书大全》出元尚德堂本，则似有再验证的余地。因为其一，元代至少尚有另一个本子也带《学庸或问》，今天见不到的宋本永乐年间（甚至更晚）也很可能见到，所以正统年间司礼监本甚至更晚的明本依然存在径据宋元旧本的概率；其二，《四书大全》是《大学》不分卷，《中庸》无论《章句》还是《或问》都分上下卷，这与已知元本和后来的司礼监本都不同。[②] 这种问题只能通过细致的文字比勘得

① 徐德明《〈四书章句集注〉版本考略》，《华东师范大学学报》（哲学社会科学版）1998 年第 4 期。《朱子全书》略同。

② 当然《中庸章句》《中庸或问》俱分上下卷直接原因是篇幅过大，则源出一卷本的可能性大。

以解决。

带《学庸或问》的《四书集注》逐渐退出历史舞台，一方面是《论孟或问》在日益成熟、强大的四书观念的作用下对《学庸或问》的吸引，以及《四书集注》在科举中居核心地位带来对《学庸或问》的排斥，使《学庸或问》脱离了最初的流传“团队”——《学庸章句》，转投了其实“落伍”、不太有资格与自身匹配的《论孟或问》（《四书或问》结集过程在明弘治以后完成[①]）；另一方面，则是因为凡解说《四书集注》特别是编纂“大全”类资料汇编的四书著作，往往要参考甚至大段打散引用《或问》，导致《集注》附带独立成帙之《学庸或问》的必要性降低。

当然，笔者猜测朱熹绍熙元年庚戌（1190）于临漳所刊四书，或许是按照《学》《论》《庸》《孟》或《学》《论》《孟》《庸》的次第编排。《书临漳所刊四子后》使用了“先后”的字眼：“故今刻四古经而遂及乎此四书者，以先后之。”（《晦庵集》卷八二，四库本）。朱熹向别人追述时用了同样的字眼：“是以顷年尝刻四古经于临漳，而复刻此四书，以先后其说，又略述鄙意以附书后。”（《答曹元可》，《晦庵集》卷五九）所谓“先后其说”，似乎即指经子各品种的评骘暨排序。《学》《论》《庸》《孟》是文中所述程子教人之次，但现存二程文献中找不到。当然文中主要述四书相对于六经的基础优先性，《学》《论》《庸》《孟》只是依朱熹所认为的作者时代

① 详黄珅《四书或问》校点说明，《儒藏》精华编一一〇册，北京大学出版社2008年版。《朱子全书》略同。当然黄文已经指出明初《文渊阁书目》已载有《四书或问》，见《文渊阁书目》卷四，中华书局编辑部编《宋元明清书目题跋丛刊》第4册，第36页。

先后而已①，其内部次第相对而言没那么重要。而《学》《论》《孟》《庸》，许家星文主此次第，是依文中朱熹的点评做的调整，符合朱熹六十岁以后关于研习四书最常举的一种次序。这应该是朱熹在写书刻书过程中考虑四书整体次第绝无仅有的一次。但假如只是依作者年代先后排列（也即《学》《论》《庸》《孟》），则其历史意义微乎其微。

---

① 参见郭齐《朱熹〈四书〉次序考论》，《四川大学学报》（哲学社会科学版）2000年第6期。

赵佑《四书温故录》的心学和义理研究

山东大学儒学高等研究院　王小婷

赵佑（1727—1800），字启人，号鹿泉，与翟灏一样是浙江仁和（今杭州）人。家贫，五岁而孤。乾隆十七年壬申（1752）进士，由翰林院编修考选京畿道御史，转工科给事中、吏科掌印，历升大理寺左都御史，官至吏部侍郎，服官四十余载，清敏自矢。[①] 乾隆五十二年（1787）赵佑六十岁时将著作汇为《清献堂全编》，包括诗文集八卷、《尚书质疑》二卷、《尚书异读考》六卷、《草木疏校正》二卷、《春秋三传疑案》十卷、《读春秋存稿》四卷、《诗细》十二卷和《四书温故录》十卷附专辑《孟子章指》一卷。

焦循《孟子正义》于时人著作引用最多的是翟灏的《四书考异》、周广业的《孟子四考》、周柄中的《四书典故辨正》和赵佑的《四书温故录》，其中引赵书凡 76 次[②]，足见赵佑《四书温故录》在清代《孟子》学史中享有非常重要的地位。尽管与另外三书相比，

---

① 黄叔璥《国朝御史题名》，清光绪刻本，乾隆二十六年下。李格《杭州府志》卷一二六引《武林人物新志》《杭郡诗续辑》，民国十一年本。

② 翟书 77 次，周广业书 95 次，周柄中书 58 次（含 1 次作“炳”）。

《温故录》还是有较为明显的讲章气息，但其考据精核，特别是对赵注和伪孙奭疏下过极大的功夫，分析鞭辟入里，足以与三书并列为乾隆后期的孟学四大考据类名著。

《四书温故录》有十一卷，除末卷附辑《孟子章指》以外，四卷关乎《孟子》本文者：卷七综论 4 条，《梁惠王》32 条；卷八《公孙丑》31 条，《滕文公》30 条；卷九《离娄》34 条，《万章》29 条；卷十《告子》33 条，《尽心》38 条。此外《论语》占五卷，《大学》《中庸》合占一卷。除乾隆五十二年清献堂本外，又有乾隆六十年福建泉州安溪县谢大馨刻本。①

《四书温故录》的宗旨

赵佑作于乾隆五十二年六月五日的《四书温故录自序》揭示了全书的宗旨，即利用古注疏来丰富国家勒为功令的朱熹注，或者突显出朱注在选择上的用心。从教育顺序而言，四书先于五经，所以四书为故；但从历史次第而言，显然是五经为四书之故。在四书的注解当中，又以古注疏为朱注之故，通过对古注疏的分析评价，可以看出朱子是如何去非存是加以抉择的：

> 莫故于四书，吾所最先习之者也，五经则待四书毕而后习者也。其在四书，以五经为故，读四书不进之以五经，不足以通四书也；其在《四书集注》，以古注疏为故，读《集注》不兼之以古注疏，不足以见紫阳采集之精、体经明道之功。凡诸儒之勤勤于注之疏之者，亦均自故出，均有功于其间，而所见

① 后者四川省图书馆有藏。

之分诣不同，故其所得仅止于肤末而至有纰缪显然之失，以俟朱子善求故用故而不泥于故，为之去非存是，旁罗众说，举其大纲，析其微奥而后称集成焉。故遵朱者，不易之定典也。世之学者或偶凭一隅之异同，妄矣陋矣。(443 下①)

但古注疏仍有可取之处，不宜埋没：

虽然，凡故之异乎朱子而纰缪显然者，既非读之不足以见其有同乎朱子而仍不及朱子或较过于朱子，与夫虽异夫朱子而未尝不足以备学者质疑析难，参今注所不逮者，则亦皆朱子所以俟学者之善求而自得之，初无碍乎其为遵朱者也。佑读《论》《孟》注疏越数四，始敢稍点笔其中，随他见闻，以时存记，期乎免遗忘，备质证，广启迪。久乃别录出之，或篇或段，不拘章句节次，不多分卷。《学》《庸》裁数篇。末为重辑赵岐《孟子章指》，统名之曰《四书温故》。(443 下—444 上)

所以，该书之“温故”仍是为了“知新”，为了达到对经书更好的理解。

因此，该书于《孟子》除了研读赵注和孙奭《孟子音义》、伪孙奭疏，尚有广泛的阅读。管见所及，所引他人之说包括宋饶鲁（如 603 下，当源出《四书大全》)，元人《四书辨疑》（如 566 上），清初孙奇逢（如 610 下），康熙年间魏裔介（如 632 上）、焦袁熹

① 指《四书温故录》，《续修四库全书》第 166 册，上海古籍出版社影印华东师范大学图书馆藏清乾隆刻《清献堂全编》本，第 443 页下栏。余仿此。

（如611上、624下），乾隆年间程大中（如607下）等。

之所以说《温故录》有较为明显的讲章气息，是因为它对文义抠得特别细。例如《公孙丑上》末章："伯夷隘，柳下惠不恭，隘与不恭，君子不由也。"《温故录》提醒隘与不恭只是伯夷、柳下惠的缺点，不是说不应当以夷、惠为榜样：

> 四字离开夷惠说，莫仍粘夷惠说。此教人以不可为隘与不恭，非教人以不可学夷惠也。凡学古人，在得其真，勿袭其似，此杜诗"皮毛骨里"之喻。（卷八孟子二"隘与不恭"条，582上）

又如《尽心上》首章"修身以俟之"，《温故录》认为赵岐注不像朱熹注那样提到"死"——"修身以俟死"，注得比较好：

> 注："修正其身，以待天命。"不言"俟死"，自胜。（卷十孟子四"修身以俟之"条，624上）

按，凡此皆析于毫厘。如果不是为了举业作文，不容易注意到这样的细节。

也正因为仍以服务于举业为宗旨，本书的立场基本上是保守的。这首先表现在政治上尊君，慎言禅让和"《春秋》天子之事"。例如《温故录》于《孟子》首条"读《孟子》法"即提出"读《孟子》当先知孟子之心"，所谓"孟子之心"，主要就是孟子劝诱各国君主实行王道与尊周不矛盾。孟子尊周仍同乎孔子，而劝诸侯行王道乃是"因其欲而动之"（卷七，557上），"歆动之"，"极喻之"（557下），在很大程度上属于宣传策略的工具性质。一旦诸侯明于"仁义王政”等根本（557上），自然会“虽与之以王，将不义而不居，梃而挞天下之不当王者，不待劝矣”（557下）。

因此，尽管《万章下》末章言“异姓之卿”“反覆之而不听，则易位”，《温故录》认为：

> 君位何可易？殷三仁未尝为，孔子未尝言，即伊尹放桐，亦非有废立。且曰“无伊尹之志则篡”，明其不可为典要。知此盖激言之以警昏庸耳。去亦何必在异姓？微子是已；何必待三谏？孔子于鲁卫是已。若乃受恩既深，责任綦重，虽知事无可为，不得不以身殉，岂可概以不去议之？唯尸位养交者乃百无一是。（卷九孟子三“易位去”条，614上）

我们认为赵佑这样的解读说到了点子上，还是合乎孟子真意的，孟子的易位不能与近代的资产阶级革命观混为一谈。

关于禅让，赵佑也认为不是常制，传子才是“万古之常经”：

> 尝谓天下定于与子，本万古之常经。自尧始变之，亦以得人如舜而然耳。然且至历年多，施泽于民久而后定。若当洪水未作，天下方平，尧止应率其常。苟欲息肩，亦惟禅子。朱即不肖，择在朝贤相以辅之可矣。万不获已，择九男中之贤与之可矣。必无预设成心，急图改计，求不知谁何之人，草次而为之，是乱天下也。岂尧之所以为尧哉？彼以畴咨为求禅，不通之悖论，不可不辨。（卷九孟子三①，606上下）

---

① 此条脱标题，疑当作“九男”。

此条为政治上同样比较保守的焦循《孟子正义》所援引。应该说，赵佑的观点有其道理在，毕竟舜也是尧的女婿，并非纯粹的无血缘关系的禅让。

关于《滕文公下》"《春秋》天子之事"，《温故录》强烈批评汉人的素王改制说：

> 知《春秋》者无如孟子"天子之事"一语，直揭心法道法，词简意该，凛然大义，为当时放恣之徒振发聋聩，并预决后世有多事异说不经者，特为尽斩葛藤。天子，周天子也。孔子宪章文武，学礼从周，为下不倍，以周时之人纪周时之事，岂有出于周外，先自为倍而犹以责人者？汉儒既不知《春秋》，赵岐又不知孟子，就其注"设素王之法"一语，便似孔子意中另设一天子，隐文巧托，盖即从公羊家"黜周王鲁"之说出。汉儒皆为《公》《穀》所浸淫也。此后说者棼如，各有出入。杜预较正，而例亦支。及宋以后又多为胡安国所浸淫，谓孔子改制行权，直以天子自处，当时之天子听其忽尊忽贬，甚至以"天"自处，"天子"又不足言，而《春秋》之为罪，其可废不止如"断烂朝报"之讥矣。(卷八孟子二"《春秋》天子之事"条，591 下)

《温故录》随后备引明高拱《春秋正旨》，又梳理"素王"观念的流变，谓本"为古皇之称"（592 下)。《温故录》最后援引了乾隆五十八年赵佑于安徽学政任上收到的礼部命令①，乡会试罢胡传，依《左

---

① 按，此令实下于乾隆五十七年十二月，详白新良《乾隆皇帝传》，百花文艺出版社 2004 年版，第 244～245 页。

传》本事为文，参用《公》《穀》。作者曾有《胡传[1]举正》六卷，《温故录》谓“亦可不存矣”（593 上）。按，是书的确不见于同年刊行的《清献堂全编》。

《温故录》的保守倾向还反映在对《孟子》末章“反经”的理解上。《尽心下》“君子反经而已矣”，《温故录》认为是返回常经之义，特别警惕对“权”的滥用，与焦循《孟子正义》以及戴震《孟子字义疏证》大异其趣：

> “经”对“权”言而已矣，是截断众流语。天下唯权之一说为邪慝之徒易假以行其意之所便，最足以害人心，误家国。曰权术，曰权谋，曰权变，曰权力权势，就一“权”字添换出许多衬托字面，至于言“权且”而事无不可为矣：此皆非圣贤之所谓“权”。《春秋》以后人皆由此一字认错，故《公羊》谬以祭仲之逐君为行权合道，而董仲舒治其学遂有“权谲也”之语。大儒且然，何况其他？
>
> 乡原之“生斯世也，为斯世也，善斯可矣”，即为权之说者也。其蔽由于不知经。明有经而以为不足守，别求所谓权者处之。子莫之执中为近，方自以为权而不知其非权也，徒畔经而已。故孟子并斥之为贼而正告之以反经。
>
> 非经无从得权。经者权之体，权者经之用。孔子之思中道，经权合谓之中，是以不易得。狂者进取，取此经；狷者有所不为，不为不经：是以有可“与”。圣贤虽有教人以经，未尝轻教人以权。故《中庸》终著之曰“唯天下至诚为能经纶天下之大

---

[1] 此二字乃笔者补足。

经"，《孟子》亦终之曰"君子反经而已矣"。后世乡原之徒不绝于天下，即以为文论，彼不求其本于圣人之经而务剽窃揣摩以希合一时者，皆贼也。戒之哉！（卷十孟子四"君子反经而已矣"条，631上下）

赵佑这种立论还是很严正的，《孟子》下句既云"经正，则庶民兴；庶民兴，斯无邪慝矣"，那么将"反（经）"理解为返回，应该是更顺的。《温故录》所谓"经者权之体，权者经之用"①、"经权合谓之中"诸语，俱给人以启迪。

《温故录》的保守倾向也表现在对唐初五经正义"疏不破注"原则的坚守上。尽管本书的宗旨在于存异，在于完善朱注，然而对于伪孙奭疏，经常斥责其不守赵注。最早的如《梁惠王下》"以遏徂莒"，《温故录》附识云：

疏于"文王事昆夷"注引《诗》"昆夷兑矣，惟其喙矣"者，谓其"大与《诗》注不合"，又据《笺》有"文王伐昆夷"之文，谓"文王始初事之，卒不免，故伐之。始初之时，乃服事殷之时"云云，意似直纠注违，欲效范宁之于《穀梁》，而不知其全不当理。赵注何以必与郑笺合耶？文王事昆夷与服事殷何涉？服事殷又何有始卒之别耶？余亦多鄙倍，姑不具论，论其甚者耳。（卷七孟子一"以遏徂莒"条附，569下）

① 此语最早见宋杜道坚《通玄真经缵义》卷五，近者见于明末刘宗周《论语学案》卷五。

又如《尽心下》“二女果”，《温故录》云：

“果，侍也”，《音义》阙。按《说文》：“女侍曰婐。从女果声。《孟子》曰：舜为天子，二女婐。乌果切。”则此作果，特偏旁之缺，训侍实古训相传。孙氏殆偶遗之，抑有脱佚耳。不知伪疏何以忽直攻注，谓其惑于许慎之说而误，别自撰为：“木实曰果，云果者，据①其实而言也。”实若固自当有之也。背妄如此，学者宜以为监。（卷十孟子四“二女果”条，628下）

当然，此二条重点是落在讥伪疏之劣，而不在攻其不守注说。

《四书温故录》对汉宋以及心学的态度

《四书温故录》尽管对赵注孙疏评价很低，但其亲近朱子学读书格物的倾向显然，因此会提出学问即求放心之途。《告子上》：“学问之道无他，求其放心而已矣。”《温故录》云：

注：“人莫知求其心者，惑也。学问所以求之矣。”一语精义。然求放心非学问不为功，学问非求放心不为功：正须兼到乃尽耳。求放心即是求仁义而全乎人也。（卷十孟子四“求其放心而已矣”条，617上）

按，这是借汉儒之口表达了程朱理学于外物格吾心之理的工夫论。

① 四库本、阮刻本《孟子注疏》作“取”。

《温故录》更有斥“空谈性命”之论。《尽心下》末章：“由尧舜至于汤五百有余岁，若禹、皋陶则见而知之，若汤则闻而知之。”《温故录》谓：

两“知”字揭千古道统正脉关系。道从知入。知可统行，知误则行歧矣。知乃彻始终事，行亦行其知而已。故《大学》明新至善，必知止而后有定，知所先后则近道，致知在格物；《中庸》言知行合一之功，不明乎善，无以诚身，而博审慎明，言知之事特详；《论语》终于知命知礼知人，《孟子》终以《尽心篇》，推诸知性知天而结以见知闻知：古帝王圣贤皆得志行乎中国，若合符节，非若后世空谈性命，驰骋聪明之事。顾不曰见而行之、闻而行之，独曰知之，良有以也。后世空谈性命，驰骋聪明，病皆由于知之不求正实，无以化其偏、广其用耳。（卷十孟子四“见知闻知”条，631下~632上）

根据随后介绍的魏裔介《圣学知统录》，则仍以程朱之学为正统，以佛老和阳明学为异端。

不过令人意外的是，《温故录》仍有肯定王学、否认王学近禅的言论。《公孙丑上》：“是集义所生者，非义袭而取之也。”《温故录》云：

告子固讥孟子之集义为袭而取之也，由其不知义之在内，妄疑为徒取于外。“取”如“色取仁”之“取”，加一“袭”字，如表裘袭裘之“袭”，言其多事增益掩盖之劳。世间尽有此等俗学，无实得而专务外饰。告子盖深鄙之，但不合以疑孟子。

皆由所见偏异，不识孟子养气知言本来，遂谓不过尔尔，故特为正辨之。此"非也"句意与后篇论性"非由外铄我也"一以本体言，一以用功言，皆反覆揭示破他一"外"字。

讲者莫误认"义袭而取之"属告子说。告子本外义，安肯取义？彼全是助长，与袭取亦殊。袭取不免取外以益内，终归无益；助长则直求生而得死，立见其害矣。

王文成曰："人心本体原是不动的，只为所行多不合义，便动了。孟子不期心之动与不动，只是集义，所行无不合义，此心自然无可动处。若告子只要此心不动，便是把捉此心，将生生不息底本体反沮挠了。故非徒无益，而又害之。孟子集义功夫自是养得充满，并无馁慊，自觉活泼泼地，所以为浩然之气。"案，此论极为透切，则谁谓阳明之近禅也？（卷八孟子二"非义袭而取之也"条，579上下）

其谓"义袭而取之"不是告子观点，可以注意。至于肯定阳明言论，则似乎是因为乾嘉学者关于王学，更多的是耳食，并未研读阳明原著。倘全面研究过阳明的著作，对王学的敌视会大大减弱。赵佑的引文与《传习录》的原文文字歧义甚多，惜笔者尚未找到其直接出处。①

---

① 四库本《王文成全书》卷三："心之本体原是不动的，只为所行有不合义，便动了。孟子不论心之动与不动，只是集义，所行无不是义，此心自然无可动处。若告子只要此心不动，便是把捉此心，将他生生不息之根反阻挠了。此非徒无益，而又害之。孟子集义工夫自是养得充满，并无馁歉，自是纵横自在，活泼泼地，此便是浩然之气。"清初孙奇逢所引，仍同王氏原书。《温故录》引孙奇逢是比较多的。

《四书温故录》在《孟子》义理解读上的成绩

《四书温故录》在解读《孟子》上成绩斐然，有关名物制度的多已见引于焦循《孟子正义》，我们主要梳理其他的方面。

在《孟子》义理解读上，《温故录》显示了明显的现实关怀。《离娄上》："为政不难，不得罪于巨室。巨室之所慕，一国慕之；一国之所慕，天下慕之。故沛然德教溢乎四海。"《温故录》出人意料地翻出一句后世"巨室不难，不得罪于为政"：

> 不得罪于巨室，非徇巨室也，巨室之资力有余，气习深固，易为善，亦易为恶。彼其谨厚世传，为德乡里，与或妄自尊大，武断把持者，所在多有。古之为政，有行法不避贵戚大姓者，史书称之。果其人积负不仁，如律所谓势恶土豪，为世指疾，何足言"一国之所慕"？为政者自宜亟创惩之，为齐民先，而何得罪之与有？注故深体经文，以巨室"谓贤卿大夫之家，人所则效者"。惟贤，故不愧为巨室，不可以得罪。能使一国慕之，天下慕之，而有裨吾德教也。不得罪奈何？曰礼而已矣。礼"以类族辨物"，无过也，无不及也。《书》曰："旌别淑慝，表厥宅里。"彰善瘅恶，树之风声，由此道也。
>
> 后世政不古，若庸才下吏专阿势利而虐愚柔，固龌促不足道。其有故持成见，务为刻深，偏乐得搢绅素封之事而文致之，初不察其平居之望实、事理之是非，下以饱欲壑，上以弋能名，其亦为巨室者有以阶之厉耶？则又有为之转语者，曰："巨室不难，不得罪于为政。"（卷九孟子三"巨室"条，597上下）

原因还是在于现实生活中有此等地方官吏乱树缙绅的不良现象，已逸出《孟子》原文的关照。

《滕文公上》："乐岁粒米狼戾，多取之而不为虐，则寡取之；凶年粪其田而不足，则必取盈焉。"《温故录》强调"取民有常制"，不仅批评了凶年多取，也批评了丰年多取：

> 取民有常制，岂有乐岁多取之理？贤者奈何言若是？盖观《禹贡》纪田赋分上中下九等，而于兖州言"作十有三载，乃同"，自是比较参差，久乃定为大率，即所谓"校数岁之中以为常"者。其于岁有不齐定，当别有斟酌随宜，如《周礼》"荒政"之条，何至凶而取盈？此为夏之未造，贡法积敝，有司不善调剂奉行，致有如龙子所讥。其谓"多取之而不为虐"，乃极形凶必取盈之非，以乐岁取盈为可耳，则寡取之者正以制无可多，较之凶必取盈反为寡矣。解者不可误认。凡祖宗良法美意，多败于后世之徇名失实。或妄事更张，或过拘成例，皆足贻民害，为国蠹。而议者反以归咎前人，尽如"凶必取盈"，虽行助行彻，沟壑之转犹是也。（卷八孟子二"多取之而不为虐"条，586上）

《温故录》提出"祖宗良法美意，多败于后世之徇名失实"，是非常有现实针对性的。

因此，当《温故录》遇到佛老观念时，总会强调道在日用。《离娄下》："君子深造之以道，欲其自得之也。"《温故录》强调与《庄子》不同的"君子实践之道"：

大旨重“自得”，枢纽则在“以道”二字。人之聪明材力，皆足以探赜索隐，穷高极遐，而往往失之者，不以道也。不以道则所造入于岐途，虽深，终无实诣，所谓“攻乎异端，斯害也已”。君子之专心致志而唯恐不及者，则必以道。道者何？“大学之道”是也。其事不越于日用常行，其功莫大乎穷理居敬。

知之有先后，为之有本末，而要归在乎自得。非师友能为功也，非境过所可移也，非口说袭取之事也。不能自得，则道自为道，亦见浅而莫能深，日退而无所为造矣。“以道”乃由是而之焉之谓；“自得之”，则足乎己、无待乎外之谓也。

疏述《庄子》“黄帝遗其元珠，使智求之不得，使离朱求之不得，使契诟求之不得，乃使象罔得之。盖元珠譬则道也。智有待于思，思之不得其道；离朱有待于明，以明求之亦不能得其道；契诟有待于言，以言求之亦不能得其道。象罔则无所待矣，无所待故能得之。”语似有体会，然象罔言罔象，无思无为之喻，亦第以虚无为道，而无与于君子实践之道也。（卷九孟子三“君子深造之以道”条，601 下～602 上）

尽管赵佑长期从事教育工作，对刑还是比较重视。《尽心下》：“若禹、皋陶，则见而知之；若汤，则闻而知之。”《温故录》云：

皋陶于此特出，非补遗也。水土未平，养教未备，刑宜从略。及既大定，需明刑以弼之，不得人亦忧之大者。故《书》纪象刑于封山浚川后，《孟子》亦终言皋陶。（卷八孟子二“禹皋陶”条，587 下）

按，事实上，尽管儒家以德为先，刑政乃至战争仍然位列儒家解决问题的备选手段。

《温故录》亦继承谢良佐以桃仁、杏仁言“仁”的传统，以果核言“仁”。《告子上》：“仁，人心也；义，人路也。”《温故录》云：

> 天地如果核，人乃核中仁；人心之在身，亦如核之仁。故曰：“人者，天地之心。”“仁者，人也。”“仁，人心也。”核仁中又含些子，是谓性，是谓心之神明。（卷十孟子四“仁人心也”条，616下）

《温故录》的特点在于又进一步以仁中之子言“性”，认为即“心之神明”。不过为性找物质基础，总不属于程颐、朱熹之正宗。

《离娄下》首章：“先圣后圣，其揆一也。”《温故录》云：

> 揆从志出，在行先，包许多经权常变其谓圣，故注言“圣人之度量同”。今言“度之而其道无不同”，则似为人之揆圣。讲家误认，背矣。揆必以道，乃《集注》补义①，明人经筵直解因之言道统，不切。（卷九孟子三“其揆一也”条，601上）

“其揆”乃圣人之度量，而非普通人之度量圣人；虽然可以强调揆必以道，又不宜牵涉道统。《温故录》这些分辨非常细致，颇有讲学家之风。

---

① 按，此盖牵《离娄上》首章“道揆”而言。

关于《尽心上》"子莫执中。执中为近之。执中无权，犹执一也"，《温故录》也有自己的看法：

此"执中"，持两端也，与圣人之执中迥别。注以子莫"其性中和专一者"固非，陆善经不以子莫为人名，《音义》载其"言子等无执中"，则经文孟子曰并不言谓何人子字何所指①，故《集注》断从赵而改为"子莫知杨墨之失中，度于二者之间而执其中"，然亦似有语病也。

盖子莫本不知中，并不知杨墨之失中，直是自己立意要另创门户，以能兼擅两家之术为高，何尝揆度来？今言"度"，即是"权"矣，何谓无权？

彼盖看得两家都是，却何以两家都合不来，行不去？因翻出不为我亦不兼爱论头，时而说为我，时而说兼爱，与天下相浮沈进退于其间，以是为中立，究止出入于杨墨。其于人我交关分际，总未体认明白。到得为我行不通时，不免仍说兼爱；兼爱行不通时，只好仍说为我：全没主张，故曰"无权"。如此，则当其为我时原只见得为我，何尝顾得兼爱；兼爱时又只见得兼爱，何尝顾及为我？两相触背，故曰"犹执一"。于是为我不成其我，兼爱不成其爱，故曰"贼道"。是其不杨不墨，实则亦杨亦墨。惟其弥近理，是以大乱真。

孟子所谓"执中为近之"，非予之词。程子亦言"佛老之害，甚于杨墨"，而曰"佛老其言近理"，近处正是甚处。彼佛教专从死生起念，至于弃人伦，求枯寂，单守一点精灵，岂不

① "指"字刻本模糊，又似"非"字。

是为我；其发誓救度众生，劝人布施戒杀，岂不是兼爱？孙奇逢①曰："佛氏者，杨墨而深焉者也。"予曰：佛氏，亦杨墨而兼焉者耳，子莫即其初祖也。（卷十孟子四"子莫执中"条，626上下）

《温故录》又认为《孟子·离娄上》"思诚者，人之道也"与《中庸》"诚之者，人之道也"有所不同，并认为朱熹《集注》解"思诚者"为"欲此理之在我者皆实而无伪"有问题：

《中庸》言"诚之者"而下详其目，故以"慎思"为诚之一事，乃就所学所问而次第及之，然后进以"明辨""笃行"；孟子浑括其词，独揭一"思"字加本句上，则统所知所行而归重言之，明示人以反求诸心为诚身之要。惟思故能择善，惟思故能固执。君子无往而不致其思，无思而不要于诚，故曰"君子有九思"，曰"思不出其位"。孟子尝警人之"弗思"，而教以"思则得之"，"先立乎大"，可见此一字之吃紧着力。

自大注以"欲"字代之，有似"我欲仁"之"欲"，语致觉轻，于是说者以"思诚"只是"诚之"，但着个"思"字，也须得"思"字分晓。然朱子又言"明善是格物致知，思诚是毋自欺谨独"，亦未尝不分晓也。（卷九孟子三"思诚"条，597下~598上）

《温故录》于义理最有特点的是讨厌偏至，追求两无轩轾。前面

① 按，引语似出黄宗羲。

已经提到赵岐注、伪孙奭疏于“金声玉振”努力区分，而朱熹注则认为金石区别不大。同章与之密切相关的巧与力、智与圣的关系，《温故录》坚持了类似的立场，这次主要是通过援引孙奇逢《四书近指》（卷一八）和焦袁熹《此木轩四书说》（卷九）的成说来表达的：

> 孙奇逢曰：“天下事以力成，以智起。开局时见的小了，收局如何得大？故孔子之圣全在智。智是见得彻，圣是行得到。智圣非有先后。孟子恐人以‘始’‘终’为先后，故又以巧力譬之。盖力之所至，即巧之所中，一时并用者也。此证智之所以妙于圣处。孔子独为圣之时，其以智定宗乎？《易》曰：‘乾以易知，坤以简能。’知以虚而每大，能以实而每小。地利之所作者，用天固不尽也。三子力用者，坤道也；孔子备于智用，乾道也。”① 焦袁熹曰：“凡伎术之类，有专用巧而不须力者，弄丸运斤之属是也；有倚力而巧在所轻者，翘关扛鼎之属是也；唯射于百步，则巧力二者不可废一，故取以譬智圣。盖智圣合一，同运并行，非可截然为两事矣。取譬为最精矣。”按二说足与书旨注意相发。（卷九孟子三“智圣巧力”条，610 下 ~611 上）

按，朱注云：“此复以射之巧、力，发明智、圣二字之义。见孔子巧力俱全，而圣智兼备，三子则力有余而巧不足，是以一节虽至于圣，而智不足以及乎时中也。”同样认为二者不可偏废。后世常常轻视智，倘以孟子仁义礼智四德衡之，即有不足矣。人类之所以感情丰

① 按，类似的思想乃至表达又见于明章世纯《四书留书》卷六，待考。

富，其智力卓乎物种使然。

还有一个典型的例子是关于逃墨归杨的。《尽心下》："逃墨必归于杨，逃杨必归于儒。"旧注都认为杨墨相较而言，杨朱近是。如赵注："墨翟之道兼爱，无亲疏之别，最为违礼；杨朱之道为己爱身，虽违礼，尚得不敢毁伤之义。"朱注："墨氏务外而不情，杨氏太简而近实，故其反正之渐，大略如此。"《温故录》却认为杨墨之间不存在这种远近关系：

> 旧谓墨"无亲疏之别，最为违礼"，杨"尚得不敢毁伤之义"。《集注》用其意以此二句为言"反正之渐"。窃谓不然。此亦就一边见两边耳。逃墨之人始既归杨，及逃杨，势不可复归墨而归儒；假令逃杨之人始而归墨，及逃墨，亦义不可复归杨而归儒可知也。亦有逃杨不必归墨而即归儒，逃墨不必归杨而即归儒者，非必以两"必"字拘定一例，如是逃如是归，且以断两家之优劣也。
>
> 杨之言似近儒之为己爱身，而实只知有己不知有人，视天下皆漠不关情，至成刻薄寡恩之恶；墨之言亦近儒之仁民爱物，而徒一味尚同，不知辨异，视此身皆一无顾惜，至成从井救人之愚：其为不情则一。天下之不近人情者，鲜不为大奸慝。故孟子并断之无君父，极之于禽兽，非有罪名出入。
>
> 朱子书有曰："无君是洁身自高，天下事教谁理会；无父以其枯槁性成，其孝不周。"① 如是则世上尽有此等人，未必尽有

① 朱子此条似直接来自黄宗羲《孟子师说》卷四，在《朱子语类》本为两条，后一条似首见于胡炳文《四书通》，更早的出处笔者尚未找到。

害于人心世教，恁地说得轻浅，盖非定论。（卷十孟子四“逃墨逃杨”条，629上下）

所谓“就一边见两边”，应该跟互文见义相似。后者是两边对称着说，但需要两句合起来，意思始完足；“就一边见两边”则是只偏说一边，另一边仿此，故而省略。“亦有逃杨不必归墨而即归儒，逃墨不必归杨而即归儒者”，所言当理。

这种两无轩轾，甚至可以发展为不分先后。如于《尽心上》“良知良能”章：“人之所不学而能者，其良能也；所不虑而知者，其良知也。孩提之童无不知爱其亲者，及其长也，无不知敬其兄也。”《温故录》引焦袁熹说：

焦袁熹曰：“孩提知爱，少长知敬。知之便能之，非先知后能，故不须说能也。知是人见得他知，在彼自率其性而已，初不自觉其知也。以此指示人良知，可谓切矣。”极说得好。（卷十孟子四“知爱知敬”条，624下）

由《温故录》引孙奇逢一则、焦袁熹二则看，赵佑亦有追求简单直截、打并归一的倾向。孙氏即心学流裔，然则乾嘉时期，不仅没读过《传习录》的戴震之义理有近王学之处，赵佑亦然。

当然《温故录》也有讲得不好的地方。《告子上》：“心之所同然者何也？谓理也，义也。……故理义之悦我心，犹刍豢之悦我口。”朱注引程子曰：“在物为理，处物为义，体用之谓也。”《温故录》云：

> “在物”“处物”之解至精，视伪疏妄分“理出于性命，天之所为；义出于道德，人之所为”直说成义外者远矣。然窃谓人心之“同”当言“仁”对“义”，而独言“理”，纯乎天理之谓仁，则言理其即言仁欤？（卷十孟子四“理义刍豢”条，616上）

赵佑意谓人心之所同然当是孟子常常并言的“仁义”，这里却说是“理义”，所以言“理”即相当于言“仁”。“纯乎天理之谓仁”，语虽响亮，却不知赵佑是否另外经过一番脱离了解经的纯思理证，因而其意义只能存疑。